世界哲學家叢書

蒯　　因

陳　波　著

1994

東大圖書公司印行

國立中央圖書館出版品預行編目資料

蒯因／陳波著.--初版.--臺北市：三民,民83
面；　公分.--(世界哲學家)
參考書目：面
含索引
ISBN 957-19-1674-9(精裝)
ISBN 957-19-1675-7(平裝)

1.蒯因 (Quine, W. V. (Willard Van Orman) 學術思想-哲學

145.59　　83002403

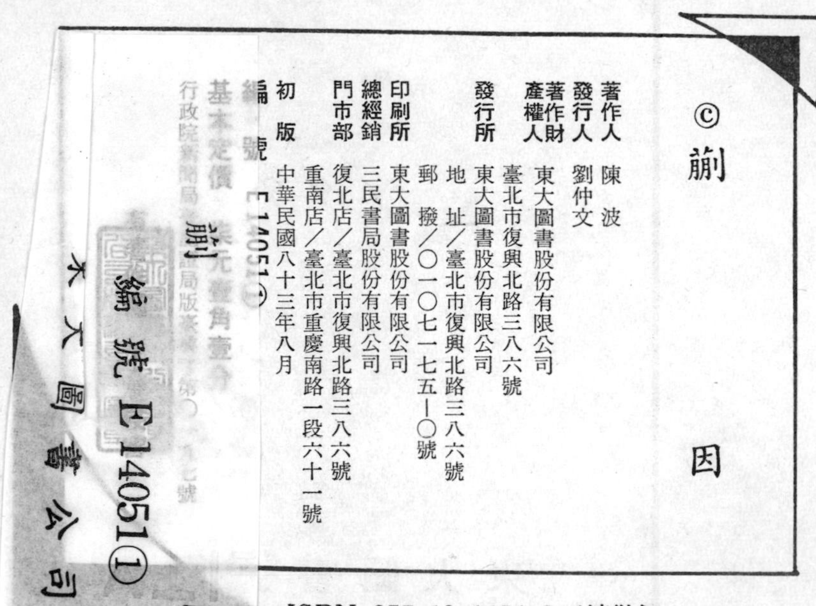
© 蒯　因

著作人　陳　波
發行人　劉仲文
著作財產權人　東大圖書股份有限公司
臺北市復興北路三八六號
發行所　東大圖書股份有限公司
地　址／臺北市復興北路三八六號
郵　撥／〇一〇七一七五一〇號
印刷所　東大圖書股份有限公司
總經銷　三民書局股份有限公司
門市部　復北店／臺北市復興北路三八六號
重南店／臺北市重慶南路一段六十一號
初　版　中華民國八十三年八月
編　號　E 14051①
基本定價　柒元壹角壹分
行政院新聞局登記證局版臺業字第[illegible]號

東大圖書公司
編號 E 14051①
蒯因

ISBN 957-19-1674-9（精裝）

「世界哲學家叢書」總序

本叢書的出版計畫原先出於三民書局董事長劉振强先生多年來的構想，曾先向政通提出，並希望我們兩人共同負責主編工作。一九八四年二月底，偉勳應邀訪問香港中文大學哲學系，三月中旬順道來臺，即與政通拜訪劉先生，在三民書局二樓辦公室商談有關叢書出版的初步計畫。我們十分贊同劉先生的構想，認為此套叢書（預計百册以上）如能順利完成，當是學術文化出版事業的一大創舉與突破，也就當場答應劉先生的誠懇邀請，共同擔任叢書主編。兩人私下也為叢書的計畫討論多次，擬定了「撰稿細則」，以求各書可循的統一規格，尤其在內容上特別要求各書必須包括 (1) 原哲學思想家的生平；(2) 時代背景與社會環境；(3) 思想傳承與改造；(4) 思想特徵及其獨創性；(5) 歷史地位；(6) 對後世的影響（包括歷代對他的評價），以及 (7) 思想的現代意義。

作為叢書主編，我們都了解到，以目前極有限的財源、人力與時間，要去完成多達三、四百册的大規模而齊全的叢書，根本是不可能的事。光就人力一點來說，少數教授學者由於個人的某些困難（如筆債太多之類），不克參加；因此我們曾對較有餘力的簽約作者，暗示過繼續邀請他們多撰一兩本書的可能性。遺憾的是，此刻在政治上整個中國仍然處於「一分為二」的艱苦狀態，加上馬列教條的種種限制，我們不可能邀請大陸學者參與撰寫工作。不過到目前為止，我們已經獲得八十位以上海內外的學者精英全力支持，包括臺灣、香港、新加坡、澳洲、美國、西德與加拿大七個地區；難得的是，更包括了日本與大韓民國好多位名流學者加入叢書作者的陣容，增加不少叢書的國際光彩。韓國的國際退溪學會也在定期月刊《退溪學界消息》鄭重推薦叢書兩次，我們藉此機會表示謝意。

原則上，本叢書應該包括古今中外所有著名的哲學思想家，但是除了財源問題之外也有人才不足的實際困難。就西方哲學來說，一大半作者的專長與興趣都集中在現代哲學部門，反映著我們在近代哲學的專門人才不太充足。再就東方哲學而言，印度哲學部門很難找到適當的專家與作者；至於貫穿整個亞洲思想文化的佛教部門，在中、韓兩國的佛教思想家方面雖有十位左右的作者參加，日本佛教與印度佛教方面卻仍近乎空白。人才與作者最多的是在儒家思想家這個部門，包括中、韓、日三國的儒學發展在內，最能令人滿意。總之，我們尋找叢書作者所遭遇到的這些困難，對於我們有一學術研究的重要啓示（或不如說是警號）：我們在印度思想、日本佛教以及西方哲學方面至今仍無高度的研究成果，我們必須早日設法彌補這些方面的人才缺失，以便提高我們的學術水平。相比之下，鄰邦日本一百多年來已造就了東西方哲學幾乎每一部門的專家學者，足資借鏡，有待我們迎頭趕上。

以儒、道、佛三家為主的中國哲學，可以說是傳統中國思想與文化的本有根基，有待我們經過一番批判的繼承與創造的發展，重新提高它在世界哲學應有的地位。為了解決此一時代課題，我們實有必要重新比較中國哲學與（包括西方與日、韓、印等東方國家在內的）外國哲學的優劣長短，從中設法開闢一條合乎未來中國所需求的哲學理路。我們衷心盼望，本叢書將有助於讀者對此時代課題的深切關注與反思，且有助於中外哲學之間更進一步的交流與會通。

最後，我們應該强調，中國目前雖仍處於「一分為二」的政治局面，但是海峽兩岸的每一知識分子都應具有「文化中國」的共識共認，為了祖國傳統思想與文化的繼往開來承擔一份責任，這也是我們主編「世界哲學家叢書」的一大旨趣。

傅偉勳　韋政通

一九八六年五月四日

自　序

我的專業是邏輯，大的學術背景是哲學。我在1982～1984年唸碩士研究生期間，讀到 W. V. 蒯因的兩篇經典之作〈經驗論的兩個教條〉和〈論有什麼〉，對蒯因哲學產生了一種强烈的認同感：蒯因抓住關鍵性論題直入主題的理論洞察力，清晰、簡潔而又嚴密、細緻的分析論證方法，偏愛從邏輯和語言角度考慮問題，以及對於現代邏輯的成功運用，都給我留下了深刻的印象。此後我開始注意蒯因的學術著作，並搜集與蒯因哲學相關的文獻資料。約於 1988 年底，我著手翻譯蒯因最重要的著作之一《語詞和對象》，約定譯本由大陸商務印書館出版。我還擬翻譯蒯因1990年出版的帶有總結性質的新著《真理的追求》。1989年，受中國社會科學院哲學研究所張尚水教授之約，為將由山東人民出版社出版的《當代西方著名哲學家評傳·邏輯哲學卷》撰寫叁萬字左右的蒯因評傳。由此產生一個想法：何不就此撰寫一部研究蒯因哲學的專著，以填補中文出版物在這方面的空白？於是在1992年初正式動手寫作此書，其間由於各種事務的打擾，斷斷續續延至1993年 4 月底才正式完稿。這就是我寫作《蒯因》一書的緣起。

本書力求全面、系統、客觀、公正地評介蒯因哲學，寫作方

式以述為主，先述後評。全書共分 6 章:

第 1 章簡單介紹蒯因的學術生涯，以1950年為界將其大致分為兩個時期: 1950年以前偏重邏輯，1950年以後轉向哲學。

第 2 章討論蒯因的邏輯研究。蒯因首先是作為邏輯學家登上學術舞臺的，並且「從邏輯的觀點看」體現了蒯因哲學的淵源、路徑、方法與特色之所在。因此，理解蒯因的邏輯是理解他的哲學的必要前提。本章具體評介了蒯因在構建邏輯系統和研究邏輯哲學兩方面的工作。

第 3 章討論蒯因的語言哲學。自然主義的語言觀與行為主義的意義論是蒯因哲學的理論基礎，「退回到語義學水準」或「語義上溯」是蒯因哲學研究的基本策略。因此，蒯因哲學的特色不僅是「從邏輯的觀點看」，而且是「從語言的觀點看」。本章除論述自然主義語言觀在蒯因哲學中的基礎地位以外，主要討論了蒯因的行為主義意義理論以及著名的「翻譯的不確定性論題」。

第 4 章討論蒯因的自然化認識論，其中心論題——我們是如何在「貧乏的」感覺刺激的基礎上產生出「洶湧的」輸出，即我們關於世界的豐富理論的——也是整個蒯因哲學所力圖回答的基本問題。本章主要討論了蒯因的語言學習理論和整體主義知識觀，並從蒯因關於「經驗論的五個里程碑」的論述中引出了兩個重要結論。

第 5 章討論蒯因的本體論。蒯因把本體論問題分為兩類: 本體論事實問題即實際上有什麼東西存在，和本體論承諾問題即一個理論說有什麼東西存在。他認為，哲學只應研究第二類問題，而它本質上是一個語言問題。本章詳細探討了蒯因的本體論承諾學說及其特有的本體論立場。

第 6 章對蒯因哲學作出了總體性評價，其主要結論是：蒯因哲學是以一階邏輯為標準框架，以自然主義語言觀和行為主義意義論為理論基礎，以自然化認識論的中心論題為主題，有統一主旨和一以貫之脈絡的嚴整體系；從其基本理論傾向上看，蒯因哲學的特徵是外延主義、行為主義、以自然化和整體論為標誌的經驗論、唯名論傾向和物理主義，以及實用主義的總體傾向或最後落脚點；蒯因哲學是西方哲學中的經驗論傳統特別是邏輯實證主義與美國本土哲學相結合的產物；蒯因本人是一位已經產生並且仍將繼續產生重要影響的偉大哲學家。

本書在寫作過程中，參考、引用了一些研究蒯因哲學的中英文出版物，一一列示如後，謹向其作者們表示由衷的謝意。

這裏，我首先要感謝張尚水教授，正是他的約請使我產生了寫作本書的衝動；其次要感謝北京社會科學院洪漢鼎教授，他近年來在學術方面給予我許多無私的指教和幫助；再次要特別感謝傅偉勳、韋政通兩位主編，他們在有諸多不便的情況下，慨然應允將拙著納入《世界哲學家叢書》；最後還要感謝東大圖書公司的編輯先生為拙著出版所付出的辛勤勞動。但本書的一切缺點、錯誤概由我個人負責，歡迎學界同仁不吝賜教。

本書只是我學習和研究蒯因哲學的初步成果，我準備在此基礎上對蒯因哲學作更深入的研究。我目前還是中國人民大學哲學系在職博士生，師從黃順基教授研究科學技術哲學。經黃先生同意，博士論文將以《從邏輯和語言的觀點看 —— 蒯因哲學研究》為題。與此書相比，構想中博士論文的重點將不是述，而是評，即展示我對蒯因哲學的看法以及由此引發的思考。

路漫漫其修遠兮，
吾將上下而求索。

陳 波
1994年7月於北京大學寓所

蒯因 目次

第1章 蒯因的學術生涯

> 哲學家一生的標誌就是他的那些著作，而哲學家生活中那些最激動人心的事件就是他的思想。
>
> ——阿爾森·古留加

威拉德·范·奧曼·蒯因（Willard Van Orman Quine, 1908～），當代著名的美國哲學家和邏輯學家，在邏輯學和邏輯哲學、語言哲學、認識論、本體論等方面都有獨創性研究，提出了一系列新穎獨到的學說。例如，他用現代邏輯方法研究本體論，提出了「存在就是作爲約束變項的值」、「沒有同一性就沒有實體」的口號，從而恢復了一度爲邏輯實證主義者所拒斥的本體論問題在哲學研究中的地位。他嚴厲抨擊「經驗論的兩個教條」，提出自然化認識論和整體主義知識觀，從而導致邏輯實證主義在60年代轉向邏輯實用主義並最終衰落。他發展了自然主義語言觀和行爲主義意義論，提出了翻譯的不確定性、指稱的不可測知性、本體論的相對性等重要論題，在語言哲學領域造成深遠影響。總之，在分析哲學特別是美國分析哲學的發展中，蒯因起了關鍵性作用。當代英國著名哲學家艾耶爾（A. J. Ayer）指出：

> 自從維特根斯坦去世以及羅素的主要興趣從哲學轉向政治

之後，美國人威拉德・蒯因就成為他的同行中影響最大的在世哲學家，至少在英語國家是如此。❶

英國哲學家漢普謝爾 (Stuart Hampshire) 稱蒯因是當今在世的「最傑出的體系哲學家」❷。麥基 (Bryan Magee) 也指出:

如果我們在專業哲學教師中舉行一次關於「誰是當代最重要的哲學家」的民意測驗，其結果我看是很難預測的。但可以斷言，蒯因、波普、薩特，或許還有喬姆斯基（儘管他在嚴格意義上不完全是一個哲學家）是最有希望的人選。而蒯因在這些人中又是佼佼者。❸

1.1 家庭背景與早年經歷

蒯因於1908年 6 月25日出生於美國俄亥俄州阿克朗(Akron)郡，其祖父母均是來自歐洲的移民，母親曾在大學就讀，中途輟學，在一所公立學校任教，蒯因全名中的 Van Orman 來自其有荷蘭血統的外祖父。蒯因的母親十分崇拜自己的一個在當地大

❶ 艾耶爾:《二十世紀哲學》，李步樓等譯，上海譯文出版社，1987年版，頁276。

❷ Bryan Magee: "Conversations with Stuart Hampshire," in *Modern British Philosophy,* New York: St. Martin's Press, 1971, p. 27.

❸ 麥基編:《思想家》，周穗明、翁寒松譯，三聯書店，1987年版，頁241。

學教數學的兄弟，她給兒子取了與他相同的名字：威拉德。受母親的這種影響，蒯因自小就對這位未曾謀面的舅舅，進而對他所從事的研究 —— 數學這門科學肅然起敬。顯然，這種心情對他後來的學習和研究有著重要的影響。蒯因的父親是他母親任教學校一位看門人的兒子，高中畢業，但自學法律、會計和工程學，在重工業的模具製造業取得初步成功，於 1917 年建立了自己的商行，並活著看到了它的繁榮。據蒯因在自傳中稱，他父親精力充沛，勤於思考，愛好地方史和果樹栽培。

蒯因九歲時，開始爲上帝與永生的荒誕性所困擾，並爲自己的這些懷疑可能招致的危害感到擔心。但他很快就明白了，如果這些懷疑是對的，那麼它們就不會招致任何危害。蒯因說，這是他的哲學興趣的模糊開端。在整個童年期，蒯因有兩大興趣：一是地理學，具體表現在自有記憶開始就對地圖感興趣。在十幾歲時，畫了家鄉附近幾個地方的地圖。直至70年代，蒯因還寫了 4 篇地圖集的書評。由於對地圖的興趣導致喜歡出外旅行，6 歲時隨家人到過尼加拉瓜瀑布，並橫穿加拿大。旅遊的興趣保持終身，蒯因一生利用講學、開會等機會，走遍了歐洲所有國家，並到過美洲、非洲、亞洲的一些國家。童年延續了七年的另一個重要消遣是精緻的虛構 (elaborated make-believe)，後又對集郵感興趣。15～16歲時編輯月刊《O. K 集郵訊息》，並在18個州有訂戶。蒯因晚年回顧說，看到自己的作品被印爲鉛字十分高興，就如同1932年第一次發表邏輯論文一樣。

蒯因早年受當時風氣影響，選擇職業出於兩個考慮，一是追求榮耀，二是出於興趣。由於前者，他不願作製圖師和郵票商，儘管他對此有興趣；由於後者，他不願當工程師，因爲他討厭機械工作。在中學時，當他面臨在經典的、科學的、技術的和商業的課程之間作出選擇時，他選擇了科學課程。由於受父母以及當時在大學教數學的舅舅的影響，他對數學很有興趣，並且成績很好，想在數學領域一試身手。同樣受舅舅的影響，他幾乎讀完了愛倫・坡(Edgar Allan Poe)的所有作品，並由此觸發了對哲學的興趣。中學時讀了兩本哲學著作：麥克斯・奧托(Max Otto)的《事物和理念》以及威廉・詹姆士(William James)的《實用主義》。前者出版於1924年，320頁。作者在該書前言中稱：

> 本書的12篇論文全都獻給一件事業。它們旨在幫助清晰地闡述一種社會哲學，這種哲學同等地承認事物和理念的實在性，並力圖推動它們相互滲透，以有利於人類幸福。

蒯因後來把自己的一本論文集命名爲《理論和事物》，也許受到此書書名的影響。《實用主義》首次出版於 1907 年，它通俗、系統、全面地闡述了實用主義哲學的基本思想，是整個實用主義哲學的一部最有代表性的著作。蒯因閱讀此書，也許爲他後來促成邏輯實證主義演變爲邏輯實用主義埋下了伏筆。中學畢業前後，由於讀了麥克賴特 (George H. Mcknight) 的《英語詞及其背景》一書，又對辭源學產生興趣。可以說，中學時代所養成的對數學、哲學、語言學三者的興趣，持續了蒯因的整個學術生涯。

蒯因中學畢業在銀行短期工作幾個月後，於1926年進入奧柏林學院。他當時模糊地把創造性寫作作爲最喜愛的職業，並認定雜誌是進入此職業的通道。他把課餘時間都貢獻給了學校的雜誌，並以玩世不恭的筆調寫驚險小說或恐怖小說，給一些低級雜誌投稿，但沒有一篇被採用。但他的眞正興趣不在文學，而在語言學。當時他拿不定主意，究竟是學數學，還是學哲學或語文學(Philology)，後者主修古典文學。後來一位有見識的高年級學生向他介紹了羅素 (B. Russell) 的數理哲學，並告訴他，數學由於與哲學之間有某種聯繫而成爲大有可爲的領域。蒯因由於看到了他的互相競爭的興趣結合起來的途徑，因此決定主修數學，同時兼修數理哲學和數理邏輯。在奥伯林期間，課餘廣讀羅素的著作，如《婚姻和道德》、《懷疑論文集》、《邏輯原子論哲學》、《我們關於外部世界的知識》、《相對論ABC》、《數理哲學導論》等，並且對語言學的興趣不減，選修了希臘語、德語和法語，還聽過心理學課程，並因此閱讀了華生 (John B. Watson) 關於行爲主義的著作。從1928年開始，通過系主任凱爾恩斯 (W. D. Cairns) 的指導，接觸到現代邏輯，並讀了文恩 (J. Venn) 的《符號邏輯》、皮亞諾 (G. Peano) 的《數學的陳述》、凱塞爾 (R. Keyser) 的《數理哲學》、羅素的《數學原則》、懷特海 (A. N. Whitehead) 的《數學引論》，以及懷特海與羅素合著的《數學原理》。1929年，推廣了古杜拉 (L. Couturat) 的一個定理，並在PM系統中加以證明，三年後發表於《倫敦數學會刊》。1930年，在《美國數學月刊》上發表了關於尼柯德 (J. D. D. Nicod) 的《幾何基礎和歸納》一書的書評。1930年，以四年平均成績 A⁻ 從奥柏林學院畢業。

1.2　1950年以前：偏重邏輯

1930年秋，出於對當時在哈佛大學哲學系執教的懷特海的仰慕，蒯因進入哈佛大學作研究生，受教於懷特海、劉易斯 (C. I. Lewis)、謝弗 (H. M. Scheffer) 等人門下。這三人都是著名的數理邏輯學家。懷特海還是一位過程哲學家，從 1930 年至1947年，蒯因與懷特海關係密切，曾寫過幾篇對懷特海表示敬意的文章。而且，他們倆人都花了多年時間研究數理邏輯。但在哲學方面，懷特海與蒯因是具有不同氣質的哲學家，其研究哲學的方式也迥然有別，盡管如此，懷特海對蒯因仍發生了一定影響。劉易斯還是模態邏輯的創立者，概念論實用主義哲學家。蒯因與他的研究方式也很不相同。劉易斯將他在邏輯方面的工作與其哲學研究截然分開，而在蒯因那裏，這兩種研究有著內在聯繫。並且，與劉易斯相反，蒯因對於模態邏輯的否定態度是眾所周知的。1953年劉易斯退休後，蒯因接替他擔任了埃德加·皮爾士講座教授。1931年，羅素到哈佛大學講學。蒯因在其自傳中說，當他看到懷特海和羅素並肩坐在一起時，深深感受到什麼叫「偉大」，懷特海將他推薦給羅素，蒯因向羅素談了自己關於多元關係的思想。蒯因在邏輯和數理哲學方面深受羅素的影響，他曾把自己的《集合論及其邏輯》(1963年) 一書獻給羅素，並在該書扉頁上寫道：「羅素的思想長期以來在這門學科中巍然聳立，他的著作激起我對這門學科的興趣。」不過，蒯因後來並不完全贊同羅素的觀點，他試圖在其邏輯體系和集合論方面取得像羅素的《數學原理》那樣的成功，而不採取羅素在類型論上的觀點。

1931年春，蒯因取得碩士學位，接著又在懷特海指導下，用不到兩年的時間完成博士論文《序列的邏輯：「數學原理」的推廣》，並於1932年24歲生日前獲哲學博士學位。這篇論文於1934年修改後出版，書名為《邏輯斯蒂的系統》。蒯因在哈佛四年學習十分努力，成績不是 A^+ 就是 A^-。他當時的同學後來回憶說：

> 邏輯學家威拉德·蒯因待人友善，性格開朗。他對外國、外國文化和歷史感興趣，他熟悉一些斯拉夫語的詞彙，經常很有興致的用在我身上。他已在數理邏輯方面贏得聲譽。我記得他身材細長，黑頭髮，黑眼睛，熱忱而認真。在1936年總統選舉期間，羅斯福擊敗了蘭登。在羅斯福取得壓倒優勢的勝利後，上午九點我在威德納圖書館的樓梯上碰到蒯因。我們停下來聊天，我問他：「你對這個結果怎麼看？」「什麼結果？」他答道。我說當然是總統選舉，「現在誰是總統？」他漫不經心地問道。這反映了學術界許多人的特點。❹

1932～1933 年，蒯因被選為哈佛大學「謝爾登訪問學者」(Shelden Traveling Fellow)，偕妻子赴歐洲留學，此行還到過亞洲和非洲的一些國家。他在維也納待了 5 個月，聽了石里克 (M. Schlick) 的講演，參加了維也納學派的討論會，結識了石里克、紐拉特 (O. Neurath)、賴欣巴赫 (H. Reichenbach)、

❹ S. Vlam: *Adventures of a Mathematician,* 1976, p. 87.

哥德爾(K. Gödel)、門格爾(K. Menger)、哈恩 (H. Hahn)、魏斯曼 (C. F. Waismann)、艾耶爾等維也納學派成員。隨後在布拉格待了6週，在華沙待了6週。在布拉格，蒯因結識了卡爾納普 (R. Carnap)，聽了他的講演，讀了他的《世界的邏輯構造》一書的德文打字稿，並在他家裏與他一起討論，在分別之後仍保持頻繁的通信聯繫，蒯因此行在哲學方面深受卡爾納普的影響，他後來在其自傳中回憶說:

> 這是我第一次在理智上與一位老一輩的人持久接觸，更別說是一位偉大的人了。我第一次真正感覺到: 我的思想被一位活的師長，而不是一本死的書點燃了。❺

蒯因後來把自己的主要著作《語詞和對象》一書獻給卡爾納普，稱後者爲「我的老師和朋友」，並說:

> 我在 6 年間內一直是他的門生……，甚至在我們之間出現意見分歧的情況下，主題仍然是由他確定的；我的思路主要是由在我看來他曾對之發表過見解的那些問題決定的。❻

蒯因在歐洲留學期間，主要通過卡爾納普接受邏輯實證主義

❺ L. E. Hahn 和 P. A. Schilpp, ed.: *The Philosophy of W. V. Quine,* Open Court Pub. Co. 1986, p. 12.

❻ J. Hintikka, ed.: Rudolf Carnap, *Logical Empericist,* 1975, p. xxv.

的影響，40年代後期他轉過來反駁邏輯實證主義的某些觀點時，也是以卡爾納普的著作爲主要論敵。如果說在布拉格的收穫是哲學方面的，那麼在華沙的收穫則是邏輯方面的。在華沙，他與波蘭著名邏輯學家塔斯基（A. Tarski）、萊斯涅夫斯基（S. Lesniewski）和盧卡西維茨（J. Lukasiewicz）過從甚密，共同切磋討論；此外還結識了柯塔賓斯基（T. Kotabinski）、庫拉杜斯基（K. Kuratowski）、愛裘凱維茨（K. Ajdukiewicz）、索博辛斯基（B. Sobocinski）、雅斯柯夫斯基（S. Jaskowski）等人。蒯因認爲他這次歐洲留學收穫豐富，把它看作他個人思想上的一次「文藝復興」，特別是把在布拉格和華沙停留的兩個月看作是他一生在思想上收益最多的時期⓱。

1933年下半年，蒯因回到哈佛，任初級研究員，他幸運地得到了三年自由研究的機會，既可以把他剛獲得的令人振奮的新觀念加以消化和反思，又可以爲他持久的教學生涯作準備。蒯因於1934年在哈佛發表了關於卡爾納普的一系列講演。在此期間，蒯因還曾在奥柏林學院、密西根大學、普林斯頓大學擔任教學工作。1936年開始任哈佛大學講師，歷時5年，蒯因在自傳中對此抱怨不已：

> 在當了三年講師後，我本來可以被考慮升為助理教授。但是制度改變了：助理教授的職位取消了，而且講師被重新規定了任職5年。此時，我已出版了一本書，發表了19篇論文，是（美國）符號邏輯協會的副會長，並且成為博

⓱ 參見*The Philosophy of W. V. Quine*, p. 12、pp. 18～19.

> 士也已 7 年；所以我對我的低職位不滿，徒然地希望升遷。❽

1941年任副教授。在 1940～1941 年的上半學年，羅素、卡爾納普、塔斯基、古德曼（N. Goodmann）和蒯因全部在哈佛大學，他們形成了邏輯問題討論小組，卡爾納普就他把邏輯眞理確定爲一個語言學概念的嘗試作了幾次講演。塔斯基和蒯因反對卡爾納普在邏輯眞理與事實眞理之間作出明確區分的企圖 。蒯因在此次討論前後所形成的思想後來發表在〈經驗論的兩個教條〉(1951年）那篇著名論文中。1942 年10月至 1945年底，蒯因在美國海軍服役，具體從事軍事密碼的譯解和分析工作，退役時爲海軍少校。1946年回到哈佛，1948年升正教授和高級研究員。

1935年至1950年是蒯因學術生涯的一個重要時期。此階段有兩大特點：一是關鍵思想的形成時期。王浩曾指出：

> 蒯因有影響的思想，大多可追溯到 1940 年以前那五年。〈約定真理〉於1935年完成，1939年他表露了對分析的疑慮，這些疑慮在他後來的〈經驗論的兩個教條〉(1951）中得到有説服力的系統闡述。〈數理邏輯新基礎〉及其初稿是1936年寫出來的，接著是《數理邏輯》一書(1940）。論述存在和本體論的兩篇論文即〈指稱和存在〉、〈本體論問題的邏輯探討〉發表於 1939 年，這兩篇文章在很大程度上預先道出了〈論有什麼〉(亦譯為〈論何物存在〉)

---

❽ 參見*The Philosophy of W. V. Quine*, p. 12、pp. 18～19.

(1948) 中論述得更明確的那個建議，即「存在就是成為約束變項的值」。這就是說，代表蒯因思想和成就的三篇論文即〈新基礎〉、〈兩個教條〉、〈論有什麼〉都是這個時期發表的，蒯因以後的工作只是系統發展、擴充包含在這些論文中的思想。❾

另一個特點是主要關注於邏輯。王浩曾指出：「蒯因常把教學工作與著書立說結合起來」❿。此話是有根據的，並得到蒯因本人的認可。到1950年時，蒯因已出版了 5 本書，全都是邏輯方面的，並且多數是教科書。第一本書是由他的博士論文改寫而成的《邏輯斯蒂的系統》(1934)，其中提出了一個可以從中演繹出羅素、懷特海的 PM 系統的系統。1940 年出版的《數理邏輯》將〈新基礎〉一文中提出的 NF 系統發展為 ML 系統，後者比NF系統更強更方便。《初等邏輯》(1941) 是應教學急需而寫的一本邏輯入門書，《新邏輯綱要》於1944年用葡萄牙語出版，是蒯因於1942年在巴西聖保羅作訪問教授時就現代邏輯所作的一系列講演。《邏輯方法》(1950) 也是一本教科書，它是闡述現代邏輯的形式概念和發展形式推理方法的著作，全書包括引言和四個部分，既覆蓋了數理邏輯最基本的內容，又有作者自己的獨特見解和理論，並討論了一些相關的邏輯哲學問題。後來還出版了三本與邏輯直接相關的書：《集合論及其邏輯》(1963) 是一本

---

❾ 參見 Hao Wang: *Beyond Analytic Philosophy: Doing Justice to What We Know*, Massachusetts: The M.I.T. Press, 1986, p. 156.

❿ 同上。

專著，共14章，分爲三部分：第一部分以不同的方式概述了《數理邏輯》一書的重要內容；第二部分討論實數、基數和序數；第三部分比較集合論的不同公理系統。此書是蒯因將他自己的 NF 和 ML 系統與集合論的標準系統加以比較的結果，由 1953～1954 年在牛津發表的講演擴充而成。《邏輯論文選》(1966) 收集了1934～1960年寫的23篇數理邏輯論文。《邏輯哲學》(1970) 也是一本專著，分7章，依次討論了意義與眞、語法、眞、邏輯眞、邏輯的範圍，異常邏輯、邏輯眞的基礎等問題。王浩曾指出：

> 蒯因在邏輯方面工作的兩個突出特點是：對於形式精確性的成功關注和對於本體假定的特別偏愛。這些特徵與他對語言的興趣結合在一起，溶入到他關於邏輯真理、分析性、同義、存在、意義、指稱、模態、翻譯、個體化以及語言學習等哲學工作中去了。⑪

1.3　1950年以後：轉向哲學

1952年，蒯因擔任哈佛大學哲學系主任。1953～1955年任美國符號邏輯協會會長。1956 年夏，任埃德加・皮爾士 (Edgar Peirce) 講座教授。1957 年，任美國哲學會東部分會主席。1958～1959年任斯坦福大學行爲科學高級研究中心研究員。1978年從哈佛退休。自1930年進入哈佛以來，除了短期出外講學、訪

⑪ Hao Wang: *Beyond Analytic Philosophy*, The M. I. T. Press, 1986, p. 158.

問、合作研究等等之外，蒯因一生都是在哈佛度過的，以致他的學生、著名邏輯學家王浩說:「在長達半個世紀的時期內，蒯因已經使哈佛大學成了他的家。」⑫

1950年是蒯因勤奮研究和寫作的一生的轉折點，如果說此前他重點關注邏輯，那麼此後則把主要精力轉向哲學。蒯因1980年回憶說:

> 1950 年，當我正在寫《邏輯方法》一書並修訂《數理邏輯》一書時，已著眼要寫一本具有廣泛哲學性質的著作。這本書就是《語詞和對象》，而它的寫作用了 9 年時間。在1952年之際我預見到這將是一件曠日持久的工作，而我則急於要使我的那些哲學觀點在那時就成為人們易於理解的東西。有一次亨利・艾肯和我以及我們的夫人去參加格林威治村夜總會，我把這個計畫告訴了他，當時哈里・貝拉封特剛唱完「從邏輯的觀點看」這個即興小調，亨利指出，這是一個很好的論文集的標題，而它果然成了我這本書的書名。⑬

《從邏輯的觀點看》(1953) 共收入了 9 篇論文，其中 3 篇是如前所述的蒯因最有代表性的論文。貫穿全書的論題主要是兩個，一個是意義問題，尤其是與分析陳述的概念有關的意義問題；另

⑫ Hao Wang: *Beyond Analytic Philosophy*, The M. I. T. Press, 1986, p. 153.

⑬ 《從邏輯的觀點看》，陳啓偉等譯，上海譯文出版社，1987年版，頁 4。

一個是本體論承諾的概念，尤其是與共相問題有關的本體論承諾的概念。《語詞和對象》於1959年6月3日寫完，1960年出版。此書的主要目的就是要對＜經驗論的兩個教條＞中的認識論加以闡釋和精製，要將其中簡單的比喻所包含的內容用最通俗的話語表達出來。全書共7章，由分別討論語詞、對象以及語詞與對象的關係的三部分組成。第一部分企圖給語言以經驗基礎，從人類的行爲和知覺環境來解釋人類對語言的使用，在這裏蒯因提出了著名的「翻譯的不確定性論題」：從一種語言譯成另一種語言是譯不準的，兩種互不相容的翻譯方法可以同樣是恰當的和可以接受的。第二部分是關於形而上學的經典問題：何種對象存在？眞正存在的是什麼？蒯因的回答是：存在物理對象（即四維時空的實體）和抽象對象（對象的類）。如果實體能在經驗上被證實或具有理論上的效用，這些實體就被假定是存在的。第三部分是解釋一個人的本體論承諾怎樣用語言明晰地表達出來的。蒯因認爲，一階謂詞邏輯是標準記法，即邏輯上明白無誤的語言，它明確了一個理論的本體論承諾。

60～70年代，蒯因又發表了一系列著作，進一步充實和發展他的觀點。1966年出版《悖論的方式及其他論文》，這是一本論文集，收入21篇論文，討論數學基礎、必然眞理、邏輯眞理、本體論等範圍廣泛的問題。1969年出版《本體論的相對性及其他論文》，此書主體部分是蒯因1968年3月在哥倫比亞大學約翰・杜威（John Dewey）講座發表的系列演講，由於份量太小不足以成書，於是收入了另外5篇論文，著重討論對象、存在、量化及本體論的相對性等問題。順便提一下，正是在這一次講演中，蒯因發現他與杜威有一致之處：他們倆人都是自然主義者，都反對私人語言，並且都認爲意義不是一種精神的存在物，而首先是行爲的一種屬性。1970年出版《信念之網》，此書是蒯因與其學生烏利安 (J. S. Ullian) 合寫的一本專著，比較通俗地闡述了蒯因關於科學方法的觀點。1974年出版《指稱之根》，此書是蒯因在保爾·卡洛斯 (Paul Carus) 講座發表的三次講演，但有完整的主題，是一本專著，詳細闡明了他的指稱理論，進一步發展了他在《語詞和對象》等著作中提出的觀點。蒯因自稱，此書是對《語詞和對象》一書第三章思想的一種深化和開拓性發展。它是蒯因最重要的哲學著作之一。1981年出版《理論和事物》，這是一本論文集，收入26篇論文，論述了範圍異常廣闊的問題。1990年，蒯因在他82歲高齡時又出版了一本新書:《眞理的追求》，這是一本帶有總結性質的專著，正像蒯因在該書序言中所說的:

> 在本書中，「我已經把自己關於認知意義、客觀指稱、知識根基的各式各樣交叉或聯繫的觀點，作了修訂、概括和明確解釋。」⑭

此書是蒯因的另一代表作，他把自己的精闢見解凝煉在短短的 102 頁篇幅裏。美國哲學家希爾 (J. Hill) 指出:

> 不論就任何標準來說，這一成就都是很不平常的。蒯因的探索活動以及他不斷參與哲學論戰的精神，對所有哲學家

⑭ W. V. Quine: *Pursuit of Truth,* Harvard University Press, 1990, p. vii.

可以説都是一種樂趣的來源和精神的鼓勵。⑮

蒯因的一生是不懈追求、勤奮著述的一生，總共出了19本書，其中邏輯方面8本，哲學方面10本，此外還出版了一本近500頁的自傳《我生命的歷程》(1985)。在這19本書中，教科書3本，論文集6本，專著9本，其中一本係與人合著。從1932～1985年，每年不間斷地都有論文發表，累計發表了130多篇論文，其中有些重要論文收入到他的6本論文集中。另外發表論文摘要11篇，其他文章7篇，書評37篇，論文評述21篇。這近乎天文數字的著述充分顯示了蒯因對學術事業的忠誠和獻身精神。蒯因的努力也得到了報償，他的19本書總計至少有12種語言的近50個譯本，所發表的論文先後被收入他人編輯的30多本論文集中，並且曾多次召開專門討論他的思想的國際哲學會議，現已出版十幾本由他人寫作的研究他的思想的專著，著名的《在世哲學家文庫》出版了蒯因專集。他曾擔任過世界許多著名學府的高級研究員、訪問教授，以及一些國家科學院的院士，獲得過至少18個名譽博士學位。蒯因已經成爲一位具有廣泛而重大國際影響的一流學者，麥基稱蒯因是一位「雄踞世界名望之巔的哲學家」⑯。

---

⑮ 希爾：<評介蒯因的新書「眞理的追求」>，《哲學譯叢》，1991年第1期，頁79。

⑯ 麥基編：《思想家》，周穗明、翁寒松譯，三聯書店，1987年版，頁242。

第2章　蒯因的邏輯研究

「邏輯是對邏輯真的系統研究」，它是「眞與語法這兩個部分的合成物」。

——蒯　因

關於蒯因，有一個事實必須引起足夠的注意：他首先是作爲邏輯學家登上學術舞臺的，1950年以前他所發表的大多數論文是邏輯方面的，並且此前所出版的5本書全是邏輯專著或邏輯教科書。卽使1950年他把主要精力轉向哲學之後，他也沒有放棄邏輯學研究，仍出版了3本邏輯著作；並且，「從邏輯的觀點看」體現了蒯因哲學的淵源、路線、方法和特色之所在。總結起來看，蒯因對邏輯學的貢獻主要體現在兩方面：一是尋求構造比 PM系統（卽羅素、懷特海合著的《數學原理》中的系統）更簡潔、更精確、更方便的邏輯系統，以作爲整個數學演繹大廈的基礎；另一是進行廣泛的邏輯哲學討論，力圖澄淸邏輯理論的哲學預設或後果。蒯因這兩方面的工作在現代邏輯的發展中產生了重要的影響。本章旨在全面、系統地探討和評價蒯因的邏輯學貢獻及其影響，並且把它看作是理解和評價蒯因哲學學說必不可少的預備。

2.1　蒯因的邏輯系統

2.1.1　歷史背景

在評述蒯因的邏輯貢獻之前，把他的工作置於一個總的歷史背景之下是必要的。

1930年，對於蒯因個人來說，是他進入哈佛師從懷特海、劉易斯、謝弗等人學習、研究邏輯和哲學的一年；而對於整個邏輯科學來說，這一年則是關鍵性的，構成了邏輯發展的一個轉折點。在這一年裏，哥德爾證明了初等邏輯的完全性定理和關於算術和集合論的不完全性定理，找到了經典算術在直覺主義算術中的解釋，發現了可構造集。赫布蘭德（J. Herbrand）闡明了初等邏輯的某些精緻的結構。策梅羅（E. Zermelo）有說服力地描述了構成標準集合論基礎的集合概念。根岑（G. Gentzen）完善了初等邏輯的自然演繹方法，並給出了算術的兩個一致性證明。哥德爾受赫布蘭德啓發，引入了一般逆歸函數的概念。圖林（A. M. Turing）提出了一個理想化計算機的簡潔模型，並令人信服地證明此模型把握住了直觀的可計算性概念。卡爾納普和塔斯基則各自獨立地從事對眞和有效性等概念的深入探討。到1940年前後，上述努力已發展成爲支配著邏輯後來半個多世紀發展方向的分支：證明論、模型論、遞歸論、能行可計算理論，以及公理集合論等。

蒯因就是在這樣的背景下開始他的邏輯研究的。以他的數學背景以及後來所顯示的才華，要去從事上述方向的研究是不難的，因爲這些分支學科當時幾乎都處於草創時期，需要查閱的文獻很少，而有吸引力的材料很多，不需要花太多的氣力就可以達到前沿。但事實說明，蒯因並沒有去追踪或從事證明論、模型論、遞歸論、能行可計算理論方面的研究，他把自己的興趣限制在初等邏輯和集合論的某個單一方面，即尋找一組雅緻、相容的公理以便能比較順利地推演出普通數學。因此，在某種意義上說，蒯因的工作是脫離當時邏輯發展主流的。之所以如此，原因在於蒯因與其說是一位工作著的邏輯學家（working logician），不如說他是一位邏輯哲學家；在其學術活動的早期就顯露出：他更感興趣的不是邏輯的技術方面，而是邏輯的哲學方面。他對弗雷格（G. Frege）十分尊重，辦公室擺放的唯一一張照片就是弗雷格，曾認眞研讀弗雷格的著作；並且他曾對羅素、懷特海合著的《數學原理》下過很大功夫，而這些人都是邏輯主義綱領的倡導者和實踐者，體現在他們著作中的邏輯主義觀點不能不對蒯因產生影響。有許多證據表明，蒯因是弗雷格、羅素、懷特海的邏輯主義的繼承者。例如，他在1937年發表的著名論文〈數理邏輯的新基礎〉中指出：「在懷特海和羅素的《數學原理》（簡稱 PM）中我們有充分的證據：全部數學可以翻譯爲邏輯」，「每個僅由數學和邏輯記法組成的句子都可翻譯爲由邏輯記法組成的句子。特別是一切數學原理都還原爲邏輯原理，或至少還原爲無需任何邏輯外的詞彙來表述的原理」；懷特海和羅素在 PM 中從邏輯概念構造了「集合論、算術、代數和分析的基本概念」，並且幾何學和抽象代數理論也可以從中推導出來。他認爲這是邏輯史上的偉大貢獻，「必須承認，產生了這一切的邏輯是一個比亞里士多德提供的邏輯更強有力的工具」❶。但是他也認爲，PM 系統還有種種缺陷與不足，如不太嚴格，過於複雜等等，需要加以改進和完善。他甚至認爲，「數理邏輯的進步就在於對《數學原理》的改進」❷。這一認識決定了蒯因邏輯研究的途徑和方向：改進PM系統，以作爲演繹出全部數學的基礎。

2.1.2 標準記法

出於其特有的哲學考慮和本體論立場，蒯因把量詞理論或謂詞邏輯的符號體系稱爲標準記法（canonical notation），因爲在他看來，這種語言是純外延的語言，卽它只考慮其表達式所指的對象或所具有的眞值，而根本不管其所表達的涵義，並且其量詞只能作用於個體變項，而不能作用於謂詞變項、命題變項或類變項，因此按照他的「存在就是成爲約束變項的值」的本體論承諾標準，量詞理論沒有承諾意義、命題、性質、類等內涵對象或抽象實體的存在，而這恰好符合蒯因的本體論立場。但蒯因通過研究表明，PM 系統的初始符號太多，可以大大簡化，於是他提出了一套除變元外只含三個初始符號的語言，並指出：

> 在《數學原理》意義上的整個邏輯，因而整個數學，都能翻譯成只由無窮多個變元「x」、「y」、「z」、「x′」等等以及這三種形式的記號複合構成的語言。❸

---

❶ 《從邏輯的觀點看》，頁74～75。

❷ W. V. O. Quine, *Mathematical Logic*, Harvard University Press, 1981, p. 3.

❸ 《從邏輯的觀點看》，頁75。

蒯因的符號體系構造如下：（符號及表達式有非實質性改動）

Ⅰ．初始符號：

1．變元：$x, y, z, x', y', z', \cdots\cdots$；

2．聯結詞：$\in$；$|$；

3．全稱量詞：(x)；

Ⅱ．形成規則：

1．任一變元 α 是項 (term)；

2．若 α 和 β 是項，則 $\alpha \in \beta$ 是公式；

3．若A和B是公式，則 $(A|B)$ 也是公式；

4．若A是公式，α 是變元，則 $(\alpha)A$ 也是公式。

關於上述符號 $\in$ 和 $|$ 之意義，蒯因解釋說，「$\in$」是一個二元謂詞，表示「屬於關係」(membership)：在 β 是類的情況下，$\alpha \in \beta$ 讀作「α 是 β 的一個分子」；在 β 是個體的情況下，$\alpha \in \beta$ 讀作「α 是個體 β」；這樣一來，就導致每個個體都與它的單元類相混淆，但蒯因認為這無多大妨礙。「$|$」是一個二元聯結詞，讀作「析否」(alternative denial)，「$A|B$」的意思是「並非既A又B」，$A|B$ 爲假當且僅當A和B都眞。蒯因認爲，「完全由數學和邏輯方法構造的每個語句都必定可以最終翻譯成剛才所規定意義下的一個公式」，不過這要求訴諸定義，通過定義由初始符號引入PM系統的其他邏輯概念，進而構造出其他數學概念。

Ⅲ．定義：

D1　$\sim A = df(A|A)$

D2　$(A \cdot B) = df \sim (A|B)$

D3　$(A \rightarrow B) = df(A|\sim B)$

D4　$(A \vee B) = df(\sim A \rightarrow B)$

D5　$(A \leftrightarrow B) = df((A|B)|(A \vee B))$

D6　$(\exists \alpha)A = df \sim (\alpha) \sim A$

D7　$(\alpha \subset B) = df(\gamma)((\gamma \in \alpha) \rightarrow (\gamma \in \beta))$

D8　$(\alpha = \beta) = df(\gamma)((\alpha \in \gamma) \rightarrow (\beta \in \gamma))$

D9　$((\iota\alpha)A \in \beta) = df(\exists \gamma)((\gamma \in \beta) \cdot (\alpha)(\alpha = \gamma) \leftrightarrow A)$

D10　$(\beta \in (\iota\alpha)A) = df(\exists \gamma)((\beta \in \gamma) \cdot (\alpha)(\alpha = \gamma) \leftrightarrow A)$

這裏,「x ⊂ y」表示 x 包含於 y,即 x 是 y 的子類, x 的分子都是 y 的分子。而「x = y」表示 x 類等同於 y 類,即 y 屬於 x 所屬的每一個類。(ɿx) A 是摹狀詞,它表示「那個滿足條件 A 的唯一對象 x」,它的作用相當於指稱個體對象的變元 x, y, z 等等,因此蒯因規定凡適用於變元的定義也同樣適用於摹狀詞。

蒯因還引進了抽象運算的概念:給定一個對 x 所要求的條件 A,憑藉這種運算可以構成類 $\hat{x}A$,其分子正好是滿足條件 A 的那些對象 x。算子 $\hat{x}$ 可以讀作「使得……的所有對象 x 的類」。類 $\hat{x}A$ 可以借助於摹狀詞定義爲:

D11　$\hat{\alpha}A = df(\iota\beta)(\alpha)((\alpha \in \beta) \leftrightarrow A)$

蒯因認爲,借助於抽象運算,希爾類代數的概念如負類、和類、全類、零類、單元類、雙元類即只有兩個分子的類等都可定義出來,關係則可以簡單地作爲序偶的類引進,並且還可進一步引進關係抽象運算,「至此我們已提供足夠的定義,可以直接依仗《數學原理》中的定義來得到其他數理邏輯概念」。

蒯因甚至認爲,除變元外只含三個初始符號即 ∈(屬於)、|(析否)、(x)(全稱量化)的選擇既不是必然,也不是最低限

度的。我們本來可以做到只用兩個初始詞，即前述 D7 和 D11 所定義的⊂（包含）和 ^（抽象運算）。因爲以這兩者作爲出發點，通過一系列定義可以重新得到那三個初始詞，從而相應定義出其他數理邏輯概念。但蒯因認爲，儘管由包含和抽象組成的基底比早先的三重基底更精緻，但三重基底有它一定的好處，其中之一就是那三個初始詞對應於邏輯的三個部分，即眞值函項理論、量化理論和類理論（注意，蒯因由於其特有的哲學考慮和本體論立場，不太願意使用「命題邏輯」、「謂詞邏輯」、「一階邏輯」等術語，因爲它們暗中假定了命題、性質、高階邏輯等等的存在，後者是蒯因所不能同意的。因此，他寧願使用眞值函項理論、量化理論或初等邏輯等術語）。

2.1.3 NF 系統

蒯因構造過多個比 PM 系統更簡便和更精緻的初等邏輯的形式系統，但 NF 並不是一個這樣的系統，它實際上是邏輯加集合論，其中包括三個部分，即眞值函項理論、量化理論和類理論。NF 是蒯因在〈數理邏輯新基礎〉一文（1937，NF 縮寫來自此文的英文名稱）❹ 陳述出來的。他之所以要構造這一系統，是因爲他認識到，羅素在《數學原理》中爲克服悖論而發展的類型論帶來一些不自然和不方便的後果。由於此理論只允許一個類含有屬於統一類型的分子，因此全類 V 就讓位於無窮長的一系列擬全類，每個類型有一個。負類 −x 不再包括所有不屬於 x 的對象，而是變成只包括不屬於 x 的而且其類型較 x 低的那些對象。

---

❹ 此文後來編入《從邏輯的觀點看》一書，見中譯本，頁74～93。

甚至零類Λ也讓位於無窮長的一系列零類。布爾（G. Boole）的類代數不再適用於一般的類了，而是要在每一類型中複製，關係演算也是如此。甚至算術，當它是以邏輯爲基礎通過定義引進時，也證明須經過同樣的多重化。此時數不再是唯一的；正如就V和Λ所說的那樣，對於每一類型都有新的0，都有一個新的1，等等。所有這些分裂和重複不僅直觀上很討厭，而且它們還不斷地要求進行或多或少精細的技術處理來恢復被割斷了的聯繫。「對於以求簡便、精確、雅緻著稱的蒯因來說，上述缺陷是不可容忍的，因此他尋找構造」可避免上述矛盾而又無需接受類型論及其引起的令人難堪的後果的系統，這個系統就是 NF。

NF 的語言如前所述，並且它有如下四條公理（模式）：

A1　$(A|(B|C))|((D\rightarrow D)|((D|B)\rightarrow(A|D)))$

A2　$(\alpha)A\rightarrow B$，這裏B是用自由變項β替換 A 中的自由變項α所得到的公式。

A3　$(\exists x)(y)((y\in x)\leftrightarrow A)$，這裏A是分層公式且不含x；

A4　$(x\subset y)\rightarrow((y\subset x)\rightarrow(x=y))$

此外，它還有兩條推理規則

R1　如果A和$A|(B|C)$都是定理，則C是定理。

R2　如果 $A\rightarrow B$ 是定理，而α不在A中自由出現，則 $A\rightarrow(\alpha)B$ 是定理。

A3 可以叫做抽象原理，它保證：給定任一要求於y的條件A，都存在一個類 $\hat{y}A$，其分子正好是滿足條件A的那些對象y。這裏要求A是分層（stratified）公式。在 NF 中，公式分爲分層的和不分層的兩種。一個公式A，若可以找到一種方式，對A中的每一變元指派一個自然數（相同的變元指派相同的自然數），使得A中每個由符號∈聯繫的表達式，都成爲 n∈n+1 的形式，則稱A是分層的，否則稱爲不分層的。例如，公式 (x∈y)→(y∈z) 是分層的，因爲對 x、y、z 可分別指派1，2，3，使上述公式具有 (1∈2)→(2∈3)的形式。反之，公式 (x∈x) 和 (x∈y)∨(y∈x) 則是不分層的。蒯因特別提醒說:「定義性簡寫都是與形式系統無關的，因此在檢驗一個表達式是否分層之前，必須把它擴展成初始記法。因此，『x⊂x』將被表明是分層的，而『(x∈y)∧(x⊂y)』則不是。」蒯因指出，假如 A_3 沒有A必須是分層公式且不含x這一限定，則很容易導致羅素悖論: 這是因爲 A3 給出定理

(∃x)(y)((y∈x)↔∼(y∈y))

一旦我們特別地把y取作x，這就得到一條自相矛盾的定理:

(∃x)(x∈x)↔∼(x∈x))

而假如我們杜絕把 (y∈y) 這樣的不分層公式用作公理 A3中的公式A，這就能消除羅素悖論及其他有關悖論。

公理 A4 叫做外延性公理，其意思是: 一個類由其分子所決定，換句話說，若兩個類有相同的分子，則這兩個類相等。因此，A4 可改寫成下述形式:

A4′　(x)(y)(z)((z∈x↔z∈y)→x=y)

蒯因指出，A1 和 R1 提供的定理構成眞值函項理論，而且 A2 和 R2 提供了處理量詞的技法，A1、A2、R1 和 R2 所提供的定理構成量化理論。A3 和 A4 特別地涉及類屬關係。於是，NF 實際上包含三個不同的部分: 眞值函項理論、量化理論和類理論，並且由於這三部分是依次包含的，所以它們就結合爲

一個完整的整體，卽類理論或集合論。因此，NF 本質上是一個類理論或集合論的公理系統。

2.1.4 ML 系統

部分地爲著克服 NF 在數學歸納法方面遇到的困難，蒯因在《數理邏輯》一書（1940）中提出了一個比 NF「更強且更方便」的系統 ML。在 ML 中，類分爲兩種：一是可以充當某個類的元素的類，蒯因稱之爲元素或集合；一是不能作爲某個類的元素的類，稱爲非元素或眞類。變元以所有的類爲值域。ML 系統是通過修改 NF 而得到的，卽將其中的 A3 換成以下兩個公理模式：

A3′ $(\exists x)(y)(\exists z)(y\in x\leftrightarrow y\in z\cdot A)$，這裏 A 不含 x。

A3″ $(\exists z)(y_1, y_2, \cdots\cdots, y_n\in z\rightarrow \hat{x}A\in z)$，這裏 $x, y_1, y_2, \cdots\cdots, y_n$ 是 A 中的自由變元，且 A 本身是分層公式，且其中的變元都是元素或者集合。特別地，當 $n=0$ 時，$\exists z(\hat{x}A\in z)$。

這裏，A3′ 是關於類存在的，它放棄了 NF 中 A3 關於公式 A 必須是分層公式這一要求，預設了滿足任一條件 A（分層的或不分層的）的所有元素的類存在。A3″ 是集合的概括公理，它是關於元素身分的，預設了恰好是對於 NF 存在的那些類具有元素身分。

把 ML 和 NF 加以對比，就會發現：數學歸納法在兩者之中有不同的遭遇。數學歸納法這條規律是說，任何條件 A，如果它對於 0 成立，而且只要對 x 成立則對 x+1 成立，那麼它就對於每個自然數成立。這條定律的邏輯證明是這樣簡單進行的：把「z 是一自然數」定義爲

D12 $(y)([0\in y\cdot(x)(x\in y\to x\mid 1\in y)]\to z\in y)$

然後取 D12 中的 y 作爲滿足A的那些對象的類。但是此證明在 NF 中只對於分層公式成立，對於不分層的A則行不通，因爲缺乏任何保證能有一個正好滿足A的那些對象組成的類。但在 ML 中，給定任何分層的或不分層的A，ML 都保證了其所有元素都滿足於A 的那個類存在，因此數學歸納法在 ML 中對任何公式都普遍成立。蒯因因此認爲， ML 較之 NF 優越，對於作爲數學演繹大厦的基礎來說，ML 在本質上比 NF 更強和更方便。

出於歷史興趣， 提及下述一點是必要的： 如上所述的 ML 並不是蒯因本人原來的系統，羅塞爾1942年證明：在蒯因原來的系統中可以推出布拉里—福蒂悖論，因而該系統是不一致的。蒯因很快提供了一個修正，但王浩於 1948 年提出了一個更好的修正。蒯因採納了王浩的修正，其結果就是如上所述的 ML系統。

2.1.5 NF 和 ML 的一些性質

NF 實際上放鬆了類型論不許類型混淆的要求。在 NF 中，若完全遵循類型論， 則必須把公理 A1—A3 及規則 R1 和 R2 中的公式都規定爲分層公式，並且加上一個統一的假設：要作爲定理推出的表達式都同樣須是分層的。這就是說，類型論是通過從語言中排除全部不分層公式來避免矛盾的。但蒯因認爲：

> 其實我們不妨繼續認為不分層的公式而只是明確地把規則3限制為分層的公式來達到同一目的。❺

❺ 《從邏輯的觀點看》，頁85。

這就是 NF 所採用的辦法。這兩種方法帶來了很不相同的後果:按類型論，存在無窮多個不同的空集和全集；而在 NF 中，空集和全集都是唯一的。因此，NF 比類型論更簡便、更自然，更符合人們的直觀。許多邏輯學家指出:

> NF 是類型論經極大簡化之後的翻版，它表明：用對數學主體部分極少的傷害來剜出已知的悖論，是可能的。❻

ML 是 NF 的改進和擴充，它當然保留了 NF 的主要優點。有人評論說，ML 在語法上是完美的，其基本裝置驚人地簡單和雅緻：單一形式的變元以所有事物組成的全域爲變程，只含三個初始符號，其中一個用於眞值函項，一個用於量化，最後一個用於類屬關係。在 ML之前，儘管已經有人認識到：集合論可以用如此簡單的記法來展開；在一個嚴格的形式系統內，應該可以用機器來檢驗證明，即用一機械程序判定任一公式是否爲該系統的定理，但從沒有人眞正把此種認識付諸實施，ML 則是滿足上述要求的眞正嚴肅的努力。邏輯學家詹森 (R. B. Jensen) 曾談到：正是閱讀蒯因的《數理邏輯》一書，使他作出了從經濟學轉到邏輯學的決定。

NF 和 ML 這兩個系統受到廣泛的關注和研究。直至 1981 年 10 月，還在比利時的盧汶 (Louvain) 召開了一次關於 NF 的國際會議。通過幾十年的研究，獲得了關於 NF 和 ML 的一些重要結果，它們分別刻劃了 NF 和 ML 的一些重要性質。

---

❻ 參見 *The Philosophy of W. V. Quine*, p. 576.

1944年，海爾帕倫（T. Hailperin）證明：

T1　NF 可有窮公理化。

1949年，王浩證明：

T2　如果 NF 是一致的，則 ML 也是一致的。

若用 USC(Y) 表示 x 的單元素子集之集，則 USC(Y) 和 Y 不一定等勢。羅塞爾（J. B. Rosser）以此爲基礎，把 NF 中的集合分爲兩類：若集合 Y 和 USC(Y) 等勢，則稱 Y 是康托爾集，記爲 Can(Y)；若集合 Y 和 USC(Y) 不等勢，則稱爲非康托爾集。在 NF 中非康托爾集存在，全集 V 卽是其中之一。非康托爾集的存在爲尋找 NF 模型的工作增添了困難。1950年，羅塞爾和王浩共同證明：

T3　NF 沒有標準模型，卽其中「＝」有它通常的意義且自然數和序數都被小於關係＜良序化的模型。

在 ML 中，自然數的類 N_n 是包含 0 並相對於後繼運算封閉的所有類（不只是所有集合）的交。羅塞爾1952年得到下述結果：

T4　如果 NF 是一致的，則 ML 的類 N_n 不是集合。

這一結果對 ML 是不利的：因爲數學的任何實質性發展都需要 N_n 是一個集合。

斯佩克（E. P. Specker）於1953年在 NF 研究方面取得了決定性進展。他出人意料地證明：

T5　選擇公理在 NF 中不成立。

由於在 NF 下中可證選擇公理對有限集成立，因此一個自然的推論是：NF 中存在無限集，卽

T6　無窮公理在 NF 中可導出。

1958年和1962年，斯佩克先後發表兩篇論文，再次得到了一個有趣的結果：

T7 NF是一致的，當且僅當，類型論有類型歧義模型。

類型歧義模型是指：對於任一不含自由變元的語句P以及通過將P的所有下標加1而由P得到的語句 P^*，$P \leftrightarrow P^*$ 在此模型內眞。這一結果深刻揭示了NF和類型論之間的本質差異和內在聯繫，爲尋找NF的模型開闢了一條新的道路。

1969年，詹森將NF稍作改動，要求x非空，即要求在A4的前提部分增加 $(\exists z)(z \in x)$ 這一條件：

A4″ $(\exists z)((z \in x \cdot (x \subset y)) \rightarrow ((y \subset x) \rightarrow (x = y))$

詹森證明：

T8 NFU的一致性可以在普通算術即初等數論中得到證明。

儘管80年代以來還有人在NF和ML的研究方面做了一些工作，取得了一些新的結果，但NF的一致性迄今沒有得到證明，並且也沒有得到反證，仍然是一有待解決的問題。

另外，有一點現在意見比較一致：NF和ML都不構成對集合論基本系統如ZF的嚴重挑戰，它們都不足以與後者抗衡和競爭。

2.1.6 布爾代數中的蒯因方法

1952年，蒯因在《美國數學季刊》上發表〈眞值函項的簡化問題〉一文，提出了一種尋找布爾式的所有極簡多項式的方法，在計算機科學中獲得重要應用。在敍述蒯因的工作之前，先要介紹一些相關概念。

布爾代數是一個封閉的形式結構 $\{A, 0, 1, +, \cdot, '\}$，其中「0」和「1」是兩個常元，「+」和「·」是元之間的兩個二元運算，「′」是元上的一元運算，這些運算滿足下列條件:

(1) $X+Y=Y+X \qquad X\cdot Y=Y\cdot X$

(2) $X+(Y+Z)=(X+Y)+Z \qquad X\cdot(Y\cdot Z)=(X\cdot Y)\cdot Z$

(3) $(X+Y)\cdot Y=Y \qquad (X\cdot Y)+Y=Y$

(4) $(X+Y)\cdot Z=(X\cdot Z)+(Y\cdot Z)$

$(X\cdot Y)+Z=(X+Z)\cdot(Y+Z)$

(5) $X+X'=1 \qquad X\cdot X'=0$

設B是一布爾代數，其中 $x_1, \cdots\cdots, x_n$ 是n個不同的文字，於是

$$x_1^{a_1}\cdot x_2^{a_2}\cdot\cdots\cdots\cdot x_n^{a_n}$$

稱爲關於文字 $x_1, \cdots\cdots, x_n$ 的一個極小項，其中

$$x_i^{a_i}=\begin{cases} x_i & \text{當 } a_i=1 \text{ 時} \\ x_i' & \text{當 } a_i=0 \text{ 時} \end{cases} \qquad i=1, \cdots\cdots, n$$

設甲是含文字 $A_1, \cdots\cdots, A_n$ 的一個布爾式，x 是某些文字或某些文字的餘文字的乘積，稱x爲甲的一個極簡項，如果 (1) $x\leq$甲，(2) 若 y 是從 x 中任意去掉一些文字所得之乘積，則 $y\nleq$甲。再設甲是一布爾式，乙是一多項式，$r_1, \cdots\cdots, r_m$ 分別是乙的各項所含的文字數，如果 (1) 甲＝乙，(2)不存在與甲相等的，具有 m^* ($m^*\leq n$) 項的多項式乙*，適合下述兩個條件: (i)$R_i\leq r_i$，$i=1, \cdots\cdots, m$，其中 $R_1, \cdots\cdots, R_m$ 分別是乙* 中各項含文字數（當 $i>m^*$ 時，$R_i=0$)。(ii) 至少有一個 j，使得 $R_j<r_j$，$1\leq j\leq m$，則稱乙是甲的極簡多項式。

蒯因所提出的尋找任一布爾式的所有極簡多項式的方法，可

以分爲三步:

設 f 是任一布爾式，並且

$$f=AB+AB'C'+A'BC'$$

第一步，找出 f 的關於文字 A、B、C的所有極小項: ABC, ABC′, AB′C′, A′BC′。

第二步，從所有極小項中，用公式 $ab+ab'=a$，反覆檢查可刪掉的文字，找出 f 的所有極簡項。由

$$ABC+ABC'=AB$$

$$ABC'+AB'C'=AC'$$

$$ABC'+A'BC'=BC'$$

得所有極簡項爲

AB, AC′, BC′

第三步，將極小項和極簡項列表，根據極簡多項式定義，找出 f 的所有極簡多項式。

	ABC	ABC′	AB′C′	A′BC′
AB	×	×		
AC′		×	×	
BC′		×		×

故三個極簡式都必在 f 的極簡多項式中出現，否則，至少有一個 f 的極小項不能生出。因此，f 的極簡多項式只有一個:

$$f=AB+AC'+BC'$$

1956年，麥克魯斯基 (E. J. McCluskey) 發表〈布爾函數的極小化〉一文，提出了與蒯因相類似的思想與方法，所以文獻中一般合稱「蒯因—麥克魯斯基方法」(簡記爲 QM 方法)。有

人指出:

> QM 方法比卡諾圖有兩個基本優點: 第一，它是得到最簡函數的簡潔而又系統的方法。與卡諾圖相比，它對設計者識別模式的能力關係較小。其次，當變量數目增多時，這個方法仍然可行，因而優於卡諾圖，因為後者通常限於 5 到 6 個變量。一般來說，QM 方法是能够窮盡地尋找並確定出邏輯上相鄰小項所有組合的系統性方法。❼

無論是卡諾圖還是 QM 方法，都是爲了化簡布爾函數的表達形式，這在實際應用中是特別重要的。因爲根據最簡表達形式進行自動化技術、電子計算機的邏輯設計，不僅在功能（實際效果）上是等效的，而且更有意義的是這種設計簡單、經濟、可靠，因而壽命也長。

2.2　蒯因的邏輯觀

蒯因指出，在其教學和著述活動中，他的主要目的是向學生傳輸一種對於邏輯的健全的哲學態度❽。於是，邏輯哲學問題在一定程度上就成爲他所關注的重點之一。

---

❼ 小內格爾等著：《計算機邏輯導論》，李作新譯，人民郵電出版社，1984年版，頁166。

❽ 參見 *The Philosophy of W. V. Quine*, pp. 644～645.

2.2.1 邏輯的範圍

究竟什麼是邏輯？蒯因很少提供明確而嚴格的定義。大致說來，他將邏輯理解爲演繹邏輯，認爲它才是哲學的一個獨立分枝，而將歸納邏輯納入哲學的主幹 —— 知識論的討論範圍之內。他指出：

> 邏輯是對邏輯真的系統研究，而一個語句為邏輯真僅當一切具有它那種語法結構的語句都是真的。因此邏輯是真與語法這兩個部分的合成物。❾

蒯因提到了邏輯的三個特徵：(1) 邏輯眞理是明顯的或潛在的清楚明白的。(2) 邏輯缺乏特殊的課題，即是說，它是題材中立的：邏輯並不偏於詞典的那一個特殊部分，也不對變元値的某個子域更感興越。(3) 邏輯具有普遍性，它是包括數學在內的一切科學的工具❿。那麼，邏輯與其他科學特別是數學的恰當分界在那裏？這是蒯因比較感興趣的問題之一，他特別論及了邏輯與等詞理論、集合論、語言學等等的相互關係。

2.2.1.1 邏輯與等詞理論

通常認爲，等詞「＝」屬於邏輯詞彙，等詞理論包括在邏輯理論之內，因此，我們有帶等詞的一階邏輯。在〈卡爾納普和邏

❾ 蒯因：《邏輯哲學》，鄧生慶譯，三聯書店，1991 年版序言，頁 1～2。

❿ 同上書，頁182。

輯眞理〉(1954)一文中，蒯因也持有同樣的觀點:

> 初等邏輯，如目前通常所系統化的，包括真值函項理論、量化理論和等詞理論。這部分的邏輯詞彙，如通常為特殊目的而提出的，包括真值函項記號（相應於「或者」、「並且」、「並非」等等）、量詞及其變元，以及=。⓫

但到 1970 年，蒯因的觀點卻發生了很大的變化，此時他認爲，等詞不屬於邏輯詞彙，等詞理論的眞語句如「x＝x」或(∃y)(x＝y)或～(x＝y·～(y＝x))不是邏輯眞理，其原因在於:

> 在能通過對象語言的量化來表達的概括與需作出語義躍升的概括二者之間的差別，顯示了可用以將其他科學與邏輯劃分開來的一個明顯的引人注目的界限。⓬

他指出，正像我們能夠不談及眞而在「湯姆是有死的」、「狄克是有死的」等等之上作出概括，說「所有的人都是有死的」一樣，我們也能在對象語言內作出概括:(x)(x＝x);但是，如果我們想在「湯姆是有死的或湯姆不是有死的」等等的基礎上作出概括時，卻要躍升到談論眞以及語句了，我們說:「每一個形如『p或非 p』的語句都是眞的。」或「每一語句及其否定的析取爲

⓫ W. V. Quine: *The Ways of Paradox and Other Essays*, Harvard University Press, p. 110.

⓬ 《邏輯哲學》，頁113。

眞。」蒯因認爲，這就足以證明：等詞「＝」與析取詞「或者」不同，後者是邏輯詞彙，而前者不是，因而「x＝x」之類的語句就不是邏輯眞理，可以用別的謂詞來取代「＝」而使它們爲假。

不過，蒯因也認爲，等詞理論與邏輯是有親緣關係的。首先，等詞在量化理論中是可定義的：

> 在任意一個具有被稱作標準語法的語言中，相等謂詞都是毋須假設而實際上就有的。雖然不能單獨地借助於眞值函項與量化來定義等詞，但卻可以在應用了眞值函項與量詞的系統中對等詞或具有相同作用的類等詞物加以定義。[13]

其定義方法如下：試考慮一標準語言，它的謂詞詞典包括一個一元謂詞A，兩個二元謂詞B與C，以及一個三元謂詞D。於是有：

D13　$Ax \leftrightarrow Ay \cdot (z)(Bzx \leftrightarrow Bzy \cdot Bxz \leftrightarrow Byz \cdot Czx \leftrightarrow Cxz \cdot Czy \leftrightarrow Cyz \cdot (z')(Dzz'x \leftrightarrow Dzz'y \cdot Dzxz' \leftrightarrow Dzyz' \cdot Dxzz' \leftrightarrow Dyzz'))$

照此定義，「x＝y」的意思是：對象x與y對於上述四個謂詞不可分辨；而且，當x和y分別與任意對象z和z′建立關係時，只要這些關係可以通過簡單句來表達，x和y對這些關係依然是不可分辨的。其次，等詞理論具有完全性，故它離邏輯比離數學更近些。哥德爾證明，如果把公理

---

[13] 《邏輯哲學》，頁116～117。

(1) x＝x

與公理模式

(2) ～(x＝y·Fx·～Fy)

加進量詞理論完全性證明的程序中，就給出了量詞與等詞理論的完全性證明程序。與此相反，哥德爾證明了初等數論並不擁有完全性證明程序(1931)。再次，等詞理論具有普遍性：它不偏不倚地處理一切現象。雖然事實上任何理論都同樣可以用其變程爲一切東西的一般變元來加以表述，但如像數論或集合論所關心的變元值卻是數與集合；而等詞理論是無所偏好的。這一特徵表明：等詞理論如同量詞理論一樣也是本體論上中立的，因而是極其基本的。由上述分析，蒯因得出結論說：

> 等詞理論在邏輯和數學中均有其相鄰理論，但它與邏輯中相鄰理論的親緣關係比它與數學中相鄰的理論的關係要强得多。⓮

2.2.1.2 邏輯與集合論

在這個問題上，蒯因的思想經歷了一個變化的過程。在很長的時間裏，蒯因都堅持數學還原爲邏輯的邏輯主義立場，把集合論作爲邏輯的一部分。在 1937 年發表的 NF 系統中，邏輯包括眞値函項理論、量化理論和集合論三部分。1940年出版的《數理邏輯》一書「像《數學原理》一樣把集合論包攝於邏輯之內而不承認其爲邏輯之外的一門數學學科」⓯，直至在1954年的〈卡爾

⓮ 《邏輯哲學》，頁118。

⓯ W. V. Quine: *Mathematical Logic*, p. 3.

納普和邏輯眞理〉一文中，蒯因雖將集合論與初等邏輯分開，但仍認爲集合是「邏輯的第一個部分」。蒯因承認，集合論和初等邏輯有一些「重要的顯著的差別」，因而人們也許要把邏輯限於初等邏輯，而把集合論看作是「在那一種排除邏輯意義上的數學」。但是，蒯因說他不想把邏輯限於初等邏輯，因爲這樣的話，「弗雷格對算術的推理就不會被認爲是從邏輯推導出來的了，因爲他使用了集合論。」⑯ 但是，後來，蒯因的觀點發生了極大的變化。他在《邏輯哲學》一書 (1970) 中明確指出:「集合論屬於邏輯嗎？我的結論是不屬於。」⑰ 他認爲，邏輯和集合論之間有「重要的值得澄淸的界限」，集合論是「名副其實的數學理論」，它不屬於邏輯⑱。

不過，蒯因還對集合論進行了一些精細的討論和區分。除了用於初等邏輯的標準語言之外，集合論的特有記號就是表示屬於關係的謂詞∈。於是，它的詞典就是由∈，x，y，z 等構成的，其構造就是謂述、否定、合取、存在量化以及對變元加重音符號。所謂謂述 (predication) 就是形如 Fx 的表達式，它關於x述說了某些東西。蒯因認爲:

> 現代邏輯的先驅們如弗雷格、羅素等人之所以將集合論看作是邏輯，是因為他們過於注重「屬於」與「謂述」之間的親緣關係，即認為謂詞以屬性作為其「內涵」或意義，以集合作為其外延，因而通過屬性的歸屬就可以從「屬

⑯ *The Ways of Pardox and Other Essays,* pp. 110～111.

⑰ 《邏輯哲學》，頁119。

⑱ 同上書，頁133。

於」過渡到「謂述」。⑲

但是，蒯因出於其特有的本體論立場，根本不承認存在著屬性。他認爲，承認有屬性是混淆了符號的使用與提及。在公式Fx中，模式符號「F」表示一謂詞的位置，「Fx」本身則表示一個含有「x」的一個開語句，這裏並沒有指稱謂詞或別的記號串，也沒有指稱屬性或集合。有些邏輯學家由於沒有始終如一地把「F」看成是表示一個不確定謂詞的位置，而是在一半的時間裏把它看作是指稱了一個不確定的謂詞。於是，「F」就有了名詞的身分，他也就可以把「Fx」說成「x是有屬性F」了。但蒯因認爲這是不正確的，它基於把對一謂詞模式的提及混同於對它的使用。其次，屬性不存在還因爲屬性不足以個體化，即不能像爲識別集合的同一提供外延性原則那樣的標準一樣，爲屬性的同一提供識別標準。因而，企圖通過從「屬於」過渡到「謂述」，從而把集合論看作是邏輯，是完全行不通的。

蒯因指出，初等邏輯與集合論之間有三個至關重要的區別:

(1) 初等邏輯是本體論中立的，而集合論不是。按照蒯因的觀點，「存在就是作爲約束變項的值」，初等邏輯提供了識別一個理論的本體論承諾的技術和方法，但它本身並沒有作出特殊的本體論承諾；而在集合論中，約束變元可以作用於類變元或集合變元，例如:

$(\exists z)(x)(x\in z\leftrightarrow x\in y\cdot Fx)$

因此，集合論在本體論上就承諾了類或集合的存在。

---

⑲ 《邏輯哲學》，頁111～112。

(2) 初等邏輯是可完全的，而集合論則不可完全。1930年，哥德爾證明了一階謂詞演算（即初等邏輯）的完全性；1931年，他又證明了形式算術系統是不完全的。由於皮亞諾算術公理在相應的集合論系統中都可推出，因而都是定理，根據哥德爾的不完全性定理推知，集合論系統也是不可完全的。

(3) 集合論是多種多樣的，而初等邏輯不是。蒯因認爲：

有多種集合論，「它們不僅在表述上而且在內容上，即對什麼樣的集合存在的看法上也有不同。在這些不同的集合論中，有可能某一個被視為無論怎樣都不可能全部地翻譯進以「∈」為唯一謂詞的標準形式中。……集合論之所以籲請不斷的比較，其原因就在於我們並不知道不同的集合論系統中那一個系統最好。」[20]

標準邏輯系統儘管本身也是多種多樣的，但「它們是同一個邏輯的不同表述，是同一個邏輯配置以不同的計算機或證明程序」[21]，因爲在蒯因看來，採用某種方式來爲全部邏輯眞語句劃界，就是在這種方式下對邏輯進行了規定。至於把這些眞語句中的那一些作爲公理，採用什麼樣的規則以從公理中得出其餘的邏輯眞語句，都是無關緊要的。甚至於是否採用公理化的形式，或是採用別的證明程序，或是不施行證明，也是無關緊要的事情。

---

[20] 《邏輯哲學》，頁121。

[21] 同上書，頁148～149。

基於上述理由，蒯因明確主張集合論不是邏輯，「關於邏輯的構造主義觀點將眞正的集合論排除於邏輯範圍，這並非是它的缺陷。」㉒ 蒯因也看到了這樣做的後果:「弗雷格、懷特海和羅素主張將數學還原爲邏輯;……但是，能夠承受這種還原的乃是附加上集合論的邏輯。」㉓ 換句話說，沒有集合論的純邏輯是不可能推出數學來的。這樣，邏輯主義全部理論的基石就被掘掉了。

但是，蒯因也指出，集合論中有一部分是邏輯:

> 集合論名義下的某些事情也完全是初等邏輯範圍內的。特別是對於被稱之為「新數學」的集合理論更是如此。並、交、補的布爾代數只不過是只使用一元謂詞符號的量詞邏輯就能作的工作換了一種記號而已。布爾代數中的變元是不量化的，故可以說成模式一元謂詞符號。㉔

蒯因通過一定的邏輯手段，將集合的布爾代數改述爲虛擬的類與關係理論，並指出:

> 虛擬的類與關係理論事實上是邏輯，是披上偽裝的純邏輯。但只要一接受∈作為真正的謂詞，類作為量化變元的值，就成為名副其實的數學理論了，從而就超出了完全性證明程序（甚至於別的相應的學說）所能達到的範圍。㉕

㉒ 《邏輯哲學》，頁133。

㉓ 同上書，頁121。

㉔ 同上書，頁128。

㉕ 同上書，頁133。

2.2.1.3 邏輯與語言學

蒯因指出，「邏輯是對實在之最普遍的概括，還是語言約定的產物？是不是所有思維正常的人都必須贊同邏輯？這是一些非常響亮的問題。它們似乎響徹在邏輯哲學的底蘊根處。」㉖ 關於邏輯和語言學的關係，蒯因的觀點概括起來有兩點：

第一，邏輯和語言學是緊密聯結的。這具體表現在邏輯必須通過語義躍遷而作出迂迴的概括，即是說邏輯並不直接把眞謂詞歸諸於實在，而是通過把眞歸於諸語句而間接地歸諸實在，也就是通過談論語言來間接談論世界；語法結構在區分邏輯眞理上有重要作用，例如蒯因曾這樣定義邏輯眞理：「一語句爲邏輯地眞，僅當具有該語句那種語法結構的所有語句都爲眞。」㉗ 邏輯在翻譯中佔有重要地位：兩種語言、兩種文化之間的翻譯之所以可能，其必要條件是它們的邏輯不能相互衝突，非邏輯的文化在某種意義上就是不適於翻譯的文化。

第二，邏輯並不是關於語言的，它與語言學有根本的區別。蒯因指出，儘管邏輯理論極大地依賴於語言，但它並不是面向語言，而是面向世界的。眞理謂詞維持了邏輯學家與世界的聯繫，世界乃是他的注意力所在。蒯因否認不同的語言有不同的邏輯：「兩種文化的邏輯最多不相對應，但永遠也不會互相衝突，因爲衝突直接就會使我們的翻譯不可信。」㉘ 蒯因嚴厲地抨擊所謂語言學的邏輯眞理論，即認爲一語句爲邏輯眞理僅當它純粹由於其

㉖ 《邏輯哲學》，頁179。

㉗ 同上書，頁177。

㉘ 同上書，頁180。

語法構造或語義約定而成的觀點。他說，語言包括詞典和語法結構，詞典是用來談論世界的，語法結構因此也是談論世界的，邏輯眞語句之眞也許要歸根於實在的某個特徵，而我們語言的詞典和語法則反映這些特徵，因此邏輯眞並不純粹由於語言，語言學的邏輯眞理觀是站不住脚的。

2.2.1.4　不承認高階邏輯

這是由高階邏輯的性質和蒯因特有的本體論立場所決定的。高階邏輯亦稱廣義謂詞邏輯，它是一階邏輯的推廣。在一階邏輯或謂詞演算中，量詞只能用於個體變元，即只有個體約束變元，並且只有個體變元能作謂詞變元的主目。這樣就限制了一階邏輯的語言表達能力，例如數學歸納原則在其中就不能得到表達。如果去掉一階邏輯中的上述限制，命題變元和謂詞變元也能作約束變元，即受量詞約束，並且作謂詞變元的主目，以此構造起來的邏輯系統就是高階邏輯。它包括二階邏輯、三階邏輯……以至無窮階邏輯。而蒯因認爲

> 存在就是成為約束變項的值，更具體地説，某給定種類的實體為一理論所假定，當且僅當其中某些實體必須算作變元的值，才能使該理論中所肯定的那些陳述為真。㉙

量詞邏輯中的非標準問題與本體論——即什麼東西存在的問題相關。按照一給定的標準形式的理論，所存在的東西就是也只

㉙　《從邏輯的觀點看》，頁95。

是量化變元在該理論中預定取其值的那些對象㉚。根據這種觀點，高階邏輯便分別在本體論上承諾了命題（作爲命題變元的值）、性質和關係（作爲一元或多元謂詞的值）以及性質的性質、關係的關係等等的存在。而蒯因堅持認爲，這一類的本體假定是絕對不能接受的，其原因是他還堅持一個本體論承諾的認可標準：

> 沒有同一性就沒有實體。「使用一般詞項本身並不就使我們在本體論上承認一個相應的抽象實體；反之，使用一個抽象單獨詞項（服從相等的東西代替相等的東西的規律這樣的單獨詞項的標準作用）就一定迫使我們去承認以它們命名的抽象實體。」㉛

這裏所謂的相等的東西代替相等的東西的規律，實際上就是萊布尼茨（G. W. Leibniz）所提出的同一物不可分辨原理，其內容是：如果x和y在下述含義上是不可區別的，即x的一切特性都是y的特性，反之亦然，那麼，x和y是同一的。這一原理在一階邏輯中體現爲等值置換規則和同一性替換規則，滿足這兩個規則的同一只能是外延的同一。因此，蒯因的「沒有同一性就沒有實體」這一口號的實質就是：只有一個理論能夠給它在本體論上所承諾的東西提供外延性同一的標準時，它所承諾的那些東西才能被個體化，才能成爲本體論上可承認、可接受的實體。但

㉚ 《邏輯哲學》，頁165。

㉛ 《從邏輯的觀點看》，頁70。

高階邏輯在本體論上所承諾的東西，有些是內涵性、意向性實體如命題，有些是所謂的共相如屬性、關係、數和函項等，高階邏輯都不能爲它們提供外延性同一的標準，因而它們都不能個體化，不能成爲本體論上可承認和接受的實體。正因爲高階邏輯導致這些無法接受的本體論後果，所以蒯因堅決不承認有所謂的高階邏輯，而主張停留在標準語法即一階邏輯的範圍內㉜。

爲了避免作出像命題、屬性這樣的本體論承諾，避免承認所謂的高階邏輯，蒯因對一階邏輯中的某些符號作了特殊解釋，即將p、q、F(x)中的F、G(x,y)中的G不是看作變元，而是看作不可被量詞約束的模式或模式字母。蒯因分析說，有些邏輯家（其中包括弗雷格和羅素）把量詞邏輯中的「Fx」讀成「個體x具有性質F」，從而把「F」看作是指稱、命名屬性的變元；或者把「Fx」讀成「個體x屬於類F」，從而把「F」看作是指稱或命名類的變元。這些人或者是因對於屬性、關係和類感興趣而故意這樣說，或者是因混淆符號的使用與提及而誤入歧途。蒯因不同意這樣一些邏輯學家的提法和理解，因爲第一，它導致在本體論上承諾命題、性質、關係、函項、數等等的存在，而又不能爲其提供外延同一性的標準；其二，從技術上看，把「Fx」理解爲斷言x屬於一個類，這在許多類理論上也行不通。因爲，存在一些類理論，其中並非加於x的可表達的條件都決定一個類；還存在一些理論，在其中並非每一個對象都有資格屬於一個類。在這樣的理論中，「Fx」可以表示加於任何對象x的無論什麼樣的條件，而「x∈y」則不能表示。

㉜　參見《邏輯哲學》，頁147。

因此，蒯因主張，不把「p」、「q」、「F」、「G」當作是可被量詞約束的變元，而是當作模式或模式字母。模式並不是語句或語句名稱，也不是任何東西的名稱，「它本身只是一個僞語句，是被特意設計出來以顯示由不同的語句所表現出的一個形式（更好的說法是「結構」——引者）的。」[33] 例如，在「Fx」中，模式符號「F」表示一謂詞的位置。或更明確地說，組合「Fx」表示含有「x」的一個開語句；該語句是否一方面具有「x」，另一方面又具有一個單獨的謂詞是無關緊要的。重要的是，寫「F」與「Fx」就是以模式的方式摹仿出語句及其組成部分；這並沒有指稱謂詞或別的記號串，也沒有指稱屬性和集合。同樣，沒有必要把陳述看成名稱，也不必把「p」、「q」等看成是取以陳述爲名稱的實體爲值的變元；因爲，「p」、「q」等不是用作受制於量詞的約束變元。我們可以把「p」、「q」等看成可與「F」、「G」等相當的模式字母；同時我們可以把「[(p→q)∧～q]→～p」看成不是語句，而是使得具有所描畫的形式的所有實際陳述都眞的模式或圖式。模式字母「p」、「q」等在模式中代表支陳述，正像模式字母「F」、「G」等在圖式中代表謂詞那樣；在眞値函項邏輯或量化邏輯中沒有什麼東西促使我們把陳述或謂詞看成某種實體的名稱，或者促使我們把這些模式字母看成取這樣的實體爲値的變元。只有約束變元才要求有値，而模式字母不是可約束的變元。

蒯因總結性地指出：

保持「p」、「q」等和「F」、「G」等的模式身分，而不

---

[33] 《從邏輯的觀點看》，頁102。

是把這些字母當成可約束的變元，其意義在於從而(a)禁止我們使那些字母受到量化；(b)免得我們把陳述和謂詞看成某物的名稱。㉞

由此造成兩個理論後果：第一，由於量詞邏輯中只有個體變元可被量詞約束，其他成分或是聯結詞或是模式與模式字母，不能被量詞約束，因此就排除了高階邏輯存在的可能；其二，沒有對命題、性質、關係、函項等等作出本體論承諾，這些東西不是本體論上可接受的實體。

2.2.2　邏輯可修正論

關於何謂邏輯眞理，蒯因提供了許多的定義和說明。例如，他在〈經驗論的兩個教條〉一文中指出：「一般地說，一個邏輯眞理就是這樣一個陳述，它是眞的，而且在給予它的除邏輯常項以外的成分以一切不同的解釋的情況下，它也仍然是眞的。」這個定義預先假定了一個邏輯常項的清單。他認爲，最典型的邏輯常項是「或者」、「並且」、「並非」、「如果，那麼」、「所有的」、「每一個」、「只有」、「有些」等等。邏輯眞理就是只包含邏輯常項的本質出現的眞語句㉟。在《邏輯哲學》第4章中，蒯因至少從5個不同角度給出了邏輯眞理定義，例如根據結構爲眞、根據替換爲眞、根據模型爲眞、根據證明爲眞、根據語法爲眞。其中，依據結構爲眞的邏輯眞理就是其眞爲它的邏輯結構所保證的句子。而句子的邏輯結構則是指它的眞值函項、量詞和變元方面

㉞ 《從邏輯的觀點看》，頁103。

㉟ *The Ways of Paradox and Other Essays*, p. 110.

的組成。由此得出，按照我們已經接受的標準語法，對於一語句來說，所存在的一切就是邏輯結構和謂詞。只要把模式字母「F」「G」等等放在一個句子中謂詞的位置上，你就已經描述了它的邏輯結構㊱。蒯因認爲:

> 定義邏輯真理的幾種方法的顯著差別在於所使用的工具，其實它們外延上是等同的，它們所斷言的在邏輯上為真的句子，都是相同的（假定那個對象語言在謂詞方面恰當豐富）。㊲

蒯因從對經驗論的兩個教條的批判中，引出了整體主義知識觀:「具有經驗意義的是整個科學」，「我們所謂的知識或信念的整體，從地理和歷史的最偶然的事件到原子物理學甚至純數學和邏輯的最深刻的規律，是一個人工的織造物。它只是沿著邊緣同經驗緊密接觸。」當遇到頑強不屈的經驗時，這個整體的任何一個部分都不能免於被修正，其中包括邏輯和數學的規律㊳。這樣，蒯因就得出了邏輯眞理可錯、邏輯本身可被修正的結論。儘管蒯因後來的觀點有些許變化，但在上述基本點上是始終如一的。例如，他在1970年出版的《邏輯哲學》一書的末尾一章中，把「自然科學提供信息，而邏輯和數學只是用來處理信息」的觀點作爲「一種站不住腳的二元論」。他強調指出:「數學和邏輯也得到了觀察的間接支持；換句話說，它們加入到一種有機整體

㊱ 《邏輯哲學》，頁90～91。

㊲ 同上書，頁107。

㊳ 《從邏輯的觀點看》，頁40。

中，這一整體雖然已遠遠超出了自己的經驗邊緣，但卻與觀察相一致，所以說它們得到了觀察的支持。」它們與自然科學的區別不在於經驗特徵的有無，而在於經驗特徵的多少，因而只是程度、等級之差。「邏輯在原則上並不比量子力學或相對論更不容修改。……倘若說很少有像觸動邏輯那樣大刀濶斧的修改提出，一個非常淸楚的理由乃是最小代價最大收益原則。」但是，蒯因也認識到，由於邏輯是有淸楚明白性、題材中立性和普遍適用性，因此它在科學理論體系中佔有中心或支柱的地位，對邏輯的修正將會引起整個科學體系極其強烈的震盪，對其他學科造成難以估量的影響。而這違反了以最小代價獲最大收益的行爲準則，也違反在交際過程中尋求人與人之間最大一致的原則。因此，從理論上說，邏輯是可以修正的，但從實踐上說，對邏輯的修正必須愼之又愼：讓邏輯不受傷害始終是一個合理的策略。

2.3　異常、模態與內涵性

2.3.1　異常邏輯的哲學評論

異常邏輯（deviant logics，亦譯非標準邏輯）是相對於正統邏輯（orthodox logic，亦譯標準邏輯）而言的。它不只是在產生邏輯眞語句集的方式上有所改變，而且對邏輯眞語句集也有改變。並且，它也不僅僅是在被稱作邏輯眞與非邏輯眞二者間劃界上有所改變，同時，它還牽涉到從根本上直接否定標準邏輯的一個部分爲眞的問題。於是，如何看待異常邏輯和標準邏輯的相互關係？它們兩者是互補、競爭還是不可比較？接受某些異常邏輯是否就要取消標準的眞値函項邏輯或量詞邏輯？對這些問題的回答就成爲邏輯哲學的迫切課題。

在這些問題上，蒯因持有一種保守主義的立場，卽認爲異常邏輯與標準邏輯不構成競爭關係，而是不可比較的。這是因爲：當標準邏輯承認某些邏輯規律而異常邏輯否認它們時，這兩者似乎使用了相同的邏輯詞彙和記法，但仔細分析就會發現：實際上兩種邏輯賦予這些詞彙和記法不同的意義，因此這兩種邏輯是在談論不同的題材，改變了論題，所以是不可比較的，可以並行不悖。蒯因具體通過關於矛盾律、排中律、二値原則的爭論說明了上述觀點。

關於矛盾律，蒯因構想了一場爭執。有人堅決反對否定矛盾律，認爲任一形如「p•～p」的合取在邏輯上蘊涵任一語句，因此，接受一語句及其否定就會導致接受所有語句爲眞，從而抹殺了眞與假之間的一切區別，而這會毀掉一切科學。而那些試圖否定矛盾律的人則如此對付上述責難：卽採取一些修正性的措施以禁止從一個矛盾不加區分地推出一切語句，這樣旣能在邏輯內容許矛盾又能避開上述那種十足荒謬的結果。蒯因指出：

> 上述對話的雙方都沒有弄明白他所談論的是什麼，他們自以為是在談論否定「～」、「並非」，但實際上，當他們認為某些形如「p•～p」的合取為真，而不認為這樣的語句蘊涵一切別的語句時，記號「～」就毫無疑問地不再可以看作否定了。

因爲一個記號的本質就是賦予它的意義以及與此種意義相一

致的規律。於是，蒯因得出結論說：「對一個學說的否決只不過是改變了論題，顯然，這就是異常邏輯學家所面臨的困境。」[39]

蒯因還考慮了來自不同方面的對排中律和二值原則的責難。排中律可以有幾種不同的表述：

(1) 每一閉語句是眞的或假的。

(2) 每一閉語句或其否定是眞的。

(3) 每一閉語句是眞的或不是眞的。

如此表示的排中律實際上就是二值原則：任一閉語句或眞或假，非眞必假。「排中律從模式上看來就是『p 或 ～p』。」有人要拒斥「p 或～p」，但蒯因指出，當他這樣做時，「他實際上放棄了傳統的否定，或者可能放棄了傳統的析取，或者兩者都放棄了。」[40] 因此他已經改變了論題，儘管他可能會有自己的理由。蒯因具體分析了拒斥排中律的幾種情形。

對排中律的責難首先來自多值邏輯。在多値邏輯中，它有三個值：眞、假以及某個中間值。否定將所謂的眞變成假，假變爲眞，中間值仍爲中間值。因此，排中律顯然失效。蒯因指出：

> 不過即或將此異常邏輯尊稱為真正的邏輯，也應當記住它的「真」、「假」以及「否定」這些術語是按部分類比的方式從標準邏輯中轉換過來的。從而排中律只是在名義上失去了效用。[41]

如果按另外的方式設計否定，可以免於排中律失效，但卻要損失

---

[39] 《邏輯哲學》，頁150～151。

[40] 同上書，頁155。

[41] 同上書，頁155～156。

掉雙重否定律。因此「不論採用什麼樣的措施，三値邏輯就其根本來說不會變化：它是對傳統眞假二分法或是對傳統否定的一種否定。」

反對排中律的理由還與集合論悖論或語義學悖論有關。試看羅素的引起悖論的類 $\{x: \sim(x \in x)\}$，以及說這個類是自身一個元素的語句。反對眞假二分法的人提議，允許這個語句以及類似於它的語句具有介於眞假之間的眞値，這樣也就可以心安理得地承認這些語句等値於對自身的否定了。但蒯因指出，「當然此處的否定已是修正過的三値邏輯的否定了。」㊷

對排中律的另一個責難來自物理學——量子力學中海森堡（W. K. Heisenberg）的悖論性的非確定性原則：某些物理量不可能同時被確定，而這種不可能性並不純粹是人類弱點，同時也是物理規律的問題。有些物理學家爲了能夠容納這種異常，發展了一種量子力學邏輯，「這種邏輯沒有傳統否定，從而也沒有排中律。」㊸

最後，對排中律的責難來自於數學哲學中的直覺主義。比如說，在證據太爲間接無法表明如何決定那個析取支爲眞時，直覺主義者就反對對析取語句加以肯定。這裏所反對的似乎不是傳統否定，而是傳統析取。蒯因指出：

> 實際上並沒有什麼區別，一旦破壞了邏輯算符間的相互關係，那麼卽可以說是對其中的任一個也可以說是對它的全部進行了修改。他接著强調指出：「不應該把直覺主義者

㊷ 《邏輯哲學》，頁158～159。

㊸ 同上書，頁159。

看作是與我們在某些固定的邏輯運算（即否定與析取）的真規律上進行爭論，而應當認為他是在反對我們的否定與析取，把我們的否定析取説成是非科學的思想，進而提出了他自己的多少有些相似的別的某種思想。」㊹

蒯因不同意修改傳統的否定和析取，當然也不贊同拒斥排中律和二值原則，他所使用的武器就是最小代價最大收益原則。在回擊因悖論而修改排中律的企圖時，蒯因批評這是找錯了地方：

傳統的真值函項與量詞邏輯是沒有悖論的，而且，它又是清楚明白、精緻有效力的典範。悖論只是在集合論與語義學中才會出現。既然如此，我們該在集合論與語義學範圍內解決它們，而不要去損毀沒有悖論的領域。㊺

當談到用多值邏輯或量子力學邏輯來對付測不準關係時，蒯因説：當這樣做時，「首先，我們喪失了簡潔性，……更為重要的是，熟悉性也就會喪失掉了。」㊻ 因此，他要以最小代價最大收益原則來阻止對標準邏輯的這種修改。蒯因還提出：

直覺主義邏輯不具有我們邏輯的那種熟悉性、方便性、簡單性以及精緻性。並且，不採用直覺主義邏輯也能够在相當可觀的程度上實行甚至推行構造主義。㊼

㊹ 《邏輯哲學》，頁161～162。

㊺ 同上書，頁159。

㊻ 同上書，頁160。

㊼ 同上書，頁162～164。

綜上所述，蒯因以爲，異常邏輯改變了邏輯詞彙或記法的通常意義，因而改變了論題，所以與正統邏輯是不可比較的。但不可比較論題與蒯因一貫堅持的邏輯可修正論之間潛藏著矛盾和不一致，本章最後一部分將揭示這一點。

2.3.2 對模態邏輯的哲學批評

模態邏輯是研究含「必然」、「可能」等模態詞的命題的邏輯特性及其推理關係的學科，由美國邏輯學家劉易斯於20世紀2、30年代創立。關於模態詞，蒯因的看法是，模態詞並不直接談論事物，而是談論我們談論事物的方式：「必然性在於我們談論事物的方式，並不在於我們所談論的事物。」[48] 由此出發，他區分了模態包含的三個層次，實際上也就是我們理解模態詞歸屬的三種方式:

(1) 模態詞作爲句子的謂詞，例如:「『2＋2＝4』是必然的」,「『明天下雨』是可能的」。

(2) 模態詞是作用於語句並由此形成語句的算子，例如:「必然地2＋2＝4」,「可能明天下雨」。

(3) 模態詞作爲形成語句的算子，既作用於閉語句，例如:「必然2＋2＝4」，又作用於開語句以及開語句的存在概括，例如:「必然3＋3＝x」,「(∃x)□(3＋3＝x)」。(在模態邏輯中，一般用方塊號□表示「必然」，用菱形號◇表示「可能」。)

蒯因認爲，儘管（1）和（2）不是毫無問題的，但它們至少

---

[48] *The Ways of Paradox and Other Essays*, p. 176.

勝過 (3)。可以看出，蒯因對模態詞是採用的 de dicto 讀法，而不是 de re 讀法㊾。

蒯因從動機、來源、解釋等方面對模態邏輯進行了全面的攻擊，其主要目標針對模態謂詞邏輯。他說，從動機和來源看，整個模態邏輯是「非法受的孕」，是哲學的私生子，它對於科學的目標來說是不必要的；從解釋方面看，模態謂詞面臨著許多不可克服的困難，模態命題邏輯也是如此。他的最後結論是：整個模態邏輯都應該取消。

蒯因對模態謂詞邏輯的責難與他關於模態詞和量詞的看法有關。如上所述，蒯因對模態詞採取 de dicto 讀法。而關於量詞，他認爲單稱詞項是可消除的，量詞是我們藉以談論事物的基本手段，它携帶本體論承諾，一個理論的本體論是由該理論內個體變元的値給定的，他有一句著名的格言：存在就是成爲約束變元的値。具體地說，蒯因對模態邏輯特別是模態謂詞邏輯的批評㊿有以下四點：

第一，模態邏輯產生於混淆表達式的使用與提及，因而從其

㊾ de dicto 與 de re 的區分是中世紀邏輯學家首先提出的，涉及到模態詞的轄域。de dicto 是指「關於語句的」、「從屬於語句的」，即模態詞所修飾的是意義完整的句子或命題函項。例如「『蘇格拉底有死』是必然的」，「『明天發生海戰』是可能的」；這類模態命題的一般結構是：p是必然的，p是可能的。de re 是指「關於事物的」，「從屬於事物的」，即把模態詞揷入句子中間，修飾句子的謂詞。例如，「蘇格拉底可能跑步」，「行星的數目必然大於7」。de re 模態命題的一般結構是：「s必然是p」，「s可能是p」。

㊿ 主要見於他的論文<指稱和模態>，載《從邏輯的觀點看》中譯本，頁129～148。本小節中的引文，除特別注明者外，均引自該文。

來源看就是不合法的。

表達式的使用（use）是指用它去命名事物、指稱對象或陳述事件與事態。例如，在「北京是中華人民共和國的首都」一句中，「北京」一詞就被用來指稱一座大城市。而表達式的提及（mention）則是指，把一個表達式本身作爲一敍說對象，而不是用它去指稱或陳述。例如在「北京是兩個漢字」一句中，提到的是「北京」這一個語詞，而不是一座大城市。在文獻中，表達式的提及又被稱爲「自名用法」，通常用把該表達式置於一對單引號內如「p」來表示；相應地，表達式的使用則稱爲「非自名用法」，因而不必加單引號。表達式的使用與提及是一種重要的區分，這是因爲：第一，它們有不同的本體論後果，名稱的使用預設了一定類型的本體，而表達式的提及則無此種本體假定；第二，混淆使用與提及在有些情況下還會導致悖論。

在使用和提及問題上，蒯因關於模態邏輯作出了三點評論：

(1) 「現代模態邏輯是被錯誤地構想出來的，其錯誤在於混淆使用和提及。」

(2) 「模態邏輯並不需要混淆使用和提及。」

(3) 「對於模態邏輯來說，使用與提及的混淆導致一個無法避免的狀況。」[51]

蒯因的第一點評論是從歷史角度作出的。

劉易斯（C. I. Lewis）於 1918 年開始研究模態邏輯。他認爲，前置有「必然地」這一短語的句子爲眞，當且僅當該句子本

[51] W. V. Quine: "Reply to Professor Marcus," in *The Ways of Paradox and Other Essays, revised and enlarged edition*, Harvard University Press, 1976, p. 177~179.

身是分析的。例如，語句

(1) 必然地 9 > 4 。

的眞被解釋爲

(2)「9>4」是分析的。

蒯因指出:

> 懷特海和羅素追隨弗雷格，贊同參加拉的斐洛把「如果p那麼q」，解釋為「並非（p且非q）」。如果這兩個人不錯誤地把斐洛構造叫做「實質蘊涵」而是叫做實質條件句，劉易斯也許不會開始這一研究（指模態邏輯——引者)。劉易斯抗辯説，為了正確地限定所謂的蘊涵，如此定義的實質蘊涵將不僅必須是真的，而且還必須是分析的。這就是他對於「嚴格蘊涵」的説明。

而蒯因認爲，

> 「蘊涵」和「是分析的」最好看做是普遍詞項，通過直謂地附加給語句的名稱（如引文）而謂述語句。在這一點上，它們與「並非」、「並且」和「如果，那麼」構成對照，後者不是詞項而是附加給語句本身的算子。懷特海和羅素沒有仔細注意表達式的使用和提及之間的區別，將（實質意義上的)「p 蘊涵 q」可相互替換地寫成（實質意義上的)「如果p那麼q」。劉易斯循此舊例，按上述辦法寫「p嚴格蘊涵q」，並將它解釋為「必然地並非（p且非q）」。所以，他發展了把「必然地」作為語句算子

的模態邏輯。[52]

蒯因這一段話的意思是，懷特海和羅素不應該把「如果 p 那麼 q」寫成

(3) p 蘊涵 q。

而應該寫成

(4)「p」蘊涵「q」。

(4) 表明，p 和 q 是被提及而不是被使用，因而「蘊涵」就是一個連接兩個單稱詞項以構成一個語句的普遍詞項，而不是一個由語句形成語句的算子。懷特海、羅素等人未能正確地指出這一點，是因爲他們錯誤地將「蘊涵」和「如果，那麼」視爲同一。因而在他們看來，只要實質條件句「並非（p 且非 q）」是對於「如果，那麼」的精釋 (explication)，它也就是對於「蘊涵」的精釋。在蒯因看來，相當不幸的是，劉易斯的方案也犯了懷特海、羅素同樣的錯誤，即混淆了表達式的使用與提及。蒯因接著指出，儘管如此，模態邏輯就其概念表述來說，並不要求混淆表達式的使用與提及。不過，一旦要承認模態邏輯的合法性，人們若混淆表達式的使用與提及將是非常有幫助的，因爲支持模態邏輯的論證典型地依賴於這種混淆。

第二，在模態語境中，同一性替換原理和存在概括規則失效。

蒯因認爲，模態詞造成晦暗語境。所謂晦暗語境又叫內涵語境，即是說，詞項在這類語境中的相互替換，不僅要考慮它們的

[52] W. V. Quine: *Word and Object*, Cambridge, Mass.: The M. I. T. Press, 1960, p. 196.

外延，而且要考慮它們的內涵，具有相同的外延只是可相互替代的必要條件，而不是充分條件；通常所謂的認知動詞，例如知道、相信、認識、懷疑等造成晦暗語境。蒯因證明，模態詞也造成晦暗語境，而這至少會導致兩個結果：同一性替換規則失效；存在概括規則也失效。

在經典謂詞演算中，有所謂的同一性原理，其形式表述是：

$$(x=y)\wedge F(x)\rightarrow F(y)$$

這一原理在經典謂詞邏輯中是普遍成立的。但它在模態語境中，相應地在模態邏輯中都不成立。蒯因舉出了下面的例子：

(1) 9 必然大於 7。

(2) 必然地，如果在暮星上有生命，那麼在暮星上有生命。

這裏，(1) 是數學眞理，(2) 是邏輯眞理，它們都是明顯的眞命題。

但是，下述命題則應被看成是假的：

(3) 行星的數目必然大於 7。

(4) 必然地，如果在暮星上有生命，那麼在晨星上也有生命。

這是因爲，行星的數量大於 7，暮星 = 晨星，都只是偶然的事實，而不是必然的。

下述兩個命題則是天文學證實了的眞理：

(5) 行星的數目 = 9。

(6) 暮星 = 晨星。

但我們根據 (5)、(6)，使用同一性替換規則分別對 (1)、(2) 進行替換，結果得到 (3)、(4)，這就是說，從眞命題得到了假命題。蒯因分析其原因時指出：「重要的事情是要了解『必然地……』和『可能地……』這兩種語組，像引文和『不知道……』、『相信……』一樣，是在指稱上曖昧的。」就是說，模態詞的出現使得單稱詞項在指稱上曖昧，從而使得同一性替換規則無效。

蒯因還進一步考慮了在模態語境中使用量詞的情況。在經典謂詞邏輯中，有一條下述形式的存在概括規則:

$F(y) \vdash (\exists x)F(x)$

其意思是，如果某一個體 y 是 F，則至少存在一個個體 x 是 F。例如從「2是偶素數」我們可以得到「(∃x)（x是偶素數)」。蒯因證明，當把這一原則應用於模態語境時，它都不再普遍成立。例如，從前面的例(1)實施存在概括，就可得到:

(7)（∃x）（x必然大於7）。

並且從例（2）實施存在概括，可以得到:

(8)（∃x）□（如果在暮星上有生命，則在x上有生命)。

按照蒯因的觀點，存在就是成爲約束變元的值，於是，(7）和(8）就分別承諾了一個本體存在。(7）是說，存在一個必然大於7的個體;（8）是說，存在一個個體，使得「如果在暮星上有生命，則在x上有生命」是必然的。那麼，(7）和（8）分別承諾的個體究竟是什麼呢？先看（7)，（7）是從（1）推出的，因此「必然大於7」的個體當然是9，但是指稱9這同一個體的方式卻有兩種: 一是自然數9，一是行星的數目。若把自然數9用作(7)中約束變元的值，則得到眞語句「9必然大於7」; 若把「行星的數目」作爲（7）中約束變元的值，則得到假語句「行星的數目必然大於7」。於是，(7）和（8）的眞值就不是唯一的，它依賴於約束變元x所代表的個體的指稱方式: 在某一或某些指稱方式之下，它們是眞命題; 在另一或另外一些指稱方式之下，它們則成爲假命題，而對於x所代表的個體有不同的指稱方式，這並不是個別現象，因此就總有這樣一種可能：從眞命題出發，通過應用存在概括規則，得到了一個假命題，卽存在概括規則不再普遍成立。

蒯因還談到了全稱示例原則（運算）。這一原則的形式是：

$$(x)F(x)\vdash F(y)$$

其意思是：如果（論域中的）一切個體都是F，則（論域中的）某一個體是F。蒯因指出：這一運算與存在概括是同一個原理的兩個方面，既然已經證明存在概括規則在模態語境中不成立，那麼，全稱示例運算在模態語境中當然也不成立。由此，蒯因得出一個一般性的結論：

> 如果我們把量詞應用於某變元的一個指稱曖昧的語組，並想要它從該指稱曖昧的語組之外約束那個變元，那麼我們最終得到的就是……無意義的話或者是不具有我們所想要的涵義的話。一句話，我們一般都不能正當地對指稱曖昧的語組進行量化。

第三，若要排除模態語組的指稱曖昧性，則要承認像屬性、命題之類的抽象實體；即使如此，也仍然擺脫不了困境。

在分析造成上述現象的原因時，蒯因指出：「困難的根源在於模態語境的指稱曖昧性。」由此人們自然會想到排除模態語組的指稱曖昧性。由於「指稱的曖昧性是借助命名同一對象的名稱的可相互替換性的失效來說明的」，因此，人們爲達到目的，就必須摒棄一切可以用模態語組中不可替換的名字來命名的對象以純化論域，就是說，要在論域上施加更嚴格的限制，以使其中只承認滿足下述要求的對象：刻劃它們的任意兩個條件是必然等值的，或者說，表示它們的任意兩個名字是同義的，用公式表示，即：

$$C(y)\ (F(y)\leftrightarrow y=x)\wedge(y)\ (G(y)\leftrightarrow y=x)$$
$$\rightarrow\Box(y)(F(y)\leftrightarrow G(y))$$

於是，論域中一個對象的存在，就與「舉出它的任何特殊方式無關」而必然存在，對模態語組進行量化因此也就成爲合法的了。這樣一來，

> 金星作為一個物體由於具有異義的名稱「金星」、「暮星」、「晨星」而被排除。與這三個名稱相應，如果模態語組不是指稱上曖昧的，那麼我們就必須承認三個對象而不是一個對象——也許是金星概念、暮星概念和晨星概念。同樣，9作為在8和10之間的唯一的一個整數，由於具有異義的名稱「9」和「行星的數目」而被排除。與這兩個名稱相應，如果模態語組不是指稱上曖昧的，那麼我們就必須承認兩個對象而不是一個對象，也許是概念9和行星數目概念。這些概念不是數，因為一個概念既不等於也不小於另一個概念。

於是，量化了的任何變項的値就限於內涵對象。但是，蒯因指出：

> 這種限制會意味著，為了進行這樣的量化無論如何只能容

許類概念或屬性，而不能容許類；只能容許以多對一的方式與數相關聯的某種概念，而不能容許數，只能容許弗雷格稱為名稱的意義和卡爾納普、丘奇稱為個別概念的東西，而不能容許具體的對象。這樣一種本體論的缺點在於，其存在物的個體化原則總是建立在同義性或分析性這個假想的概念上的。

蒯因是絕對不能接受這種本體論的。

蒯因退後一步說：

實際上，卽使承認了這些可疑的存在物，我們很快也會看到，把變項的值限於這些實體的做法畢竟是錯誤的。它並沒有消除原來要把模態語組加以量化的困難；相反地，在內涵對象的範圍內還會增加一些像原來那些例子一樣的麻煩的例子。

蒯因舉出了下面這些例子。

(9) 大於 9 這一屬性＝大於 9 這一屬性。

(10) 9＝行星的數目。

這兩個命題明顯是眞實的，但根據 (10)，對 (9) 進行同一性替換時，得到

(11) 大於行星的數目這一屬性＝大於 9 這一屬性。

對 (11) 實施存在概括，得到

(12) (∃x) (大於 x 這一屬性＝大於 9 這一屬性)。

基於與前面同樣的理由，(11) 和 (12) 是假語句。蒯因指出:

「對包含處於形如『…… 這一屬性』的語組中的量化式變元的一個語句加以量化正好相當於一個模態語句的量化。」對於命題這樣的內涵對象也同樣如此。例如，根據（10）對眞命題

（13） 9 ＞ 7 這一命題＝ 9 ＞ 7 這一命題。

進行同一性替換，得到

（14） 行星的數目＞ 7 這一命題＝ 9 ＞ 7 這一命題。

再對（14）的左邊實施存在概括，得到

（15）（∃x）（x＞7）這一命題＝ 9 ＞ 7 這一命題。

（14）和（15）都是假語句。

然而，從形式上看，若給定條件 C，則可以推出同一性可替換規則：

（16）（x）（y）$(((x=y)\wedge F(x))\rightarrow F(y))$。

蒯因指出，（16）加上下述眞命題：

（17） $\Box(x=x)$。

（17）是說，所有的同一都是必然的。但蒯因認爲，這是大可懷疑的。例如，許多物理主義理論的堅持者們認爲，心靈和大腦之間的同一是偶然的，而不是必然的；大氣中的電擊和發光之間的同一，還有晨星和暮星之間的同一都是偶然的，而不是必然的。

並且，給定條件 C 還可推出：

（18） $p\rightarrow\Box p$。

在模態邏輯中原有一條公理

（19） $\Box p\rightarrow p$。

於是，我們就有

（20） $p\leftrightarrow\Box p$。

這就是說，「□」是多餘的，可以消去的，模態邏輯蛻化爲經典

邏輯，兩者的差別消失了。

綜上所述，蒯因的責難是這樣的：當加入模態算子後，就導致單稱詞項和約束變元的指稱曖昧性；要消除這種曖昧性，就需要在論域上施加更嚴格的限制，而付出的代價則是模態特徵的消失。

第四，模態邏輯導致亞里士多德的本質主義。

在模態謂詞邏輯中，容許有這樣的語句：□（∃x）F(x）和（∃x）□ F(x)。蒯因認識到這兩者是很不相同的：在 □（∃x）F(x）中，模態詞置於量詞之前，不在量詞的轄域內，它修飾（∃x）F(x）這整個語句（所謂的 de dicto 模態），不會使後者中的約束變元出現指稱曖昧性；而在（∃x）□ F(x）中，模態詞在量詞的轄域內，它所修飾的是 F(x)，使其中的約束變元具有指稱曖昧性（所謂 de re 模態）。蒯因用一個例子說明這兩者具有不同的眞値：「在一種不允許不分勝負的博奕中，參加者有一人將獲勝是必然的，但是不存在這樣一個參加者，使人們可以說他獲勝是必然的。」(∃x) □F(x）是說，存在這樣的 x，它必然地是 F，或者說，它必然地具有屬性 F。這就是承認，事物的特徵有些是其必然具有的，有些是其偶然具有的。亞里士多德認爲，本質特徵是 (1) 某些對象具有而其他對象不具有，(2) 具有它們的對象就必然地具有的特性。於是，蒯因作出結論說，容許有（∃x）□ F(x）這類語句的模態邏輯顯然是「回到亞里士多德的本質主義」，「擁護量化模態邏輯的人必然贊成本質主義」。蒯因是反對本質主義的，他認爲這種哲學是「不合理的」。因爲本質主義講本質屬性，歸根結底要跑到承認共相的實在論或柏拉圖主義那裏去。

蒯因還考慮了模態命題邏輯:

> 非量化的模態邏輯的情形同樣是很糟的; 因為如果我們不打算通過必然性算子進行量化的話, 那麼使用那個算子比起單純引用一個語句並說它是分析的, 就沒有任何明顯的好處了。

這就是說, 模態命題邏輯可用對「分析性」語句的分析來代替, 它也是不必要的。於是, 蒯因的責難就威脅著整個模態邏輯的生存, 從而激起了極其強烈的反響和廣泛的討論。

2.3.3 時態和命題態度

在印歐語系中, 動詞一般都有時態, 可以區分爲現在時、過去時和將來時。在邏輯的框架內如何處理時態性談話? 這是哲學家和邏輯學家不得不考慮的問題。在這個問題上, 蒯因採取了一種獨特的策略。

蒯因認爲, 眞和假是語句的特徵, 並且是語句的說出或書寫的特徵, 而說出和書寫總是在特定的環境 (比如時間、地點、談話者及其對象等) 中進行的。如果一個語句的眞假與其說出或書寫的特定環境無關, 則稱它爲永久性語句, 例如算術語句和物理學規律就是永久性語句。反之, 如果一個語句的眞假與其說出或書寫的特定環境相關, 則稱其爲非永久性語句, 時態語句就是其中之一, 例如:

(1) 天在下雨。

(2) 約翰將去中國。

(3) 蒯因曾在美國海軍服役。

這些語句的眞假顯然與說出或書寫它們的特定時間相關。

如前所述，蒯因將邏輯的範圍限於初等邏輯，而後者所處理的實際上是恒久性語句，而不處理眞值隨時間變化的時態語句。那麼，能不能在初等邏輯的框架內消化時態語句這類「異常」呢？蒯因的回答是肯定的，其具體辦法如下：在初等邏輯框架內，增加一類特殊變元 t，u 表示時間，其值域是「時區」，它是任何綿延的時空的一段，是四維物質世界的一段，量詞加在時間變元之前，從而用帶時間量詞的無時態動詞代替時態動詞。例如，循此辦法，前面的 (1)—(3) 可以分別整編爲 (4)—(6)：

(4) （1993年 5 月 6 日上午 8 時）天下雨。

(5) (∃t)（t 在 1993 年 5 月 6 日之後，並且約翰在 t 時去中國)。

(6) (∃t)（t 在 1993 年 5 月 6 日之前，並且蒯因在 t 時在美國海軍服役)。

這樣一來，時態語句就被整編爲與時間無關的恒久性語句，從而就可以在初等邏輯的框架內加以處理。

在哲學和邏輯中，「認爲」、「希望」、「相信」、「斷定」、「猜測」、「考慮」之類動詞被稱作命題態度詞，它們所表示的精神活動被稱作命題態度，它是心靈與一種複合實體之間的二元關係，這種複合實體是由處於諸如「我相信 (that) 他正抵達」這類語句中以 that 來引導的賓語從句來命名的。蒯因指出，在邏輯中處理命題態度詞有四種方式：(i) 承認一種通過在一語句前置聯結詞「that」而得出一個名字的構造；(ii) 承認通過在一個二元謂詞與一語句之間置聯結詞「that」而構成一個一元謂詞的構造；(iii) 承認一個從命題態度詞與語句產生一元謂詞的構造；(iv)將每一個命題態度詞都處理為表示一個獨特構造的聯結詞，這些構造始終將一語句作為其成分而產生出一個一元謂詞。蒯因認為，由於「相信」、「希望」之類的命題態度詞感情色彩太濃，不適於作邏輯的或語法的聯結詞，因此第四種處理方法不可取。此外，命題態度詞造成晦暗語境，外延性原則對之失效，隨之而來的是同一性不可分辨原則失效，外延相同的謂詞不再相互可替換，例如，從

(7) 約翰相信西塞羅是哲學家，和

(8) 圖利＝西塞羅。

不能推出:

(9) 約翰相信圖利是哲學家。

並且，存在概括規則也對命題態度詞失效。例如，從

(10) 約翰相信瓊斯是一位想謀害他的人。

不可以推出:

(11) (∃x)(約翰相信 x 想謀害他並且 x 是瓊斯)。

因為完全有可能，約翰發生了幻境，他搞錯了，根本沒有人想謀害他，即 (10) 眞而 (11) 假。因此，蒯因作出結論說: 在另外三種處理方式中，「不論選擇那一種，其結果都將是對語法大量塡補同時也伴隨著對邏輯的離奇蹩腳的附加」，因此都不足取。他接著指出:

> 倘若有一天一個較為清楚的概念工具把命題態度的某些負擔承擔下來了，那麼一個意想不到的收穫也許會證明某些規則對此課題適合。當然其中一個湊巧結果或許會顯示只

需要對詞典與本體論作出巧妙的修補，而不必超出語法的範圍就够了。在這種情況下，所出現的規則將不會被視為邏輯的。[53]

通過對模態、時態與命題態度等的分析，蒯因得出的總結論是：

停留在標準語法（卽初等邏輯——引者）範圍內有很大的好處。如前所指出的，這裏有外延性原則。更一般地說，這裏有真值函項與量詞邏輯的效力與精緻，有這一邏輯的完全性（……）。在這個範圍內，第四章所講到的所有那些給人深刻印象的邏輯真定義都能同時成立；只要堅持標準語法同時又接受相當豐富的詞彙，這些定義將證明是劃出了一個相同的語句集。[54]

2.4　簡要的回顧與評論

從以上的概述可以看出，與其說蒯因是一位工作著的邏輯學家 (a working logician)，不如說他是一位邏輯哲學家。他關注的更多的不是邏輯的技術方面，而是邏輯的哲學方面。關於他在邏輯學方面所做的工作，現作一簡要回顧與評論。

第一，關於蒯因的邏輯系統。蒯因把謂詞邏輯的語言稱作

---

[53] 《邏輯哲學》，頁146～147。

[54] 同上書，頁147。

「標準記法」，主要出於兩個原因：一是這種語言是純外延的語言，這反映了蒯因的外延主義立場，他要把這種語言作爲整個科學的語言框架，通過「語義整編」將科學語言化歸於外延語言；一是這種語言只承諾了外延性實體，而拒斥了像命題、性質、關係這樣的內涵實體或抽象實體，這恰好符合蒯因的本體論立場。本質上爲著貫徹邏輯主義綱領，蒯因在這種外延語言的基礎上構造了兩個邏輯系統 NF 和 ML，並發展了一種求布爾式的極簡多項式的方法，後者在自動化技術與計算機科學中獲得重要應用。

蒯因所構造的兩個系統 NF 和 ML，其公理簡明、特性奇異，例如其中全集是集合，康托爾定理不成立，存在非康托爾集，由 NF 能推出無限集存在，選擇公理在 NF 中不成立等等。對於這兩個系統，邏輯學家們褒貶不一。例如，羅素對此持批評態度，他說：

> 蒯因教授曾製作出一些系統來。我很佩服這些系統的巧妙，但是我無法認為這些系統能够令人滿意，因為這些系統好像專是為此創造出來的，就是一個最巧妙的邏輯學家，如果他不曾知道這些矛盾（即悖論——引者），也是想不到這些系統的。[55]

我國著名的數理邏輯學家莫紹揆教授則對蒯因的工作表示贊許，認爲 NF 簡單方便，「在這個系統中，分枝類型論的一切瑣

---

[55] 羅素：《我的哲學發展》，溫錫增譯，商務印書館，1982年版，頁70。

碎、不自然之處，大體都克服了。」[56] 著名美籍華裔邏輯學家王浩的一段話更是耐人尋味：

> NF的故事構成邏輯史上神奇的一章。一方面，NF偏離了（邏輯發展的）主流，並且有關它的結果只具有孤立的興趣。另一方面，正是在接受這個富有魅力的挑戰——即從一個表面上如此簡單的系統中或者推出矛盾，或者證明它相對於標準系統是一致的——的嘗試中，發展出了最精確的數學。[57]

我個人認爲，無論關於這兩個系統的最後結論是什麼，它們已經得到了如此廣泛的關注，引出了許多有意思的結果，並且對於邏輯學家的智力仍構成一個挑戰，這一切本身就足以證明蒯因工作的價值，說明他的工作具有一定的深度、難度和創造性。

第二，關於蒯因的邏輯觀。蒯因把向學生灌輸一種對於邏輯的健全的哲學態度，作爲其教學和著述活動的主要目的。他基本上把邏輯局限於演繹邏輯，認爲它才是哲學的一個獨立分支，而將歸納邏輯歸入哲學的主幹——知識論的討論範圍之內。他論述說，邏輯是對於邏輯眞的系統研究，它是眞和語法這兩個部分的合成物。邏輯至少具有三大特徵：(1) 邏輯眞理是明顯的或潛在的清楚明白的；(2) 邏輯是題材中立的，它並不偏向任何特殊的課題或領域；(3) 邏輯具有普遍性，它是包括數學在內的一切科學的工具。從這種邏輯觀出發，蒯因具體討論了邏輯與等詞理

---

[56] 莫紹揆：《數理邏輯初步》，上海人民出版社，1980年版，頁94。
[57] Hao Wang: *Beyond Analytic Philosophy*, p. 183.

論、邏輯與集合論、邏輯與語言學的關係，並討論了究竟有無高階邏輯的問題。

關於邏輯與等詞理論的關係，蒯因開始認為邏輯包括等詞理論，後來改變了觀點，認為等詞不屬於邏輯詞彙，等詞理論的眞語句不是邏輯眞理。不過，他特別強調等詞理論與邏輯的親緣關係。關於邏輯和集合論，蒯因的觀點也有極大變化。早期從邏輯主義立場出發，認為集合論是邏輯的一部分；但在《邏輯哲學》(1970) 一書中，蒯因卻在邏輯與集合論之間劃了一條明確的界限，認為它們兩者有三個重要區別：

(1) 初等邏輯是本體論中立的，它沒有特殊的本體論承諾；而集合論在本體論上承諾了類或集合的存在。

(2) 初等邏輯是可完全的，而集合論則不可完全。

(3) 集合論是多種類的，而初等邏輯不是。

由於否認集合論是邏輯，所以蒯因後來也放棄了邏輯主義立場。關於邏輯與語言學，蒯因堅持兩個基本觀點：邏輯與語言學是緊密聯繫的，但邏輯並不是關於語言的。由於高階邏輯的特性和蒯因本人特有的本體論立場，他堅決否認高階邏輯的存在，而主張停留在標準語法即一階邏輯的範圍內。

蒯因的邏輯觀中無疑有許多深刻、獨到、正確的東西，但總起來看，他所理解的邏輯的範圍過於狹窄，實際上只局限於當今所謂的兩個演算的範圍內，而把所謂的「異常邏輯」(非標準邏輯) 或推而廣之如當今所謂的「哲學邏輯」(philosophical logic) 統統排斥在邏輯範圍之外。因此，他根本不承認模態邏輯、時態邏輯、命題態度的邏輯、高階邏輯等等的生存權利。蒯因這種相當狹隘的邏輯觀明顯與當代邏輯發展的現實不符。在當今的邏輯發展中，似乎出現了一股回到亞里士多德傳統的傾向。亞氏當時所理解的邏輯概念是相當寬泛的，它不僅包括以三段論爲主的推理理論，而且包括概念範疇理論，以公理化方法爲主的證明理論、謬誤理論甚至修辭學等等。當代邏輯發展有四個大的方向:

(1) 與數學基礎研究相結合，發展像公理集合論、遞歸論、證明論、模型論等亦邏輯亦數學的分支;

(2) 與各種哲學理論相結合，發展像模態邏輯、時態邏輯、道義邏輯、認知邏輯這樣的哲學邏輯分支;

(3) 與語言學理論和日常言語交際的研究相結合，發展語言邏輯、新修辭學、符號學這樣一些分支;

(4) 與人工智能和計算機科學相結合，發展現代歸納邏輯、動態邏輯、非單調邏輯、閾值邏輯、組合邏輯這樣一些分支。

總之，當代邏輯發展已經衝破了蒯因所理解的相當狹窄的範圍或界限，正在或者說已經形成一個龐大的邏輯學科體系。

第三，關於邏輯可修正論和對各種異常邏輯的哲學評論。蒯因從其整體主義知識觀出發，認爲邏輯和數學也屬於知識總體的一部分，受到了觀察和經驗的間接支持，在原則上也可以被修正。但他同時強調指出，由於邏輯具有淸楚明白性、題材中立性和普遍適用性，並在整個知識體系中佔有中心或支柱的地位，因此在實踐上對邏輯的修正必須愼之又愼：讓邏輯不受傷害始終是一個合理的策略。

關於異常邏輯，蒯因持有一種保守主義的立場，即認爲異常邏輯與標準邏輯（即一階邏輯）不構成競爭關係，而是不可比較的。這是因爲，當標準邏輯承認某些邏輯規律而異常邏輯否認它們時，這兩者似乎使用了相同的邏輯詞彙和記法，但仔細分析就會發現，實際上這兩種邏輯賦予這些詞彙和記法以不同的意義，因此這兩種邏輯是在談論不同的題材，改變了論題，所以可以並行不悖。蒯因具體通過關於矛盾律、排中律、二值原則的爭論說明了上述觀點。

必須指出的是，在蒯因的邏輯可修正論與不可比較論題之間潛藏著矛盾與不一致。在《語詞和對象》一書中，蒯因指出：

> 當有人採納一種邏輯，其規律與我們現有的邏輯規律明顯相反時，我們打算推測說：他只是給某些熟知的舊詞彙（「並且」、「或者」、「並非」、「所有的」等）新的意義。[58]

在《邏輯哲學》一書中，當評述贊成或否定矛盾律的爭論時，蒯因指出：「對一個學說的否決只不過是改變了論題，顯然，這就是異常邏輯所面臨的困境。」[59] 假如這裏引述的觀點成立的話，它將以兩種方式把邏輯可修正論置於一種危險的境地：按一種解釋，可以說修正過的邏輯與原有的邏輯並無實質性區別，而只是記法上的不同。邏輯的修正於是就成爲一件無足輕重的事情，實際上失去意義。按另一種更可接受的解釋，可以眞正地改變邏輯而不只是改變記法，但經修改的新邏輯與舊邏輯是不可比較的。因爲如果人們改變了邏輯規律，那麼他也就改變了邏

---

[58] W. V. Quine: *Word and Object,* Cambridge: The M.I.T. Press, 1960, p. 59.

[59] 《邏輯哲學》，頁151。

輯常項的意義，相應地也就改變了論題。例如，儘管矛盾律、排中律之類的規律在兩種邏輯之一中成立，在另一個中不成立，這只不過是因為它們在兩者中是基於具有不同意義的「否定」、「析取」、「合取」之上的。於是，在標準邏輯與異常邏輯之間就沒有接觸之點，所以也就沒有衝突之點。這同樣使邏輯的修正成為一句空話。因此，如果要一貫地堅持邏輯可修正論，就要全部地或至少部分地放棄不可比較論題。實際上，蒯因也看到了異常邏輯與標準邏輯有可比較和衝突之處。例如他指出，當有人「拒斥『p或～p』的時候，他實際上放棄了傳統的否定，或者可能是放棄了傳統的析取，或者兩者都放棄了」[60]；三值邏輯就其根本來說「是對眞假二分法或是對傳統否定的一種否定」；直覺主義者「是在反對我們的否定與析取，把我們的否定析取說成是非科學的思想，進而提出了他自己的多少有些相似的別的某種思想。」[61] 這樣一來，異常邏輯與標準邏輯至少在否定、析取上面發生了衝突，前者對後者的否定、析取提出了修正，因而也對後者的邏輯規律也提出了修正。於是，兩者就不再是完全不可比的，而是有可比之處，不可比較論題因此不成立。後來，在《指稱的根基》一書中，蒯因部分地修改了不可比較論題。它這時提出了三值的裁決函項，即贊成、反對、棄權，並基於此把邏輯規律分為兩類：一類是「分析」規律，其眞假只取決於邏輯常項的意義；另一類是「綜合」規律，如排中律，可以把此類規律的眞與它們所含的邏輯常項的涵義分離開來，因而我們可以接受邏輯常項的涵義而否定該規律為眞。蒯因認為，修正只對此類的「綜

[60] 《邏輯哲學》，頁155。

[61] 同上書，頁156、162。

合規律」才是可能的。實際上蒯因的立場還是不徹底的，如果在邏輯上一貫，就必須堅持任何邏輯規律都可修改，無一例外。

第四，關於模態邏輯和時態邏輯的哲學批評。蒯因從動機、來源、解釋等方面對模態邏輯進行了全面的攻擊，其要點如下：

(1) 模態邏輯產生於混淆表達式的使用與提及，因而從其來源看就是不合法的。

(2) 在模態語境中，同一性替換原理和存在概括規則失效。

(3) 若要排除模態語組的指稱曖昧性，則要承認像屬性、命題之類的抽象實體；即使如此，也仍然擺脫不了困境。

(4) 模態邏輯導致亞里士多德的本質主義。

蒯因的最後結論是：整個模態邏輯都應該取消。關於時態語句，蒯因的辦法是將其納入初等邏輯的外延框架內加以處理，即對時態語句進行所謂的「語義整編」，將其中所含的時態詞「現在」、「過去」、「將來」代之以事件發生的具體時間，從而把相對於不同的時間參考點有不同眞值的時態語句整編爲具有固定眞值的恒久語句。因此蒯因認爲，沒有必要發展一個特殊的時態邏輯。關於「相信」、「知道」之類的命題態度詞，蒯因認爲根本不可能爲之發展一個專門的邏輯，甚至不能在邏輯範圍內處理它們。

與蒯因的批評與預料相反，模態邏輯、時態邏輯、命題態度邏輯後來都得到了很大的發展，但蒯因的批評從反面對這種發展起了推動作用。例如，蒯因對模態邏輯的那些哲學批評都是深刻和強有力的，它激起了極其強烈的反響和廣泛的討論。

為了表明模態邏輯基本概念在哲學上的正確性，人們提出

> 了各種辯護和證據。有人固守本質主義和 de re 模態的傳統學說，另一些人對運用於模態量化中的量詞採取了一種特殊的解釋——稱它為「替換量化」，以此作為調解量詞和模態概念的使用的一種方法。最近數十年的一個重要發展是建立了一種求助於「模態」或可能世界的這種觀念的語義學（說明模態邏輯的形式句法公式的可能運用及解釋方法）。[62]

後來的事實表明：只要在初等邏輯的基礎上，語形上作一些限制與變通，語義上引入一些內涵性因素，蒯因所說的那些問題都可以得到適當的處理。因此，蒯因的論據不足以支持他的「整個模態邏輯都應取消」的結論。

在時態邏輯方面，蒯因所提出的方案也是獨特的，與普賴爾（A. N. Prior）所倡導的主導方案很不一致。後者的要點是：與印歐語系句子的時態相對應，分離出三個基本的時態詞：P（過去）、T（現在）、F（將來），把它們作爲由語句形成語句的算子，並在初等邏輯的基礎上，添加與時態詞相關的公理和規則，構成時態邏輯的系統。蒯因方案與普賴爾的差異可圖示如後[63]：

---

[62] M. K. 穆尼茨著：《當代分析哲學》，吳牟人等譯，上海復旦大學出版社，1986年版，頁466。

[63] 參見桂起權著：《當代數學哲學和邏輯哲學入門》，華東師範大學出版社，1991年版，頁128。

蒯 因 方 案		普 賴 爾 方 案	
1a	經典邏輯作適當變形，對時態語句作特別處理對語義作新奇解釋	1b	發明時態邏輯，擴展經典邏輯
2a	消去時態	2b	引進時態算子
3a	使用眞值不變的永久語句，時態通過時間量詞而得到特別表述	3b	使用眞值可變化的時態語句
4a	外延性形式系統	4b	內涵性形式系統
5a	需對含時態動詞的非形式論證作校正	5b	與含時態動詞的表述比較一致
	等等		等等

時態邏輯後來的發展主要是按普賴爾所提示的方向發展的。蒯因的方案一度被許多人所否定，但 70 年代以來，范・邊沁 (Van Bentham) 等人部分地接受了蒯因的方案，在初等邏輯框架內處理與時間有關的邏輯問題，發展了一種不同於普賴爾型時態邏輯的邏輯系統，並且正成爲時態邏輯發展中重要的一支。

仔細分析一下就會發現：蒯因在邏輯和哲學上的兩個基本點導致他提出對模態邏輯、時態邏輯、命題態度邏輯等的批評：首先，在邏輯上，蒯因固守初等邏輯，把邏輯的範圍限於初等邏輯之內，凡初等邏輯不能解決和處理的就不屬於邏輯；在哲學上，蒯因認爲，邏輯理論應當是本體論中立的，作出的本體論承諾最好沒有，否則越少越好。由於集合論和高階邏輯作出了特別的本體論承諾，因而不屬於邏輯。但蒯因的這兩個特別是第一個基本點是可以商榷的，這牽涉究竟以什麼東西作爲邏輯與非邏輯的劃界標準問題，以及邏輯究竟是一元的，還是多元的或工具論的等問題，由於此問題太複雜，需要另外的專文來討論，在此不贅。

綜上所述，蒯因構造了一些獨特、新穎的邏輯系統，進行了深入的邏輯哲學討論，在當代邏輯發展上起了重要作用，是現代邏輯史上佔有相當重要地位的邏輯學家之一。

第3章 蒯因的語言哲學

語言是一種社會的技藝。我們大家都只是根據他人在公共可認識的環境中的外部行為，來習得這種技藝的。

——蒯 因

自從弗雷格以來，西方哲學發生了所謂的「語言轉向」，即把邏輯—語言問題提升成爲哲學研究的首要對象，邏輯分析和語言分析成爲哲學研究的重要方法。蒯因無疑是這一轉向的推波助瀾者，並且是其披荆斬棘的實踐家，由於在這方面的出色工作而享有盛譽。在蒯因那裏，語言既是他從事哲學研究的主要領域，又是他思考其他哲學問題的獨特視角。就前一點而言，他著有大量的語言哲學硏究論著，其中最著名的是他花費九年心血的《語詞和對象》一書（1960）。在這些論著中，他發展了一種自然主義語言觀和行爲主義意義論，提出了如翻譯的不確定性等重要論題。就後一點而言，他從語言這一獨特視角去把握認識論和本體論。他認爲，認識論的中心課題就是實際地說明我們關於世界的理論是如何產生於觀察的，也就是要說明觀察和我們的理論語言之間的關係。在他看來，人掌握科學理論的過程就是學習理論語言的過程，因此，人認識和學習的機制就是學習和掌握理論語言的機制 。「爲了說明人對科學理論的掌握，我們應當看看他是怎樣習得理論語言的。」❶ 於是，在一定意義上，認識論就被歸結爲語言學習理論，因而成爲「經驗心理學的一章」。他還認爲，哲學不應研究「實際上有什麼東西存在」這樣的本體論事實問題，而應研究「一個理論說有什麼東西存在」這樣的本體論承諾問題，而揭示本體論承諾的方法與途徑，就是看什麼東西處於該理論的約束變項的轄域內。所有這些，歸根結底都是語言問題，要從語言角度去研究。因此，從語言角度去重新透視認識論和本體論，就成爲蒯因哲學研究的一大特色，語言哲學在蒯因的整個哲學體系中也具有某種優先的地位。我們討論蒯因哲學，就不得不先從其語言哲學開始。

3.1 對「分析—綜合教條」的批判

1951 年，蒯因發表了一篇著名論文❷，嚴厲抨擊他所謂的「經驗論的兩個教條」:「其一是相信在分析的、或以意義爲根據而不依賴於事實的眞理與綜合的、或以事實爲根據的眞理之間有根本的區別。另一教條是還原論: 相信每一個有意義的陳述都等值於某種指稱直接經驗的名詞爲基礎的邏輯構造。」蒯因批判的重點在於第一個教條。歸結起來，蒯因的批判包括兩個方面: 首先，他證明分析—綜合的區別迄今仍沒有得到清楚的刻劃與闡明; 其次，他證明認爲需要作出這一區分是錯誤的。他對還原論

❶ W. V. Quine: *The Roots of Reference*, La Salle: Open Court, 1974, p. 37.

❷ 即<經驗論的兩個教條>，見《從邏輯的觀點看》，頁19～48。本節凡引用該文處，一律不再加注。

的攻擊旨在表明：還原論綱領是不可能的，它基於一種有關理論如何與經驗相聯繫的錯誤觀點。蒯因的批判在兩方面都造成了深遠的影響：

> 從外部來說，它在英美哲學界引起了一場持續十多年的論戰，並導致邏輯實證主義在60年代逐漸衰落，最終轉向邏輯實用主義；從蒯因哲學內部來說，由於分析陳述與綜合陳述的區別是建基在某種意義理論如證實主義的意義理論之上的，對這一區別的批判就導致對於意義理論和認識論的重新審查和深入探究，並最終導致蒯因形成了行為主義的語言意義理論和自然化的認識論。

因此，在某種意義上說，對「分析—綜合教條」的批判是通向蒯因語言哲學和認識論的入口處。

蒯因的批判從考察分析性的背景開始。儘管從源流上看，分析命題和綜合命題既與萊布尼茨推理眞理與事實眞理的區分有聯繫，同時也與休謨（D. Hume）關於觀念聯繫和事實問題的區分有關，但在哲學史上第一次明確作出這一區分的還是康德（I. Kant），他在《純粹理性批判》一書中認爲，一切判斷都可以區分爲分析判斷和綜合判斷。分析判斷

> 通過謂詞不給主詞的概念增加任何東西，它只是把我們在主詞中所已經思考過的內容（雖然是不清楚地）分析為那些構成分析判斷的概念。

而綜合判斷

> 給主詞概念增加一個我們在任何方式下都沒有思考過的謂詞，並且這個謂詞不能用分析的方法從主詞中抽引出來。❸

這就是說，分析判斷的謂項原先就暗含在主項中，它並沒有給主項增添新的內容，只要根據矛盾律便能先天地從主項中分析出來，因此具有普遍必然性。而綜合判斷的謂項原先不在主項中，它是通過經驗才加到主項上去的，它能夠給主項增添新內容，不具備普遍必然性。這樣一來，康德幾乎就把分析判斷和綜合判斷的區分與必然判斷和偶然判斷、先驗判斷和後驗判斷的區分重疊起來：一切分析判斷都是必然的、先驗的，一切綜合判斷都是偶然的、後驗的。但是他容許有例外存在，這就是所謂的「先驗綜合判斷」，即謂項不是從主項分析出來的，但又必定與主項聯結著的判斷，也就是指既增添了新內容、又具有普遍必然性的判斷。康德認爲，一切科學知識都是由這類判斷構成的。

邏輯實證主義者堅持徹底的經驗論立場，認爲經驗是一切科學知識的基礎，一切有實際內容的科學知識都是經驗知識，其眞假取決於經驗的證實，絕對超不出經驗的範圍。他們具體提出一條原則來貫徹這種經驗論立場，即「命題的意義就在於經驗上的可證實性」。但是，正如艾耶爾所指出的，「經驗主義者遇到困難的地方是關係到形式邏輯和數學的眞理這個問題」，「能夠指出某

❸ 康德：《純粹理性批判》，商務印書館，1960年版，頁32～38。

一種邏輯和數學命題的經驗主義說明是正確的，這對我們來說是重要的問題。」❹ 而康德關於分析判斷和綜合判斷的區分，使他們看到了得以走出泥潭擺脫困境的希望與途徑。於是，他們抓住康德的區分大做文章，並對其作了兩個不算小的修改:

第一，重新定義分析命題和綜合命題。在他們看來，康德的定義有幾個難以容忍的缺陷: 他使用「概念」、「判斷」這類曖昧語詞，具有濃厚的心理主義色彩; 他毫無理由地將其區分局限於主謂式語句，而不能將其推廣到適用於一切其他形式的語句; 並且，他實際上提供了兩個不同的區分標準，而這兩個標準並不是等價的。當

> 他主張命題「7 + 5 =12」是綜合命題時，其根據是「7 + 5」的主觀內涵不包涵「12」的主觀內涵; 至於他主張「一切物體都是有廣延的」是分析命題，其根據是它只依據於矛盾律。即是說，在第一個例子中，他用的是一種心理學的標準，而在第二個例子中，則用的是邏輯的標準，並認為兩者等值是當然的。但是，事實上，一個命題按照前一個標準是綜合的，按照後一個標準則可能是分析的。❺

於是，他們紛紛修改康德的定義，例如維特根斯坦 (L. Wittgenstein)、卡爾納普等人將分析命題定義為沒有任何經驗內容的

---

❹ 艾耶爾:《語言、眞理與邏輯》，上海譯文出版社，1981年版，頁78～79。

❺ 同上書，頁85。

重言式，而艾耶爾則定義說：

當一個命題的效準僅依據於它所包括的那些符號的定義，我們稱之為分析命題，當一個命題的效準決定於經驗事實，我們稱之為綜合命題。❻

第二，排斥先驗綜合命題的存在，而將其一併歸之於分析命題。這是他們的上一個修正所必然衍生的結果。艾耶爾說：

雖然我們具有關於必然命題的先天知識這是真的。但是康德所假定的，任何必然命題都是綜合命題則不是真的。事實上，任何必然命題無例外地都是分析命題，或者換句話說，都是重言式命題。❼

一切真正的命題分為兩類，……前一類包括邏輯和純粹數學的「先天」命題，我承認這些命題之所以是必然的和確實的，僅僅因為它們是分析命題。……另一方面，涉及經驗事實的一些命題，我認為是一些假設，它們只能是或然的，而永遠不能是確實的。❽

這就是說，因爲邏輯和數學命題，沒有包含任何經驗內容，完全獨立於經驗，因此證實原則對它們失效，它們是必然的、先天的。至於綜合命題，由於包含經驗內容，其眞假取決於經驗的證

❻ 艾耶爾：《語言、眞理與邏輯》，頁85。
❼ 同上書，頁92。
❽ 同上書，頁29。

實，因此是後驗的、偶然的。這樣一來，他們就把分析命題和綜合命題的區分與必然命題和偶然命題、先驗命題和後驗命題的區分完全等同起來了。這樣做的結果是：他們既可堅持經驗論立場，又能保持邏輯和數學命題的眞理性和必然性。正因如此，分析命題和綜合命題的區分成爲邏輯經驗主義的一個重要基石。

蒯因完全淸楚分析命題和綜合命題的區分對於邏輯實證主義的重要地位，他正是要通過對這一敎條的批判，試圖摧毀這種舊式的經驗論，而建立一種新型經驗論，他叫做「開明經驗論」(enlightened empiricism) 或「自然化的認識論」(naturalized epistemology)。正因如此，蒯因後來把由批判經驗論的兩個敎條而導致的整體主義、方法論的一元主義和自然主義，分別看作是經驗論發展史上的第三個、第四個和第五個里程碑❾。

蒯因在抨擊分析—綜合的區分這個敎條之前，首先考察了人們賦予分析性概念的種種含義。他說，哲學上的分析陳述分爲兩類：一類是邏輯眞的陳述，例如：

(1) 沒有一個未婚的男子是已婚的。

這是一個邏輯眞理，因爲其中除邏輯常項以外的成分在各種解釋下總是眞的。一類是能夠通過同義詞的替換而變成一個邏輯眞的陳述，例如：

(2) 沒有一個單身漢是已婚的。

在 (2) 中用「未結婚的男人」來替換它的同義詞「單身漢」，(2)

---

❾ 參見 W. V. Quine: "Five Milestones of Empiricism," in *Theories and Things*, Harvard University Press, 1974, pp. 67～72.

就能變成（1)。這就是說，分析性概念通常被這樣來定義:

A是分析的，當且僅當

（i）A是邏輯眞理，或者

（ii）A能夠通過同義詞的替換化歸爲邏輯眞理。

包含（1）和（2）的可以叫做廣義分析性，只包含（2）的叫狹義分析性。

蒯因把批判的矛頭對準（ii），其批判採取了這樣的形式，如果E本身需要進一步的闡明，那麼E就不是對於分析性的可接受的解釋。他指出，上面的（ii）依賴「同義性」來說明分析性，而實際上同義性概念同分析性概念一樣，本身也是需要進一步闡釋的。這樣一來，要提供分析性標準首先必須提供同義性標準。但蒯因通過考察發現，人們所提供的種種同義性（以及分析性）標準都是不能成立的，包含著邏輯循環。

首先，人們用定義說明同義性的努力是不成功的。這是因爲，不是定義揭示同義性，而是定義預設同義性。不錯，定義包含著同義性，例如定義項和被定義項的關係必定是同義性關係，這是正確定義的必要條件。但是，問題在於定義中的同義性來自何方？蒯因指出，它並不是字典編纂者、哲學家、語言學家先天規定的，而是從經驗中來的。爲了論證這一觀點，蒯因分別考察了定義的三種具體形式：詞典定義、精釋（explication）和約定定義。詞典定義實際上是詞典編纂人根據被定義詞和定義詞在以前用法上的相同來說明二者是同義的。「詞典編纂人是一位經驗科學家，他的任務是把以前的事實記錄下來。」如果他把「單身漢」釋義爲「未婚男子」，那是因爲在流行的或爲人喜愛的用法中已「不明顯地含有這兩個詞語形式之間的同義性關係」。同義性關係是先已存在的經驗事實，是定義的前提，定義只是「對觀察到的同義性的報導，當然不能作爲同義性的根據。」精釋確實不是單純地把定義詞解釋爲另一個同義詞，它是通過對被定義詞的意義進行提煉或補充的方式來改進被定義詞。因此精釋雖然不是單純報導被定義詞和定義詞之間先已存在的同義性，但它卻要依賴二者語言環境的同義，精釋的目的就是爲了保存某些特優語境的用法，同時使其他語境的用法更爲明確，所以精釋仍然是以一種在先的同義性爲根據的，它也不能作爲定義的根據。約定定義純粹是爲了達到縮寫的目的，根據約定引進新的符號，它在形式語言中的作用是充當翻譯規則，通過它引進或消去那些用於縮寫目的的新符號和規則。只有在這種極端的場合，定義才創造了一種同義性，但是這種以純粹的約定爲基礎的同義性不能說明範圍如此廣泛的命題或陳述的分析性，否則就是把分析性奠基於純粹約定的基礎上。蒯因指出，由於定義在數學和邏輯中得到普遍的應用，並且的確富有成效，有人便對定義方法產生了一種迷信心理，認爲定義是絕對可靠的，如果把同義性關係歸結爲定義關係，那麼同義性關係也就成立了。實際上這是一種危險的想法。因爲無論在形式研究還是非形式研究中，除了約定定義這種極端場合之外，定義都是以在先的同義性關係爲轉移的，它本身並沒什麼特殊的功能，以致能創造出有效的同義性來。因此，試圖用定義闡明同義性概念是毫無希望的。

其次，人們用保全眞值的可替換性來說明同義性也是行不通的。人們通常以爲，兩個語言形式的同義性就在於它們在一切語境中可以相互替換而眞值不變。蒯因指出：這種說法也有許多困難，例如，有些同義詞不一定在一切語境中都可以保全眞值的相互替換，由「單身漢是三個漢字」就不能得出「未婚的男子是三個漢字」。即使把這些反例棄之不顧，我們所面臨的問題仍然是：保全眞値的可替換性是不是同義性的充分條件。蒯因主要考慮了兩種情形：一種是外延語言，卽在其中具有相同的外延的表達式可以保全眞値地相互替換的語言。在這樣的語言框架內，同義詞固然可以保全眞値的相互替換，例如，由於「單身漢」與「未婚的男人」是同義詞，有相同的外延，因此，從「單身漢是不會有兒子的」這一命題眞，可以知「未婚男人是不會有兒子的」這一命題也眞。但是，有些異義詞也可以保全眞値地相互替換，例如，在「有心臟的動物是有心臟的動物」這個句子中，用「有腎臟的動物」替換其異義詞「有心臟的動物」，得到的還是一個眞句子：「有心臟的動物是有腎臟的動物」。這說明，保全眞値的可替換性不是同義性的充分條件。不過，假如我們所考慮的語言足夠豐富，以致包含著「必然地」這個內涵性短語，那麼，保全其値地可替換性似乎是同義性的充分條件。考慮命題：

(3) 必然地所有並且只有單身漢是單身漢。

當「必然地」只可眞實地應用於分析命題時。(3) 顯然是眞的。如果「單身漢」和「未婚的男人」可保全眞値地互相替換，那麼其結果是

(4) 必然地所有並且只有單身漢是未婚的男人。

應像 (3) 一樣是眞的。但如果 (4) 爲眞，則

(5) 所有並且只有單身漢是未婚的男人。

也爲眞。因爲我們已經說過：「必然地」只可眞實地應用於分析命題。於是，將前面的 (2) 卽「沒有一個單身漢是已婚的」這樣的分析命題化歸、還原爲前面的 (1) 卽「沒有一個未婚的男人是

已婚的」這樣的分析命題，這一任務就算完成了。但是，這裏造成困難的是副詞「必然地」。蒯因說過：

> ……我們能够原諒含有這樣一個副詞的語言嗎？這個副詞真的有意義嗎？假定它是有意義的，便是假定我們已經充分了解「分析性」的意義。

那麼我們何必如此費力地去探討「分析性」呢？這樣一來，我們又會陷入循環論證，儘管「不是直截了當的循環論證，但類似於循環論證。」

再次，既然用同義性說明分析性不能成功，人們就轉而求助於「語義規則」來說明分析性。人們認爲，在日常語言中把分析陳述和綜合陳述分開的困難是由於日常語言的含混造成的，當我們有了帶有明顯的「語義規則」的精確的人工語言，這個區別就很清楚了。但蒯因通過分析指出，這也只是一種一廂情願的空想。他具體考慮了兩種情形：給定一個人工語言L，第一種情形是其語義規則遞歸生成L的所有分析陳述，語義規則具有下列形式：

*陳述S對於語言L是分析的，當且僅當，……

這些規則告訴我們這樣那樣的陳述，而且只有這些陳述是L的分析陳述。「現在這裏的困難恰好在於這些規則含有『分析的』一詞，這是我們所不了解的！」簡言之，在我們能夠了解這樣一個規則之前，「我們必須了解『對於……是分析的』這個一般的關係詞；我們必須了解『S對於L是分析的』，其中『S』和『L』都是變元。」這就是說，上述以解釋分析性爲目標的語義規則預設了一個對於「分析性」的先在的理解，這又是循環論證。第二種情形是：給定一個人工語言L，其語義規則遞歸生成L的所有眞陳述，然後通過下述方式解釋分析性：

**如果L中的陳述S（不僅是眞的而且）按照L的語義規則是眞的，S在L中便是分析的。

但蒯因指出：這

> 實際上依然沒有任何進展。我們雖不再求助於一個沒有解釋的語詞「分析的」，但還是求助於一個沒有解釋的短語「語義規則」。並非斷定某一類陳述為真的，一切真陳述都能算是語義規則——否則一切真理在按照語義規則是真的這個意義上，便會都是「分析的」了。

並且，「如果『分析的』意指『根據語義規則是眞的』，那麼L的任何一個眞陳述都不是排除其他陳述的分析陳述。」這就是說，如果接受**對於分析性的解釋，則L中的分析陳述就與其眞陳述不可區別了，這當然是不可思議的。此外，蒯因還指出這樣一種情形：有時語義規則實際上是怎樣譯成日常語言的翻譯規則，在這個情況下，人工語言的語義規則實際上是從它的被指定的日常語言譯文的分析性中辨認出來的。如果再用語義規則去說明分析性，就如同用同義性說明分析性一樣，都是預設所要解釋的東西的循環論證。於是，蒯因作出結論說：

> 從分析性問題的觀點看來，帶有語義規則的人工語言概念是一個極其捉摸不定的東西。決定一種人工語言的分析陳

述的語義規則僅僅在我們已經了解分析性概念的限度內，才是值得注意的；它們對於獲得這種了解是毫無幫助的。

通過上述分析和論證，蒯因旨在表明：企圖利用同義詞、保全眞値地可替換性、人工語言內的語義規則來說明和刻劃分析性，是根本行不通的：

分析陳述和綜合陳述之間的分界線却一直根本沒有劃出來。認為有這樣一條界限可劃，這是經驗論者的一個非經驗的教條，一個形而上學的信條。

蒯因認爲，這個「非經驗的」「形而上學的信條」就是還原論或意義的證實說。

蒯因明確意識到這樣一種可能：邏輯經驗主義者可以求助還原論或意義的證實說來作出分析命題和綜合命題的區分，即用前述的第二個敎條支持第一個敎條。實際的情形也確實如此。蒯因指出：「還原論的教條，即使在它的弱化形式中，也和另一個認爲分析和綜合陳述是截然有區別的敎條緊密聯繫著的。」其具體聯繫方式是這樣的：

顯而易見，眞理一般地依賴於語言和語言之外的事實兩者。如果世界在某些方面曾經是另外一個樣子，「布魯斯特殺死了凱撒」這個陳述就會是假的，但如果「殺死」碰巧有「生育」的意思，這個陳述也會是假的。因此人們一般就傾向於假定一個陳述的眞理性可以分析為一個語言成

> 分和一個事實成分。有了這個假定，接著認為在某些陳述中，事實成分等於零，就似乎是合理的了，而這些就是分析陳述。

只要認爲說到一個陳述的驗證或否證一般地是有意義的，那麼，談到一種極限的陳述，卽不管發生了什麼情況，事實上都是被空洞地驗證的陳述，就似乎也是有意義的；這樣一個陳述就是分析的。因而對第一個教條的批判必然導致第二個教條的批判，並且只有駁倒了第二個教條才能眞正駁倒第一個教條。

還原論或證實論實際上是把整個科學分解爲一個個孤立的陳述，又把陳述還原爲關於直接經驗的報導來考察其經驗意義的。但是蒯因指出，這種還原論或證實論是根本錯誤的，因爲「我們關於外界的陳述不是個別的，而是僅僅作爲一個整體來面對感覺經驗的法庭的」，「具有經驗意義的單位是整個科學」。「我們所謂的知識或信念的整體，從地理和歷史的最偶然的事件到原子物理學甚至純數學和邏輯的最深刻的規律，是一個人工的織造物。它只是沿著邊緣同經驗緊密接觸。」儘管這個整體中只有處於最邊緣的命題才同經驗直接接觸，但這並不意味著，只有它才具有經驗內容，才能被經驗所證實或證僞。實際上，科學整體中的任何命題，包括邏輯和數學的命題，都是通過一系列中介而與經驗聯繫著的，都具有或多或少的經驗內容，在這方面它們與處於最邊緣的命題「只是程度之差，而非種類的不同。」因此，在遇到頑強不屈的經驗的情況下，它們也可以被修正，這樣一來，「全部科學、數理科學、自然科學和人文科學，是同樣地的但更極端地被經驗所不完全決定的。」

在〈經驗論的兩個教條〉中，蒯因對意義、認識同義性、分析性等概念已有解釋提出了根本性質疑，並對這些概念最終能否得到闡明持悲觀的看法。有人，例如格賴斯和斯特勞森指責蒯因對有關分析性和同義性的已有說明持有不合理的高清晰標準❿。蒯因答覆說，歸根結底，他尋求的「只不過是根據言語行爲傾向的粗略刻劃。」⓫ 蒯因的答覆表明，在他對於經驗論的兩個教條的批判中，有一條暗含的清晰性標準在起作用，並且這個暗含標準是根植於他的自然主義和行爲主義的語言觀。儘管從時間上看，對經驗論的兩個教條的批判在前，語言觀的系統、完整表述在後，並且在一定意義上是前者促發，引起了後者。但從理論的邏輯秩序來看，自然主義和行爲主義的語言觀是基礎性和建設性的，而對經驗論兩個教條的批判則是派生性和否定性的。因此，我們有必要轉入對於蒯因的自然主義和行爲主義的語言觀詳細探討。

3.2　行為主義的語言意義理論

蒯因在《語詞和對象》序言中開宗明義第一句話就是:

語言是一種社會的技藝。在習得語言時，關於説什麼和何

---

❿ 參看 H. P. Grice and P. F. Strawson: *In Defence of a Dogma,* The Philosophical Review LXY, 1956, No. 2, pp. 141～158.

⓫ W. V. Quine: *Word and Object,* Cambridge: The M. I. T. Press, 1960, p. 207.

> 時說，我們必須完全依賴於主體間可資利用的暗示。因此，除非根據人們的與社會可觀察的刺激相應的外在傾向，去核實語言的意義就是毫無道理的。

對於這同一思想，蒯因後來在《本體論的相對性及其他論文》一書中，有一個更簡明的表述:

> 語言是一種社會的技藝。我們大家都只是根據他人在公共可認識的環境中的外部行為，來習得這種技藝的。⑫

這兩段話充分表現了蒯因關於語言學習和語言意義的自然主義和行爲主義觀點，因此被簡稱爲 NB 論題（英語「the naturalistic-behavioristic thesis」的簡寫）。NB 論題的第一部分，即「語言是一種社會的技藝」表明，蒯因首先把語言看做是一種社會活動，即人們用言語進行的活動。蒯因強調這一點，旨在拒斥一種較古老的心理主義語言觀，根據這種語言觀，要學習語言，歸根結底要憑藉內省的中介。蒯因其次認爲，語言是這樣一種對象，可以用爲一般自然科學所特有的主體間研究技巧來學習它。NB 論題的第二部分，即我們大家都只是根據他人在公共可認識的環境下的外部行爲來習得我們的語言，表明蒯因的語言觀包括兩部分，一是行爲主義的語言意義理論，一是行爲主義的語言學習理論。由於語言學習理論是與蒯因的自然化認識論密切相關的，因此放在下一章去討論。這裏只討論蒯因的行爲主

⑫ 見該書英文版，頁26。

義語言意義理論。

3.2.1 意義理論與指稱理論的區分

意義和指稱的問題是從弗雷格和羅素以來分析哲學家用力最大、爭論不已的問題。有人說，專心致力於意義理論的研究可謂20世紀英語世界哲學家的「職業病」⓭。蒯因在這一問題上也發表了許多重要的意見。

在意義問題上，蒯因贊同弗雷格的觀點，主張把名稱的意義和指稱嚴格區別開來，反對把二者相混淆。他引證弗雷格關於「晨星」和「暮星」的例子和羅素關於「司各脫」和「《威弗利》的作者」的例子，說明某些單獨名詞可以是同一事物的名稱，但是有不同的意義。他認爲普通名詞的意義與其所指（即該普通名詞所適用的對象的類）之間也是有區別的，例如，「有心臟的動物」和「有腎臟的動物」這兩個普通名詞在外延上相同，意義上不同。儘管在普通名詞的情況下，人們較少將其意義與其所指混淆起來，但是在哲學中把意義和指稱、內涵和外延、或涵義和所指相混淆的情形卻是常見的，最典型的是指稱論語義學。

蒯因明確無誤地反對指稱論語義學。後者認爲，語詞的意義就是它所指稱的對象，名稱與其對象之間有一一對應關係。這種觀點的代表人物有柏拉圖（Plato）、穆勒（J. S. Mill）、羅素和早期維特根斯坦等。蒯因認爲，這種將意義和指稱相混淆的作法在哲學上將造成嚴重後果。在〈論有什麼〉一文中，他反覆指

⓭ GiLbert Ryle: "Theory of meaning," in *Philosophy and Ordinary Language*, ed. by C. E. Caton, University of Illinois Press, 1963, p. 128.

出，那些承認非存在之物亦有其存在、承認有獨立存在的共相等等的柏拉圖主義的本體論觀點的根據，就是認爲任何語詞要有意義就必定有所指，其意義即在其所指。例如「飛馬」一詞如果沒有在某種意義上存在的飛馬爲其所指，似乎就是沒有意義的。又如，像「紅」這樣的普通名詞似乎「必須被看作是各個單個的共相實體的名字，它們才是有意義的」。因此，意義和所指的混淆是柏拉圖主義者「把他們的共相本體論強加於我們的一個手段」⓮。

蒯因還認爲，將意義和指稱相混淆在意義理論中也會導致不良後果，即將意義看作是一種獨立的實體。他指出：

> 意義與指稱的混淆曾經助長了把意義概念視為當然的傾向。人們覺得，「人」這個詞的意義就像我們的鄰居一樣確實可靠，「暮星」這個短語的意義就像天上的那顆星一樣明白可見。人們還覺得，懷疑或否定意義概念，就等於假定有一個世界，其中只有語言而沒有語言所指稱的東西。實際上，我可能承認有萬象紛紜的事物，承認單獨語詞和一般語詞以其進入我們心靈內容的各種方式來指稱那些事物，卻從未論及意義問題。⓯

在將意義視爲獨立的實體這一點上，指稱論語義學和觀念論語義學是相通的。意義的觀念論認爲，語言表達式的意義就是它的心理對應物，如詞所對應的觀念或心理形象（mental

⓮ 《從邏輯的觀點看》，頁1～11。

⓯ 同上書，頁44～45。

images)，語句所對應的命題等。觀念論並非完全不考慮語詞所指稱的對象，它認爲頭腦中的觀念是詞與物相聯繫的中間環節。觀念論更重要的代表是洛克 (J. Locke) 及其追隨者。蒯因堅決反對把意義視爲被表達的觀念的主張，他指出：

> 在現代語言學家中間已經取得相當一致的意見，認為關於觀念即關於語言形式的心理對應物的這個觀念，對於語言學來說，是沒有絲毫價值的。行為主義者認為，即使對於心理學家來說，談論觀念也是糟糕的做法。我認為行為主義者的這個看法是正確的。正如莫里哀的喜劇中人們乞靈於催眠的性質來解釋催眠劑一樣，對觀念的這個看法的害處在於，使用觀念也會使人們產生一種幻覺，認為這就已經解釋了某種事物。⑯

爲了避免把意義視爲獨立的精神實體，蒯因甚至主張拒斥意義，而以另外的方式談論語言的意義問題。他指出：

> 如果我們討厭意義 (meaning) 這個詞，我們就可以直接地說這些話語是有意思的 (significant) 或無意思的 (insignificant)，是彼此同義或異義的。以某種程度的清晰性與嚴格性來解釋「有意義的」和「同義的」這些形容詞的問題 —— 按照我的看法，最好根據行為來解釋 —— 是重要的，又是困難的。但是被稱為「意義」的這些特殊

---

⑯ 《從邏輯的觀點看》，頁44～45。

的、不可歸約的媒介物的說明價值確實是虛妄的。[17]

他還指出:

> 就意義理論來說，一個顯著問題就是它的對象本性問題:意義是一種什麼東西？可能由於以前不曾懂得意義與所指是有區別的，才感到需要有被意謂的東西。一旦把意義理論與指稱理論嚴格區分開，就很容易認識到，只有語言形式的同義性與陳述的分析性才是意義理論要加以探討的首要問題；至於意義本身，當作隱晦的中介物，則完全可以丟棄。[18]

在蒯因看來，人們通常談論或使用「意義」的方式可以歸結爲兩個: 一是具有意義(having of meanings)，卽有意思的: 一是意義相同或同義性。詞典編纂者的工作是以一種獨特的方式把一種語言形式和另一種語言形式聯繫在一起，也就是把同義詞聯繫在一起；語法學者的工作則是對各種簡短的語言形式分門別類，研究它們的組合規則，詳細說明各種可能的「有意思的」語序。於是,

> 過去所謂意義問題現在可以簡述為兩個最好不提及意義的問題: 一個是使有意思序列的概念為人理解的問題，另一個是使同義性概念為人理解的問題。我要强調的是詞典編

[17] 《從邏輯的觀點看》，頁11～12。

[18] 同上書，頁21。

纂家無權壟斷意義問題。有意思的序列問題和同義性問題乃是意義問題的一對孿生子。⑲

蒯因認爲，當意義和指稱的區別得到適當注意時，被不嚴格地稱爲語義學的哲學就可以區分爲兩個截然不同的部分：意義理論和指稱理論。意義理論的概念主要是意謂或者意思（significance）、同義性、分析性等；指稱理論的主要概念則爲命名、指稱、外延、變項以及眞値等。他指出，由於塔斯基等人的工作，指稱理論的硏究卓有成效。相比之下，意義理論卻一直爲一些含混不淸的概念所困擾，澄淸這些概念就是他的語言哲學的任務。他補充說，作爲語言哲學的兩個組成部分，意義理論和指稱理論又是密切相關的。例如，本體論承諾概念屬於指稱理論的範圍，它適用於一種以明確的量化語言表述的理論。但是，當我們不是以一種明確的量化形式的語言談論本體論承諾，而求助於一種在給定陳述與它在一種量化語言中的翻譯之間的假定同義性時，我們就是在討論意義理論的問題了。

蒯因拒斥意義，但並不否認語詞和陳述是有意義的。那麼，如何說明這種有意義性呢？蒯因說：「按照我的看法，最好根據行爲來解釋。」⑳他後來又指出：

> 當自然主義哲學家著手研究心智哲學（the philosophy of mind）時，他傾向於談論語言。意義，首先並且首要

---

⑲ 《從邏輯的觀點看》，頁46。

⑳ 同上書，頁11。

地是語言的意義。語言是一種社會的技藝。我們大家都只是根據他人在公共可認識的環境中的外部行為，來習得這種技藝的。所以，意義卽那些心理實體的典型，作為行為主義者磨坊裏的穀物被碾碎完蛋了。杜威在這一點上是明確的：「意義……不是一種心理的存在；它首先是行為的性質。」㉑

根據這種觀點，語言是一種可以經驗地加以學習的社會技藝，而意義則需根據人們的言語行爲傾向來解釋。

正是從上述的自然主義和行爲主義的語言觀出發，蒯因對他所謂的語言的「博物館神話」，進行了嚴厲的抨擊：

非批判的語義學是一種博物館神話，其中展品是意義，詞是標籤。改變語言就是更換標籤。自然主義者反對這種看法，主要並不是反對那種作為精神實體的意義，雖然這也是完全能夠加以反對的。卽使我們不把加上標籤的展品當作精神實體，而是當作柏拉圖的理念甚至是被指稱的具體對象，這個主要的反對意見還是成立的。只要我們把一個成人的語義學看成是在他心靈中以某種方式確定的，而與可能內含於他們外部行為傾向中的東西無關，語義學就被一種有害的心靈主義所敗壞了。正是關於意義的事實本身，而不是由意義所意指的實體，才是必須根據行為來解

㉑ W. V. Quine: *Ontological Relativity and Other Essays*, New York, Columbia University Press, 1969, pp. 26~27.

釋的……。㉒

當我們與杜威一道，轉向自然主義的語言觀和行為主義的意義論時，我們放棄的不僅是那種語言的博物館圖象，我們也放棄了對於確定性的追求。根據博物館神話來看，一個語言的詞和句子有其確定的意義。為了發現土著的詞語的意義，我們可能不得不觀察他的行為。但是，詞語的意義仍被假設為在土著的心靈即他的精神博物館中是確定的，甚至在行為標準無力為我們發現這些意義的情況下也是如此。另一方面，當我們和杜威一道承認「意義……首先是行為的性質」時，我們也就承認了：在內含於人們的外部行為傾向中的東西之外，既不存在意義，也不存在意義的相似或差別。對自然主義來說，兩個表達式是否在意義上相似，這個問題沒有任何已知或未知的答案，除非這些答案在原則上由人們的已知或未知的語言傾向所決定。如果根據這些標準還有不準確的情形，那麼對於意義和意義相似這些術語來說，情形就更加不妙。㉓

我們之所以不厭其煩地完整引用蒯因的上述兩段話，是因爲蒯因在其中表達了下述重要的思想：

當我們轉向自然主義的語言觀和行為主義的意義論時，(1) 我們放棄了語言的博物館形象；(2) 我們放棄了對於

㉒ *Ontological Relativity and Other Essays*, p. 27.
㉓ 同上書，pp. 28～29.

> 確定性的追求；(3) 我們承認，在暗含於人們的言語傾向的東西之外，不存在任何意義以及意義的相似或差別。

而由這些觀點出發，又派生出蒯因哲學的其他重要論題，如翻譯的不確定性、指稱的不可測知性、本體論的相對性、經驗決定理論的不充分性、理論內各陳述的可任意修正性等等。由此可知，自然主義的語言觀和行爲主義的意義論爲蒯因哲學體系提供了基礎和框架，是完整理解蒯因哲學體系的前提。

3.2.2　刺激意義與語句的分類

在蒯因關於意義的討論中，有兩點値得注意：

第一，它是與語句而不是與語詞相關的。在蒯因看來，語詞從它們所在的語句中獲得派生意義，因此首要的意義單位是語句而不是語詞。實際上，由於蒯因是著名的意義整體論者，所以更確切的說法是，基本的意義單位旣不是單獨的語詞也不是孤立的語句，而是由許多語句所構成的科學理論的整體。但從後面的議論可以看出，蒯因認爲，場合句和觀察句還是可以具有自己的經驗意義，因此，把語句不太嚴格地看作是一種意義單位仍然是可行的。

第二，蒯因感興趣的是認知意義 (cognitive meaning)。認知意義並不是一切語句都具有的，它是被用來作出斷定的語句，即語法上的直陳句所特有的。這類語句的確定的特性就是，當被使用時，它們或者是眞的或者是假的，但不能同時旣眞又假。知道一個語句的認知意義就是知道該語句成眞或成假的條件。於是，認知意義忽略了我們日常直觀的意義概念的所有不相干因素，如情感因素。蒯因專注於認知意義的原因，在於他想盡可能地根據眞假概念來理解意義概念。

由於蒯因要使他的意義理論旣是行爲主義的又是經驗論的，他必定要根據感覺刺激和言語反應來定義意義概念。於是，他在其理論的開頭就引入了刺激意義（stimulus meaning）概念，這是他的行爲主義意義理論的關鍵性概念。它表示一個句子相對於一個特定說話者在特定時刻的意義。刺激意義可以從行爲上分爲肯定的刺激意義和否定的刺激意義。蒯因指出：

> 我們可以一開始把像「Gavagai」這樣的一個語句對於一給定的説話者的肯定刺激意義，定義為所有那些促使他贊同（該語句）的刺激的類。……一個刺激 σ 屬於語句 s 對於給定説話者的肯定刺激意義，當且僅當，有一個刺激 σ' 使得，假如給説話者 σ'，然後問他 s，然後給他 σ，再次問他 s，他將在第一次時表示反對，並在第二次時表示贊同。我們可以通過交換「贊同」和「反對」而類似地定義否定刺激意義，然後將刺激意義定義為這兩者的有序偶。[24]

形式地說，語句 s 對於一說話者 a 在時間 t 的刺激意義，是兩個集合的有序偶 $\langle \Sigma, \Sigma' \rangle$，其中 Σ 是促使 a 在 t 時贊同 s 的刺激的集合，Σ' 是促使 a 在 t 時反對 s 的刺激的集合。此定義是以刺激爲中心的。

有了「刺激意義」這個概念，我們可以討論蒯因的語句分

---

[24] *Word and Object*, pp. 32～33.

類。對於蒯因來說，「一個語句不是一個說話事件，而是一個共相：一個可重複逼近的規範。」㉕ 這裏有必要提到語句類型（type）和語句標記（token）的區分。語句標記是出現在一定時空場合的物理客體，表現爲說出的一串聲音或紙上的一串符號，是說出或寫出的具體句子。語句類型是由相似的語句標記所體現的那個模式，或者是相似的語句標記的類，它是一種抽象的存在。語句標記和語句類型之間是類例示關係，即可以把標記看作是類型的一個個具體實例，不同的標記是同一個類型的標記，因爲它們之間相似以及它們與它們所例示的類型相一致。根據蒯因上述的語句定義，可見他談論的是語句類型，而不是語句標記。

蒯因根據行爲主義標準來給語句分類，他認爲基本上有兩類句子：場合句（occasion sentences）和固定句（standing sentences），每一種下面又各有一個子類，分別是觀察句（observation sentences）和恒久句（eternal sentences）。下面逐一討論這些語句的特點及其意義。

場合句是這樣的一類語句，「它僅僅在一次適當的刺激之後被詢問時才會得到同意或反對。」㉖ 例如，獨詞句㉗「Gavagai」、「紅」以及「它受傷了」、「他的臉很髒」、「這隻猫正在舔她的孩子」等等，都是場合句。這類句子的特點是，關於它們的每一次

㉕ *Word and Object*, p. 191.

㉖ 同上書，pp. 35～36.

㉗ 在一定的時空場合，伴以一定的手勢，以一定的語調說出一個詞如「兎子！」這實際上是說出一個語句——獨詞句，它大約相當於：「看！這裏有一隻兎子！」語境彌補了語法形式的殘缺。

詢問和回答都必須在特定時刻有某種特定的（通常是非言語的）刺激出現。

觀察句是一類特殊的場合句，

> 其刺激意義在附屬信息的影響下不發生任何變化的場合句，自然可以叫做「觀察句」，可以不懼矛盾地說，觀察句的刺激意義能完全公正地處理其意義。㉘

> 觀察句是這樣一種場合句，當以特定的方式刺激說話者的感官時，他會始終同意這個句子；而當以另外的方式刺激時，他會始終反對它。……正是在這個意義上，觀察句與感覺刺激的關係最為直接。㉙

這就是說，觀察句的意義依賴於我們刺激感官的方式，使一個場合句成爲觀察句的不是它所描述的事件或狀態，而是用以描述這些事件或狀態的方式。也就是說，它不僅要描述一個主體間可觀察的場合，而且要足以促使熟悉該語句的任何觀察者都贊同該語句；它不是關於私人感覺資料的報導，而應包含關於物理對象的指稱。例如，「這張紙是白的」是一個觀察句，因爲當被詢問並同時受到看見白紙的刺激時，一言語共同體內的幾乎每一個人都會贊同這一語句。

固定句是這樣一種語句，雖然人們對它的同意或反對也可以

㉘ *Word and Object*, p. 42.

㉙ W. V. Quine: *Theories and Things*, Harvard University Press, 1981, p. 25.

是由刺激引起的，

> 當我們在後來的場合再次詢問主體時，主體可以重複他原來的由當下刺激所作出的同意或反對，而場合句卻要求在所有場合下都只能由當下刺激做出同意或反對。㉚

這就是說，固定句已經超出了當下刺激的範圍，它是屬於記憶性知識的一種，它使得我們的知識獲得了擴大的可能。例如，「約翰的哥哥是高個子」就是一個固定句，因爲在約翰的哥哥不在場的無數的場合，當被問及時人們都會根據先前的經驗而贊同或者否定此語句。固定句的其他典型例子有：「銅是導電體」、「今天是星期一」、「郵差已經來過了」等等。

固定句和場合句的區分不是絕對的。

> 隨著可能的重複刺激的間隔縮小，固定句就蛻變為場合句；而場合句只不過是間隔小於係數的極端情形。像刺激意義本身一樣，固定句和場合句的區分是相對於間隔係數的；一個係數為n秒的場合句可以是一個係數為n－1秒的固定句。㉛

例如，「香山楓葉已經紅過了」是以年爲單位的固定句，而《時代》周刊已經到了」是以周爲單位的固定句，「郵差已經來過了」是以天爲單位的固定句，而「約翰剛打了個噴嚏」僅對於幾分鐘

㉚ *Word and Object,* p. 36.

㉛ 同上。

來說才是固定句。

恒久句是極端類型的固定句，

> 它們獨立於碰巧說出或寫出它們的任何特殊的境況，而永遠保持真，或永遠保持假。㉜

> 許多固定句，如《時代》周刊已經到了，並不是恒久的。數學和其他科學中的理論語句一般是恒久的，但它們並不能獨斷地宣稱專有這一特徵。關於特定的單個事件的報導和預測，當時間、地點或相關的人被客觀地陳述，而沒有不確定地提到第一人稱、不完全的摹狀詞和指示詞時，它們也是恒久的。㉝

> 恒久句可以是含義上一般的，或者它可以報導一特定場合的事件。在後一種情形下，它將通過明確地使用名稱、日期或說話人而獲得其特殊性。最能表現科學理論特性的恒久句當然是一般性的。㉞

這就是說，恒久句包括兩種類型：一是科學和其他科學中的理論語句，如「2＋2＝4」、「等量加等量其和仍相等」，以及物理

㉜ W. V. Quine: *Philosophy of Logic*, Prentice-Hall, 1970, p. 13.

㉝ *Word and Object*, pp. 193～194.

㉞ W. V. Quine: *The Roots of Reference*, La Salle, Ill. Open Court, 1973, p. 63.

學中的規律；一是關於特定的單個事件的報導和預測，其中消除了一切不確定性因素，有關時間、地點以及所涉及的人等指示性成分都被客觀地確定了，如「林肯於1865年4月15日在華盛頓被刺身亡」、「郵車在1992年12月5日上午九時經過哈佛」。這些語句的共同特點是，它們的眞值恒久不變，即不會隨時間、地點、說話人等因素的變化而改變。但蒯因接著指出:

> 恒久語句不必是沒有刺激意義的，一個說話者完全可以由一個刺激導致同意一恒久語句，由另一個刺激導致反對另一語句。但是當這種情況發生時，他說他先前弄錯了，並已在新的證據面前改變了主意，而不是說該句在真值方面已經變了。如「《時代》周刊已經到了」經常發生的那樣。㉟

歸結起來，蒯因關於語句的上述區分可以列表如下:

場合句		固定句	
觀察句	狗! (這是一條狗) 兎子! (那是一隻兎子)	恒久句	2＋2＝4 林肯於1865年4月15日在華盛頓被刺身亡。
非觀察句	間諜! (他是一名間諜) 單身漢! (他是一位單身漢)	非恒久句	《時代》周刊已經到了。 林肯被刺身亡。

㉟ *Word and Object*, p. 194.

從這四種語句的劃分中，我們可以看出，它們對於當下刺激的依賴程度是遞減的，即是說，它們在逐漸脫離當下的刺激行爲。但不能由此作出結論說，蒯因主張一種「漸近主義」，以致他的區分最終變得模糊不清了。情況絕不是如此。在蒯因那裏，最純粹的觀察句和固定句之間的對比是鮮明的：觀察句整個說來是個別地具有意義的，而固定句則是相互依賴地即作爲整體才具有意義的。換句話說，蒯因把經驗內容歸屬於作爲場合句的觀察句，並且是歸屬於一個一個的觀察句，而單個的固定句則不具有自己的經驗內容。

3.2.3　語句之間的意義關係

刺激意義作爲一般的意義概念，可以應用於以上任何一種語句。

我們先看應用於非觀察的場合句的情形。「他是一位單身漢」就是這樣一個語句。對於某種語言的單個說話者來說，我們要確定此語句對於他的刺激意義，其辦法是在各種語境中詢問他這一語句，並分類記錄他的反應。這個人的肯定或否定的反應，將取決於他對在被問及時他所面對的那個人的婚姻狀況的了解，蒯因把這類背景信息叫做「附屬信息」(collateral information)。任何兩個人幾乎不可能對所有人的婚姻狀況有同等程度的了解，因此「他是一位單身漢」這個語句對於任何兩個人也幾乎不可能具有等價的刺激意義。這表明，此類語句的刺激意義是隨著說話者的過去經驗的不同而變化的，因此，它們與此類語句的意義本身似乎是很不相同的。

對於只操母語的說話者來說，有可能使用刺激意義去定義場

合句的認知等價 (cognitive equivalence)。兩個場合句對於一個說話者是認知等價的，當且僅當這兩個語句對於該說話者有同樣的刺激意義。例如，「他是一位單身漢」與「他是一名未婚男子」對於一說話者通常是認知等價的。而且，通過測試該言語共同體的所有或足夠多的成員，並對測試結果進行概括，還可以把場合句的認知等價社會化，即定義場合句的社會認知等價概念。

此外，我們還可以定義場合句跨語言的社會認知等價的概念，其辦法是:

> 對於一個操雙語的說話者來說，「我們能够把這雙語看作是他的單一的二合一語言 (tandem language)；然後我們就能够一般地定義對於他來說的甚至在語言之間也成立的場合句的認知等價。但這仍然只是對他而言，而不是對該語言共同體或者雙語共同體而言的認知等價。唯有我們把握了全部雙語小羣體，我們才能像在單語場合所作的那樣，累計關於個體的結論，並在社會水平上導出雙語間的場合句的認知等價關係。」㊱

有了場合句的認知等價概念之後，我們就能很容易地用行為主義方式刻劃其他有用的語義概念如認知同義 (cognitive synonymy)。

> 一個詞與一個詞或短語是認知同義的，如果用一個替換另

㊱ W. V. Quine: "Use and Its Place in Meaning," in *Theories and Things*, p. 54.

一個總是產生認知等價的語句。㊲

並且，蒯因認爲，如果一個給定的詞與另一給定的詞或短語在所有的場合中是可相互替換的，並且總是產生一認知等價的語句，那麼可以相信這種可相互替換在所有固定句中同樣成立。蒯因指出:

> 如果這一點得到保證，那麼認知同義性的概念基礎就被相當堅實地奠定了。其過程……是這樣的：首先有一個體在不同時間的所有刺激的同一關係〔……〕。這在理論上可以由刺激感應器官的同一來定義。其次有場合句對於該個體的認知同價關係〔……〕。這可通過在一切相同的刺激下問及這兩個語句時，他給出相稱的裁決的傾向來定義。再次有場合句對於該語言共同體的認知等價關係，這可以定義為對於該語言共同體的認知等價。最後有一個詞與一個詞或短語的認知同義關係，這可以定義為場合句中保全等價性的可相互替換性。如果我們願意的話，我們能夠將這一名稱再向前推進一步，把一個詞的認知意義定義為它的認知同義詞的集合。㊳

值得注意的是，一個説話者在某些場合如何決定使用兩個認知等價的語句中的那一個呢？問這樣的問題並試圖在蒯因的意義理論的框架內尋求答案，是出於對蒯因意義理論的性質與目標的

㊲ *Theories and Things*, p. 51.

㊳ 同上書，pp. 51～52.

誤解 。 蒯因理論是基於刺激意義概念之上的， 而後者反過來又基於在主體間可觀察的條件下提出語句以供同意和反對的行爲技巧。作爲蒯因理論的基石的刺激意義，因此就是一個主體肯定或否定各種被詢詢語句的傾向的標誌，而不是他使用或不使用這些語句的傾向的標誌。蒯因意義理論的目標在於發現語句的眞值條件，而不是提供關於言語的因果聯繫的說明。並且，蒯因會強調說，正因爲他的理論是基於詢問—同意—反對的技巧之上的，它就擺脫了說明言語的因果聯繫的重負。蒯因認爲，這是他的理論的主要優點之一。

其次我們看刺激意義概念應用於觀察句的情形，這是它最有意義的應用。確實，觀察句這個觀念對於蒯因的意義理論、語言習得理論，甚至他的整個認識論綱領都是關鍵性的。

在蒯因那裏，觀察句是被問及時一語言共同體內的幾乎每一個人都將同意或者反對的場合句。觀察句有下述特徵:

第一，觀察句是場合句的一個子類。由此可引出兩點：(1)觀察句首先是場合句，因此，不能因爲語言共同體內的幾乎每一成員都會同意或反對像「單身漢是未婚男子」之類的語句，就把它們看作是觀察句。實際上，它們只不過是社會的刺激分析的固定句。這兩者的區別是: 作爲場合句，觀察句要求每一次詢問都伴之以新的（通常是非言語的）刺激， 而固定句卻不要求這一點。(2) 觀察句都是場合句，但並非場合句都是觀察句，即存在著非觀察的場合句。例如，「這個人是約翰的兄弟」是一場合句，因爲每次它被問及並得到同意時，現場必定有某種刺激物（例如某個人）。 但這個句子不是觀察句，因爲並非所有熟悉該語言的現場見證人都會同意該語句，在理想的狀態下，只有熟悉約翰兄弟身分的人才會這樣做。

第二，觀察句是可以用實指法學習的。這一點將在第四章的「語言學習理論」一節中詳加討論。

第三，觀察句的意義和觀察句爲眞的證據合二爲一，並且都是公共的。它們的意義是公共的，因爲它們的證據是主體間可觀察的，並且是主體間一致同意的。蒯因說，觀察句「公開呈示它們的意義」(wear their meanings on their sleeves)㊴。

關於觀察句還有兩點值得注意：首先，由於它們所具有的公共性特徵，觀察句通常是關於物體（或者說物理對象）的，而不是關於感覺材料的，後者通常具有私人性質。其次，人們對於觀察句的普遍贊同可能是錯誤的。例如，當人們同時面對一塊看起來像紙其實是布的刺激物時，一言語共同體的每一個成員被問及時可能都會同意「這是一張紙」這個觀察句。由於這兩個特點，蒯因的觀察句概念不同於邏輯實證主義的記錄語句概念。在卡爾納普和紐拉特等人那裏，記錄語句是一種用以記錄個人直接經驗的語句，它描述直接所與之物，描述經驗的直接內容。它是可信的，無需其他經驗證實，可以作爲構成科學語言的出發點，當一個新語句與已有理論系統相矛盾時，應拋棄非記錄語句，保留原始記錄語句。這就是說，記錄語句的特徵是關於感覺資料的，並且是可信的。顯然，蒯因的觀察句不同於上述意義的記錄語句。

最後，我們看看刺激意義作爲一般的意義概念應用於固定句的情形。對於生成其他有用的語義概念來說，刺激意義應用於固定句時比它應用於場合句時更不成功。其理由是，與場合句不

㊴ *Word and Object*, p. 42.

同，在固定句中，刺激意義只在很少的時間內才需要當下的相關刺激。這就是說，固定句與當下的非言語刺激的聯繫並不緊密，而當下的非言語刺激卻是給刺激意義，因而也是給認知等價性等概念以內容或意義的東西。

不過，認知等價性概念在某種程度上還是可以由場合句擴展到固定句。前已指出，隨著重複刺激的間隔系數越變越小，固定句可以蛻變爲場合句，後者要求每一次詢問都伴之以新的非言語刺激才會得到同意或反對。於是，固定句越類似於場合句，適用於場合句的認知等價性標準就越適用於固定句。蒯因指出，如果把適用於場合句的旣充分又必要的認知等價性標準，弱化爲必要而不充分的條件形式，則它也可以適用於所有固定句。這就是說，對於任意兩個固定句而言，只有它們相對於某說話者具有同樣的刺激意義，它們相對於該說話者才是認知等價的。此外，蒯因還表明，有可能陳述一個適用於固定句的充分而不必要的認知等價性標準。一個固定句，如果憑藉一系列用認知同義詞替換其中的詞或短語，或者憑藉先前已被證明是保留場合句的認知等價性的釋義技巧，可以轉換爲另一個固定句，則前一固定句就是與後一固定句認知等價的。這些條件並不合成一個適用於固定句的認知等價性的定義。如果一對固定句滿足必要條件而不滿足所提出的充分條件，關於它們是不是認知等價的問題仍沒有答案。但是在其不完全的形式，這些條件使得認知等價的概念可以更廣地應用於固定句[40]。

將刺激意義概念應用於固定句還產生了分析性概念。一個固

---

[40] W. V. Quine: "Use and Its Place in Meanings," in *Theories and Things*, pp. 53~54.

定句對於某主體是分析的， 如果在每一次刺激後他都同意該語句。類似地，一固定句對於某主體是刺激矛盾的，如果他在每一次刺激之後都反對該語句。這兩個概念，即刺激分析的固定句和刺激矛盾的固定句，還可以推廣到社會水平上，以適用於對一語言共同體的幾乎每一成員來說為刺激分析或刺激矛盾的固定句。前者的例子如「2＋2＝4」、「沒有單身漢是已婚的」；後者的例子如「2＋2＝5」、「有些單身漢是已婚的」。在《指稱之根》一書中， 蒯因還承認社會刺激分析的固定句有一子類， 他未予命名， 我們姑且稱之為「社會心理發生的刺激分析的固定句」，它是「每一個人通過學習它的詞即能獲悉它為眞」的固定句，如「單身漢是未婚的男子」㊶。蒯因接著鄭重指出：

> 即使如此，我們這裏也沒有分析語句和綜合語句的根本區分，後者正是為卡爾納普和其他認識論專家所要求的。在學習我們的語言時，我們每一個人都學會把某些語句直接看作是真的；有些語句的真可以用這種方式為我們許多人所獲悉，而有些語句的真用這種方式只能被我們中的極少數人或無一人所獲悉。前一種語句比後一種語句更近似於是分析的。分析語句就是那些其真可以用那種方式為我們所有人獲悉的語句；並且這些極端情形並不是明顯地與其近鄰區別開來的，我們也並不總是能夠指出它們是哪些語句。㊷

㊶ *The Roots of Reference*, p. 79.

㊷ 同上書，p. 80.

由此可以看出，蒯因只承認語句分析性是程度之分，而不承認它是有無之別。他在其意義理論中，重申了他在〈經驗論的兩個教條〉一文中的觀點，但似乎有所緩和。

3.3 翻譯的不確定性論題

翻譯的不確定性論題亦稱「譯不準原則」，其意思是：可以用不同的方式編纂一些把一種語言翻譯爲另一種語言的翻譯手册，所有這些手册都與言語行爲傾向的總體相容，但它們彼此之間卻不相容[43]。翻譯的不確定性或譯不準包括兩個方面：一是內涵或意義方面的不確定與譯不準，一是外延或指稱方面的不確定與譯不準，蒯因把後者稱爲「指稱的不可測知性」(inscrutability of reference) 或「詞項的不可測知性」，因此後者亦稱「不可測知性論題」。本節將詳細考察蒯因對翻譯不確定性論題的論證。

3.3.1 理論的論證

爲了擺脫細枝末節的糾纏，蒯因考慮的是一種語言翻譯的極端情形，他將其稱爲「原始翻譯」(radical translation)。原始翻譯是對於迄今從未接觸過的語言例如某個與世隔絕的土著部落的語言的翻譯，因而沒有任何先已存在的翻譯手册可供依憑。對於這樣的語言，由於我們不具備任何有關它與我們自己的母語之間對應的知識，我們的翻譯便不可能從語詞開始，而只能從與

[43] *Word and Object*, p. 27.

刺激條件相聯繫的句子卽場合句開始，把聽到的語句與看到的語境聯繫起來，然後通過詢問方式，觀察說話者的言語行爲傾向，逐漸了解這種語言，建立與我們母語語詞的對應關係，編纂一部翻譯手册。

假設一個語言學家來到一個與世隔絕的土著部落，他對土著語言進行翻譯的最基本步驟就是翻譯土著所說的與某一特定的當下可觀察事件相聯繫的話。蒯因考慮了這樣的情形：一個現場工作的語言學家和一個土人，面對著一些同樣的刺激：

> 一隻兔子急跑而過，那位土人說「Gavagai」，語言學家記下「兔子」（或「歐，一隻兔子」）這個句子作為嘗試性翻譯，以待在更多的情形中加以檢查。[44]

當然，那位語言學家必須以某種方式詢問土人來檢驗他的猜測或假設。但是他怎樣去做呢？辦法之一就是在下一次兔子出現時說「Gavagai」，並觀察土人的反應。語言學家想要看看土人是同意還是反對這一話語。

於是，翻譯的下一步就是確定土人是用什麼詞語表示同意和反對的。這一步對於原始翻譯是必需的，首先因爲語言學家感興趣的不是任何特定的土人對語言的使用，而是土人的一般的語言傾向；其次並且是更重要的，語言學家必須能夠在具有重疊指稱的土著詞語之間進行鑒別，他唯有已經知道土著表示同意和反對的詞語後才能這樣做。但是，識別土人表示同意和反對的詞語並

---

[44] *Word and Object*, p. 29.

不是一件輕而易舉的工作，因爲土著的語言中可能沒有專門表示同意或反對的詞語。那麼土著的那些話語表示同意，那些表示反對呢？即使已經確定「evok」和「yok」這兩個詞語分別表示同意和反對，但其中那一個表示同意？那個表示反對？並且土著並不總是願意或能夠對問話做出回答：他由於沒有看淸楚對象，根本不能作出回答。此外，他有時還會出錯：可能他看的方向不對，或者看錯了對象，更糟糕的是他還可以撒謊。儘管有這些複雜的情況，通過適當範圍內的多次重複和嘗試性工作，總是可以識別出土著表示同意和反對的話語。

原始翻譯的第三步就是進行語言匹配，即建立土著語的觀察句與英語的觀察句之間的對應關係。這是一項歸納性的工作，經過多次對被翻譯語句的詢問，積累了一定量的對土著言語行爲傾向的觀察結果，在此基礎上總結出英語和土著在刺激意義上的大致等同關係。儘管刺激意義是主觀的，語言學家不可能把某些英語句子的刺激意義與土著語句的刺激意義相比較，但是，他與土著各自的言語行爲傾向畢竟有相同的公共可感知的刺激條件，因此他能做出結論說，「Gavagai」與「兎子」二者有大致相同的刺激意義。不過，在這一點上，語言學家也可能出錯：例如，他可能發現，在未來的某個場合，英語「兎子」的刺激意義與土語「Gavagai」的刺激意義並不完全相同。於是，刺激條件就成爲這樣一條客觀標準，它能夠將同一個土語表達式與兩個互不等價的英語表達式相匹配，翻譯的不確定性由此產生。

在上述三個翻譯步驟中，至多只能說語言學家在第一步中是以純粹觀察者的身分出現的，而在第二步和第三步中，語言學家不再是單純的觀察者，而且使用了實驗方法和假設演繹方法，這表現在他利用詢問技巧，並觀察土著的反應，以驗證他的猜測。並且，語言學家還利用了一些微妙的假設，例如，在將土語「Gavagai」與「兎子」或「嗽，兎子」匹配時，語言學家是在相當合理地假定：土著有一個相當短的表達式對應於兎子刺激，而不是對應於兎子部分或兎子的時間段。經過這三步，在刺激意義的層次上，不僅土語的觀察句可以得到客觀地翻譯，而且土著孩子能夠實指學習的該語言的一切部分，語言學家在原則上也能翻譯。眞値函項語句能夠部分地翻譯，認知等價的場合句至少能得到承認。蒯因解釋語言學家是如何將「Gavagai」翻譯成眞値語句的，這有助於我們理解語言學家是怎樣翻譯那些與觀察緊密聯繫的話語的。當且僅當，語言學家將表示否定的語素加到一個短的語句上使得土著人不同意先前已同意過的這個語句時，他才能翻譯這個語素。當且僅當，一個語素能使幾個土著人願意對之表示同意的短成分語句形成複合句，而且土著人也願意對所形成的這個複合句表示同意時，語言學家才能將這個語素譯成連接詞。所以加上限制語「短的」，是因爲怕句子太長，土著人弄不清其意義。一旦學會了這些詞，就不再限制用這些詞組成句子的長短了。

語言學家在翻譯了觀察句、眞値函項語句及其他有關類型的語句後，爲了翻譯(1)非觀察的場合句，如「嗽，一位單身漢」；(2)固定句，如「獅子吃瞪羚」，甚至爲了把觀察的場合句理解爲可分析成諸構成成分的複合式，他們必須理解：(1)個別詞語的意義，(2)句子所包含的語法構造的語義作用。例如，他必須理解一個詞的位置對於包含它們的那個表達式的整體意義的影響，因爲「獅子吃瞪羚」並不與「瞪羚吃獅子」有同樣的意義，儘管這兩個句子包含著同樣的詞。要做到以上各點，語言學家必須求助於分析假設 (analytical hypotheses)。關於分析假設，蒯因指出:

> 語言學家把聽到的話語拆散成可重複出現的、方便簡短的部分，然後排列成一個土語詞彙表。他通過假設使這些詞與英語的詞及短語等價，…… 我把它叫做他的分析假設。㊺

但是，分析假設並不總是把土語詞彙與英語詞彙一一配對，如「gavagai」意謂「兎子」一樣。蒯因指出:

> 沒有必要認為，土語能够與任何一個英語詞或短語直接配對，可以限定某些語境，那個詞在其中被以某種形式翻譯；也可以限定另外一些語境，那個詞在其中被以另外一種方式翻譯。配對形式可以被隨意引入的補充性語義構造所遮蔽。既然在一種語言的詞和短語與它們在另一語言中的譯文之間不存在普遍的位置對應關係，那還需要用某些分析假設去解釋語法結構。這些假設通常是借助適用於各類土語詞彙和短語的輔助詞項來描述過的。概而言之，分析假說和輔助定義構成了語言學家的〔土語—英語〕詞典和語法。㊻

㊺ *Word and Object*, p. 68.

㊻ 同上書，p. 69～70.

現在的問題是，語言學家怎樣得到他的分析假設？蒯因指出：

> 語言學家認識到，被翻譯的整個土語句子的某個構成片斷與該句子的譯文中的某些構成詞之間，有功能上的平行對應。㊼

這就是說，語言學家在形成他的分析假設時，受他先前語言習慣的投影的指導。他實際上預設了他的母語系統，把其中相應句子的詞彙與被翻譯句子的詞彙對應起來，在整個翻譯過程中都把他的母語及其概念框架投影到被翻譯語言之上。

關於分析假設，蒯因著重強調了兩點：

第一，有可能構成相互競爭的分析假設，其中每一個都與土著人的言語行爲傾向相容，但它們卻把不同的意義（內涵）歸於固定句，甚至把不同的指稱（外延）歸於固定句的某些構成成分。

第二，更有甚者，我們不僅不可能知道那一個是較好的假設，而且也沒有一個譯文有客觀的優先權。換句話說，沒有客觀的理由，可以據此去說一組分析假設是正確的，而另一組則不正確。於是，翻譯家並不像這樣一位雕塑家，他試圖復原目前只存雙足的大力神海克立斯（Hercules）的雕像。在後一場合，存在一實在即海克立斯雕像失去了的驅幹，雕塑家力圖忠實地再現這一驅幹。而在翻譯場合，則沒有任何類似於大力神驅幹的客觀實在。所以，在蒯因看來，語義學就具有其他科學幸運地不具有

㊼ *Word and Object*, p. 70.

的缺陷。分析假說更像是約定而不像是科學假說。

上面的第二點在蒯因的下述話語中得到了極其清楚的表達:

> 兩個翻譯家可以編纂相互獨立的翻譯手册，這兩部手册都與所有的言語行為和所有的言語行為傾向相容，但其中一部手册會提供另一位翻譯家將拒絕的翻譯。我的立場是：兩部手册都能够是有用的，但至於那一部是正確的和那一部是錯誤的，則不存在任何事實問題。[48]

正是具有這種性質的分析假設把不確定性帶進了翻譯過程。

前已指出，翻譯的不確定性包括兩個方面，一是內涵或「意義」方面的不確定，這與通常被認爲是「有意義」的土語表達式相關；一是外延或指稱方面的不確定，這與土語的詞項有關，所以亦稱「詞項的不可測知性」。意義的不確定性等於斷言 IM:

IM 可以表達與所有可能的相關行爲傾向相容的不同分析假設系統，它們對於土語表達式的同一用法提供了不同的英語譯文，這些譯文基於直觀看來有不同的「意義」；並且，任何一個翻譯是不是唯一正確的翻譯，這樣的問題是沒有意義的。

而指稱的不確定性等於斷言 IR:

IR 可以表述與所有可能的相關行爲傾向相容的不同分析假設系統，它們把土語表達式的同一用法，或者譯爲詞項，或者不

[48] W. V. Quine: "Facts of the Matter," in *American Philosophy: from Edwards to Quine,* ed. by Shahan and Merrill, the Harvester Press, p. 167.

譯爲詞項；如果譯爲詞項，或者譯爲單稱詞項，或者譯爲普遍詞項；進一步地，或者譯爲抽象的單稱詞項或普遍詞項，或者譯爲具體的單稱詞項或普遍詞項；並且更進一步，如果該土語表達式被譯爲具有分離指稱的詞項，那麼將會有不同的分析假說系統，給這個詞項確定不同的指稱，由此把不同的本體論賦予該土著說話者。並且，在詞項身分以及指稱問題上，問有沒有唯一正確的翻譯是沒有任何意義的。

簡而言之，IM 和 IR 所斷言的就是「意義」和指稱在行爲基礎上是不確定的，超越可能的行爲證據而去尋求一土語表達式的獨一無二的「意義」或指稱，是愚蠢的。這些是自然主義語言觀所造成的主要後果:

(1) 我們放棄對於(「意義」和指稱)的確定性的追求;

(2) 我們承認，關於唯一正確的翻譯不存在任何事實根據。

3.3.2　例證的說明：指稱不可測知

我們在上面著重從理論上論證了翻譯的不確定性是如何發生的。現在我們利用蒯因有關「Gavagai」的具體例子，側重說明翻譯的不確定性的一個方面 —— 指稱或詞項的不可測知性是如何發生的。

假定我們的語言學家歸納地確立了土語觀察句「Gavagai」和英語觀察句「兎子」的關聯，並由此作出結論:「gavagai」是一個具體普遍詞項，並且它被唯一地譯爲「兎子」。換句話說，語言學家確信，「gavagai」和兎子恰好指稱同一個對象。但語言學家完全可能相信錯了，因爲下述一點是完全可能的，即與所有可能的行爲證據完全相容：即使「gavagai」是一個詞項，它有可能是一個指稱兎性 (rabbithood) 的抽象單稱詞項，也有可能是一個指稱兎子或兎子的未分離部分或兎子的時間段的具體普遍詞項。在實指學習或原始翻譯的水平上，指稱是不可測知的。不可測知性問題之所以出現，是因爲兎子、兎子的未分離部分和兎子的時間段之間的唯一區別在於它們的個體化。由兎子組成的世界的那個分離部分，由兎子的未分離部分組成的世界的那個分離部分，以及由兎子時間段組成的世界的那個分離部分，這三者是世界的同一個分離部分。因爲

> 當且僅當兎子的一個未分離部分出現時，整個兎子才出現。同樣，當且僅當一個兎子出現了一段時間，整個兎子才出現。㊾

這裏「唯一的差別在於你如何把它切割下來 。 而如何切割的問題，實指或簡單的條件反射無論經多長時間的重複，也不可能給出答案。」㊿

爲了判定「gavagai」究竟是對應於兎子的「未分離部分」還是「兎子」，語言學家可以用「gavagai」詢問土著人，與此同時用手指著一個兎子的未分離部分。但痲煩在於，當語言學家指著兎子的未分離部分時，即使有時還遮蓋了兎子身上的其餘部分，他也在指著整個兎子。此外，如果語言學家用「Gavagai」詢問土人，並用一總括手勢指著整個兎子，但此時語言學家也指著兎子的多個未分離部分 ，因此他仍然得不到所需要的結果 。

㊾ *Ontological Relativity and Other Essays*, p. 30.

㊿ 同上書，p. 32.

「這一點看來是淸楚的：在這個水平（卽實指水平）上，在『兎子』和『兎子的未分離部分』之間，不可能作出那怕是嘗試性的決斷。」[51]

語言學家的唯一出路是，確定英語的「複數詞尾、代詞、數詞，表示同一的『是』，以及它所採用的『同一』和『其他』」等在土語中的等價物[52]。英語中的這些要素構成了一組相互關聯的語法小品詞和語法構造，英語中具有分離指稱的詞項的個體化就是與它們相聯繫的。一旦語言學家能夠確定這些等價物，他就能問土人這樣的問題：「這個 gavagai 與那個 gavagai 是同一個嗎？」「這是一個 gavagai？還是兩個？」等。於是，語言學家也就能夠判別：「gavagai」究竟是對應於「兎子」還是「兎子的未分離部分」。不過，在語言學家能夠表達這樣的問題之前，他必須先表述一個與其他的支配著指稱的土語表達式相聯的分析假說系統。卽使如此，仍不足以絕對地解決把「gavagai」譯爲「兎子」或「兎子的未分離部分」，或「兎子的時間段」以及諸如此類的東西時所遇到的不確定性。因爲假若一個可行的分析假設系統把一給定的土語表達式譯爲「與……同一」，也許另一個同樣可行但很不相同的分析假說系統則把它譯爲「與……有關」。這樣，當一語言學家在問：「這個 gavagai與那個gavagai是同一的嗎？」他也在不自覺地問：「這個 gavagai 與那隻 gavagai 有關嗎？」所以土人表示同意並不能用來絕對地確定「gavagai」的指稱，由此產生了指稱的不可測知性。

---

[51] *Ontological Relativity and Other Essays,* p. 32.

[52] 同上。

蒯因也指出，儘管不可能在行爲的基礎上絕對地確定土語表達式如「gavagai」的意義和指稱，但通過訴諸分析假設，可以相對地確定「gavagai」的意義和指稱。這就是說，土語表達式的指稱可以用相對的方式測知。因爲完全有可能，一位語言學家根據一套分析假設，將「gavagai」譯爲「兎子」，而另一位獨立工作的語言學家得到了另一套分析假設，它將「gavagai」譯爲「兎子的未分離部分」。兩位語言學家都能說明土人的所有言語傾向，並通過在他們各自的分析假設系統中作出不同的調整，他們就可以得到兩部不同的土語——英語翻譯手册，這些手册把不同的本體論歸於土著人。於是，相對於不同的分析假設和翻譯手册，「gavagai」就得到了不同的指稱。詞項的指稱是相對於分析假設和翻譯手册而確定的，具有相對性。

3.3.3　母語中的不確定性

人們可能會懷疑，不確定性問題是原始翻譯中特有的，因而是無意義的。但實際上這種想法是錯誤的，因爲它忽視了原始翻譯與日常語言學習在行爲特徵上的類似性。語言學家和學習母語的孩子都必須從觀察句開始，都必須掌握同意或反對的語言遊戲，都必須有意無意地利用分析假設。當然，兩者的情況也不完全相似，因爲語言學家已經有先前的語言習慣，這將方便他去習得土著語言，而學習母語的孩子卻不具有。但這一差別不足以消除母語學習或翻譯中的不確定性。

這裏以英語社團中的一個說話者爲例。他必須總是把他們會話伙伴的音素串看作是與他自己的相同嗎？確實，在一個人的語言環境中，模仿其他人的聲音（即同音翻譯）是語言學習的基本手段。但是問題是：我們是否曾系統地背離這種聲音模仿（即從事異音翻譯）？我們有時確實這樣做過，因爲我們發現，由於方言的差異和個人的差錯，我們鄰居對於某些詞如「groovy」和「square」的用法與我們自己的不同，於是我們把他的詞譯爲與我們表面相應的詞不同的音素串，並認識到這樣做有利於交際。以類似的方式，我們可以系統地把我們的鄰居對於兎子的明確指稱重新解釋爲對於兎子時間段的指稱，並且我們能夠

> 通過巧妙地重新調整他的各種相互關聯的謂詞的譯文，以便補償本體論的轉換，從而使所有這些與我們鄰居的言語行為相協調。簡言之，我們能夠在家裏重現指稱的不可測知性。(53)

蒯因緊接著指出，：

> 如果確實不存在事實問題，那麼可以使指稱的不可測知性甚至比鄰居的情形更靠近家裏；我們能够把它應用於我們自身。如果談到一個人自身時，說他正在指稱兎子……而不是兎子的時間段……是有意義的，那麼同樣地談到其他某個人也是有意義的。歸根結底，如杜威所强調的，不存在任何私人語言。(54)

---

(53) *Ontological Relativity and Other Essays*, p. 47.

(54) 同上。

這樣一來，不確定性不僅是原始翻譯和語言學習所具有的特徵，而且是我們的日常語言交流也具有的特徵。蒯因充分意識到問題的嚴重性，他指出:

> 我們似乎正在把自身引入一種荒謬的境地: 對於任何詞項來說，在指稱兎子和指稱兎子部分或兎子時間段……之間不存在任何差別，不論這種差別來自語言之內還是語言之間，是客觀的還是主觀的。確實這是荒謬的，因為它意味著在兎子和它的每一個部分或時間段……之間沒有任何差別。指稱現在看來不僅在原始翻譯中是無意義的，而且在家裏也成為無意義的。[55]

上述結果的荒謬性來自於: 一方面，根據蒯因的觀點，在暗含於人們的言語行爲傾向的東西之外，不存在任何意義以及意義的相似或差別; 另一方面，同樣根據蒯因，在行爲證據的基礎上，不足以確定詞項的意義和指稱，後兩者都是不確定的，甚至是無意義的。這些都是蒯因的自然主義語言觀和行爲主義意義論所導致的荒謬後果，而它們構成了對後兩者的嚴重挑戰。蒯因爲了擺脫這種荒謬境地，由指稱的不可測知性導出了本體論的相對性，發展了關於本體論相對性的學說 ， 我們將在第 5 章中予以詳細討論。

---

[55] *Ontological Relativity and Other Essays*, pp. 47~48.

3.4　簡要的回顧與評論

在以上各節中，我們首先簡要論證了蒯因的語言哲學在他的哲學體系中的優先地位，然後著重考察了對作爲「經驗論的兩個教條」之一的「分析—綜合」教條的批判，並由此轉入對他的自然主義語言觀和行爲主義的意義論及其派生的翻譯不確定性論題的詳細考察。現就以上各點作一簡要回顧和評論。

第一，關於「分析—綜合」教條的批判。分析命題和綜合命題的截然區分確實是經驗論的一個教條，特別是現代經驗論——邏輯實證主義的基礎。維也納學派成員費格爾（Herbert Feigl, 1903～）對此供認不諱，他於 1955 年曾著文回擊蒯因的批判，題目就是〈分析命題與綜合命題的區分是邏輯經驗論的基石〉。蒯因從批判這一教條入手批判現代經驗論，確實是選中了靶子。蒯因的批判概括起來就是：

> 所有從定義、相互可替換性、語義規則等方面去區分分析命題和綜合命題的嘗試都是不成功的，一直被視為理所當然的分析命題和綜合命題的界限，實際上一直沒有劃出來；認為有這樣一條界限可劃，就是主張意義的還原論和證實說，而後者是經驗論的一個非經驗的教條、一個形而上學的信條。

對經驗論教條的批判，充分顯示了蒯因一貫的學術風格：抓住關鍵性問題直入主題的理論洞察力，清晰、簡潔、經濟而又精確、嚴密、細緻的論述方式和寫作風格，偏愛從邏輯和語言角度去考慮問題等等。

應當說，蒯因的批判是強有力的，但從一開始就有人不同意蒯因的觀點，並著文對蒯因的批判進行反批判。例如，在1956年即蒯因文章發表後的第5年，斯特勞森（P. F. Strawson）和格賴斯（H. P. Grice）合作發表論文，題爲〈捍衞一個教條〉(56)，指責蒯因的批判依賴於一個過高的清晰性標準，而後者實際上是不合理的。因爲，蒯因要求對一組相互規定的詞中的某一個詞下嚴格定義，可是他同時又要求不能使用這組詞中的另一些詞。他們還論證說，在一些場合下，我們對「眞的」這個詞的使用可能感到躊躇，正如我們對「分析的」一詞的使用可能感到躊躇一樣，可是，這種情況並不意味著「眞的」這個詞是極其模糊不清的，同樣地，蒯因的論證也沒有表明「分析的」這個詞是極其模糊不清的。他們強調「分析的」和「綜合的」這兩個詞對於一系列命題來說已經有固定的用法，因此分析命題和綜合命題的區分是有根據的。1974年，費格爾在回顧與蒯因的論戰時說：

> 我意識到我會被看成是一個非常頑固和保守的邏輯經驗論者。可是，我仍然沒有被蒯因的那些聰明的論斷所說服，他試圖用這些論證表明在純粹的形式真理（如算術真理）和事實真理（如物理真理）之間沒有明確的界限，我卻始終認為在純粹形式和事實這兩種意義類型之間是有

---

(56) 發表於 *The Philosophical Review LXV*, no. 2, pp. 141～158；重印於 *Readings in Philosophy of Language*, Englewood Cliffs: Prentice Hall, pp. 81～94.

區別的。[57]

直到1979年，普賴斯特（G. Priest）還發表論文〈蒯因主義的兩個教條〉，對蒯因的批判進行反批判，並力圖給出更合理的關於分析命題和綜合命題的定義。由蒯因的批判所引起的爭論還將繼續下去，因為這一問題在某種意義上說是根本性的。

如前所述，蒯因的批判在蒯因哲學和現代分析哲學的發展過程中都發揮了重要作用，產生了深遠影響。首先，從蒯因哲學思想的發展過程來看，蒯因在對「經驗論兩個教條」的批判中發現，分析—綜合教條實際上是基於某種意義理論即證實說之上的，並且與還原論立場密切聯繫，正是後者導致、支持了前者。因此，對分析—綜合教條的批判必須導致對意義證實說和還原論的批判，從而導致對於意義理論和認識論問題的建設性研究。事實確實如此，蒯因本人的表白就證明了這一點。例如，他自己說，他花了9年時間寫的一本最重要的著作《語詞和對象》(1960)，其主要目的就是要充分展開在〈經驗論的兩個教條〉的最後幾頁中的簡潔比喻的內容，對其中的認識論加以闡釋與精製。而他的另一本主要著作《指稱之根》(1974) 則是對《語詞和對象》第3章的思想的一種深化和開拓性發展[58]。此外，他的重要著作之一《本體論的相對性及其他論文》(1969) 也是對

[57] Herbert Feigl: *Enqiries and Provocations, Selected Writings 1929～1974*, 1981, p. 12.

[58] 參見 W. V. Quine: *Theories and Things*, Harvard, 1981, p. 180; *The Time of My Life: An Autobiography*, M. I. T., p. 236.

《語詞和對象》中提出的學說的擴充。正是在後面這些著作中，蒯因充分展開了他的自然主義的語言觀和行爲主義意義論，詳細論證了翻譯的不確定性、指稱的不可測知性、本體論的相對性、經驗對於理論的不充分決定性、整體主義知識論、以刺激—反應模式爲基礎的語言學習理論等等，建構起他獨具特色的哲學體系。從外部影響來看，蒯因的批判在英美分析哲學界激起了長達一、二十年的論戰，使邏輯實證主義在哲學上的缺陷暴露無遺，從而促使其在 60 年代後期逐漸衰落，而與美國的實用主義傳統相結合，形成了一個以蒯因爲代表的新變種——邏輯實用主義。

第二，關於行爲主義的語言意義理論。蒯因從批判傳統的意義理論入手，他反對把意義等同於指稱的指稱論語義學，以及把意義視爲人心中的觀念的觀念論語義學。爲了避免把意義看作是獨立的精神實體，他甚至提議不使用作爲名詞的「意義」，而只使用形容詞「有意思的」或意義相似與意義同一。他主張與杜威一道轉向自然主義觀點，即認爲語言是一種社會的、主體間公共可觀察的活動，意義則是這種言語活動的特性，因此必須根據行爲標準來闡明，並且只有在行爲的基礎上才能習得。他根據刺激—反應模式，提出人們是在面對感覺刺激的情況下，通過詢問—同意—反對的語言遊戲，來習得語言和理解意義的。刺激意義是蒯因語言哲學的關鍵性概念，它包括肯定的刺激意義和否定的刺激意義，是後兩者的有序偶。運用刺激意義概念，他對語句作了分類並討論了它們之間的意義關係。根據對於當下的感覺刺激的依賴程度，他將語句分爲場合句和固定句兩大類，並在各類中分別區分出觀察句和恒久句這樣特殊的小類。在討論語句的意義關係時，他提出並闡述了認知等價性、認知同義性、刺激分析性、刺激矛盾性、刺激同義性等重要的語義概念，並且仍然堅持早先的立場，即不承認分析命題和綜合命題的截然二分　。

蒯因的上述理論是獨特的、新穎的，帶有很大的原創性。蒯因是一位思想深刻、充滿創意的哲學家。他的意義理論具有濃厚的行爲主義和經驗主義色彩。他是在行爲主義心理學的刺激—反應模式和條件反射學說的基礎上展開他的論述的；他雖然批判了意義的證實說，但是並沒有拋棄關於意義的經驗主義說明，即意義是通過對於人的言語活動的歸納（經驗）概括習得的，並且只有在這個基礎上才能得到闡釋和理解。但是這種關於意義的行爲主義和經驗主義說明卻遭到了有些哲學家如喬姆斯基（Noam Chomsky，1928～）的嚴厲批判，我們將在下一章介紹蒯因的語言學習理論後，簡要轉述喬姆斯基的有關觀點。

第三，關於翻譯的不確定性論題。翻譯的不確定性或簡稱譯不準，是蒯因的自然主義語言觀和行爲主義意義論的必然推論。如前已引述的，當轉向關於語言的自然主義觀點時，就會有三個後果：（1）放棄語言的博物館形象，（2）放棄對於意義確定性的追求，（3）意義只有在行爲的基礎上才能獲知，並且只有根據行爲標準才會得到闡明。翻譯的不確定性包括兩方面：一是內涵或意義的不確定，一是外延或指稱的不確定，後者亦稱「指稱的不可測知性」。蒯因從理論和實例兩方面，對此作了論證。蒯因所考慮的是原始翻譯，即對迄今從未接觸過的某個土著部落的語言的翻譯，這裏沒有任何先已存在的翻譯手册可作依據。這種原始翻譯至少包括三步：

（1）現場記錄並初步猜測，此時翻譯家基本上是以純粹觀察者的身分出現的。

(2) 確定土人表示同意或反對的詞語，此時翻譯家要使用實驗方法和假說演繹法。

(3) 語言匹配，即建立翻譯家的母語和土語的對應關係，這一步要利用分析假設。

而行爲證據對分析假設的決定是不充分的，即是說，有可能存在幾組相互競爭的分析假設，它們與言語行爲傾向的總體相容，而彼此卻不相容。更重要的是，關於它們誰對誰錯，不存在事實問題，即不能在行爲證據的基礎上加以判定！正是具有這種性質的分析假設把不確定性帶進了翻譯進程，導致了「意義」的不確定性和指稱的不可測知，因此才有所謂的「譯不準原則」。

弗里德曼曾經指出，「蒯因的翻譯不確定性論題也許是當代哲學中最著名並得到廣泛討論的論題。」[59] 確實，關於這一論題存在著許多的爭議和反對意見。有人曾指出，蒯因實際上只證明了他關於分析假說所強調的第一點（見本章 3.3.1 節），即他已證明：

> 從認識論角度看，翻譯手册相對於行為證據是不充分決定的；但他並沒有證明他關於分析假設所强調的第二點，即並沒有證明：存在一種指稱的（或者說是本體論的）不確定性，它不同於翻譯手册在認識論上的不充分決定性，而是對後者的補充。正是這第二點使得分析假設區別於普通的科學假說，它表明：翻譯相對於某類行為證據的不確定

[59] M. Friedman: "Physicalism and the Indeterminacy of Translation," *Nous 19*, 1975, p. 353.

性，不同於物理理論相對於觀察的不充分決定性。因此，翻譯的不確定性論題至少在一關鍵之點上沒有得到論證。[60]

關於蒯因的語言哲學及其全部哲學工作的系統討論，我們將放在最後一章即第 6 章進行。

[60] 參見: Paul Gochet: *Ascent to Truth, A Critical Examination of Quine's Philosophy*, Philosophia Verlag Munchen, Wien, 1985. pp. 55～57.

第4章 蒯因的認識論

認識論，或某種與它相似的東西，顯然將取得作為心理學的一章，因而作為自然科學的一章的地位。

——蒯 因

蒯因的認識論是從經驗論傳統中生長出來的，其主要目標是通過給經驗論重新定向來拯救經驗論。蒯因早期的哲學立場與維也納學派的基本一致，但他於 1951 年發表著名論文，嚴厲抨擊「經驗論的兩個教條」。他的批判不是針對一般經驗論，而是針對一種特殊的經驗論 —— 邏輯經驗論的；其目的是要建立一種新型的經驗論，他當時稱之爲「沒有教條的經驗論」。1960年，他出版了花費自己九年心血的《語詞和對象》一書，此書的主要目的就是要對〈經驗論的兩個教條〉中的認識論加以闡釋和精製，要將其中簡單的比喻所包含的內容用最通俗的話語表達出來。它所要解決的中心問題是：感官刺激如何通過語言產生人類關於外部世界的知識？在此書中，對這一認識論問題的研究又被歸結爲對於人如何學習和掌握理論語言過程的經驗的(即發生學的)研究，認識論已在相當程度上被自然化了。1969年，蒯因在維也納國際哲學會議上發表著名論文〈自然化的認識論〉❶，認爲認識論不能

❶ 此文後來收入 *Ontological Relativity and Other Essays*, pp. 69～90.

從自然科學外部，相反要從自然科學內部去說明認識的合理性，它應與心理學、生理學以及其他自然科學的成果直接聯繫。這樣一來，處於自然科學之外或凌駕於它之上的第一哲學、批判的認識論就沒有立足之地，認識論被包含在自然科學之內，它成爲「心理學的一章，因而是自然科學的一章」。後來，在《指稱之根》(1974) 和〈自然知識的本性〉(1975) 等論著中，蒯因對自然化認識論作了進一步的闡發和深入探討。在《指稱之根》中，蒯因把他的新型經驗論又稱爲「開明經驗論」(enlightened empiricism) 和「被解脫的經驗論」(liberated empiricism)。總的看來，蒯因的「自然化認識論」或「自然主義認識論」包括兩大基本內容：一是基於感覺刺激之上的語言學習理論，它力圖說明：我們關於外部世界的豐富認識是如何從「貧乏的」感覺輸入的基礎上產生出來的；一是整體主義知識觀，它所探討的是理論和觀察證據之間的關係，力圖回答科學理論是如何得到其觀察證據支持的。除這兩部分之外，本章還將探討蒯因對於「自然化認識論」的一般說明，以及他所謂的「經驗論的五個里程碑」；後者實際上是蒯因對自己在認識論方面所做工作的自我界定與評價。

4.1 走向自然化認識論

4.1.1 拒斥基礎論與懷疑論

蒯因的自然化認識論是在對基礎論和懷疑論的分析和批判中提出來的。

傳統認識論就是一種基礎論 (foundationalism)。基礎論者把我們的信念分爲兩組: 一組需要其他信念的證實, 一組可以證實其他信念而它們本身卻不需要任何證明; 後一組信念構成了認識論的基礎, 它們是直接明顯、確實可靠、無須辯護的, 而前一組信念則是建立在這些基礎上的上層建築。近代唯理論、經驗論和現代經驗論都是基礎論。近代唯理論的開創者是法國哲學家笛卡爾 (R. Descartes, 1596～1654), 他在認識論上的主要貢獻有:

(1) 提出了追求知識的絕對確實性的理想, 並倡導通過「普遍的懷疑」來掃除一切不夠清楚、不太可靠的東西;
(2) 主張把完全「清楚」、「明白」的理性公理作爲認識的出發點, 即作爲可靠知識的基礎;
(3) 認爲理性演繹法卽幾何學方法, 是哲學乃至全部科學的根本方法, 應該用這種方法來建立關於整個世界的根本理論。

唯理論哲學家在其他哲學觀點上可能是千差萬別的, 但在把清楚明白的理性公理作爲人類認識的牢固基礎這一點上, 卻是完全一致的。

經驗論則以觀察命題或感覺經驗作爲人類認識的牢固基礎, 它在洛克 (John Locke, 1632～1704) 的《人類理智論》直至卡爾納普的《世界的邏輯構造》之間有一條連續的發展鏈條。經驗論哲學家接受了笛卡爾追求知識的絕對確實性的理想, 試圖建立這樣一種知識理論, 它確立無可辯駁的感覺命題的基本原理地位, 並描述由這些命題構造 (或演繹) 科學知識的其他命題的技巧。一句話, 它試圖以這種或那種方式, 把我們關於世界的知識還原或化歸爲感覺經驗。蒯因把此種經驗論稱爲「激進經驗論」(radical empiricism)，認爲它包含兩個方面的任務：一是從感覺證據演繹出關於自然的眞理，一是根據觀察術語和邏輯數學的輔助詞彙來翻譯（或定義）這些眞理。蒯因把前者稱爲認識論的學說方面，它所關注的是如何用感覺詞彙爲我們關於自然的眞理性知識辯護；並把後者稱爲認識論的概念方面，它所關注的是如何用感覺詞彙來解釋物體（body）的概念。蒯因用數學基礎研究作例子說明這一點：

> 數學基礎方面的研究對稱地分為兩種類型：概念的和學說的。概念的研究關注意義，學說的研究關注真理。概念的研究關注於闡明概念，其辦法是利用某些另外的概念來定義它們。學說的研究關注於確立規律，其辦法是在某些其他規律的基礎上證明它們。……理想地說，定義將從清楚明白的觀念生成所有那些概念，並且證明將從自明的真理生成所有那些定理。❷

蒯因指出，經驗論哲學家這裏所尋求的乃是第一哲學或者說形而上學。他們認爲，此種第一哲學必定處於科學知識的範圍之外，因爲若使用科學的發現作爲爲科學知識本身辯護的證據，將是邏輯上的惡性循環。但是，蒯因認爲，經驗論哲學家在上述兩個方面，即概念的方面和學說的方面，都遭致了慘重的失敗。

就其學說方面而言，休謨哲學的失敗就說明激進經驗論是行

❷ *Ontological Relativity and Other Essays*, pp. 69~70.

不通的。由於休謨在概念方面把物體等同於感覺印象，因此他就能在學說方面堅持認爲：關於物體的單稱陳述，即關於直接呈現的感覺印象的陳述，確實是毋庸置疑的。但是，關於存在的普遍陳述和關於未來的陳述卻不能獲得任何程度的確實性。因爲即使是關於可觀察對象的最弱的概括，如「草是綠的」，也包括了作出此概括的觀察者尙未並且不能實際觀察到的事例，這裏包含著邏輯跳躍，即觀察者在作出概括時，從已觀察到的部分事例跳到了涉及尙未觀察到的其他事例的結論，從過去現在的經驗跳躍到了對於未來的預測。因此，用直接經驗以完全合乎邏輯的方式爲我們關於自然的眞理性認識辯護的企圖，必定是不能成功的。蒯因強調指出：「休謨的困境就是人類的困境。」❸因此，激進經驗論在學說方面的企圖必須被否定，即根本不可能從毋庸置疑的感覺經驗的眞理演繹出科學理論的眞理；並且，笛卡爾關於追求知識的絕對確實性的理想也必須拋棄。蒯因在論述翻譯不確定性論題時就曾指出：

> 當我們與杜威一道，轉向關於語言的自然主義觀點和意義的行為主義觀點時，(1) 我們放棄了語言的博物館圖像；(2) 我們放棄了對於確定性的追求，這裏的確定性就是指知識的確定性；(3) 我們承認，除非暗含於人們的言語行為傾向之中，否則不存在意義的相似或差別。

激進經驗論在概念方面的境遇有所不同，它似乎眞的取得了

---

❸ *Ontological Relativity and Other Essays*, p. 72.

某種進展。事實證明，休謨的那種極端方法已不再是有意義地談論對象的唯一可設想的方法，人們還可以借助於語境定義和集合論來談論對象。在《我們關於外間世界的知識》等著作中，羅素就是運用這種方式研究自然知識認識論的，其具體綱領是，將外部世界解釋爲感覺資料的邏輯構造。對於這一綱領最爲認眞的實施就是卡爾納普的《世界的邏輯構造》。卡爾納普承認，不可能從直接經驗演繹出科學，但他仍堅持認爲：可以用觀察術語和邏輯一數學的輔助工具定義科學的那些概念。蒯因指出了卡爾納普之所以這樣做的兩方面的理由：

> 其一是，卽使感覺證據和科學理論之間的推理步驟必定是缺乏確實性的，仍可以期待這樣一種構造去引出和闡明科學的感覺證據。另一個理由是，卽使撇開證據問題，這樣一種構造也將深化我們對於我們關於世界的談論的理解；它將使所有的認知性話語像觀察術語和邏輯與……集合論一樣清楚。❹

卡爾納普傾注極大的熱情投入了這項工作。蒯因指出：

> 卡爾納普「是不滿足於僅僅斷定科學可以還原為直接經驗的詞語，而對於實行這種還原採取了認真步驟的第一個經驗論者。」❺

---

❹ *Ontological Relativity and Other Essays*, pp. 74～75.

❺ 《從邏輯的觀點看》，頁37。

在《世界的邏輯構造》一書中，卡爾納普力圖建立一個邏輯構成系統，用以表示一切可知對象的領域。這一邏輯構成系統可以通過一系列構成定義把一個領域還原爲少量的一組概念。卡爾納普把已知的對象分爲 4 種類型:

(1) 社會文化對象;

(2) 他人的心;

(3) 物理對象;

(4) 基本經驗，即自我心理體驗。

他選擇 (4) 作爲認識論基礎，並在其中再選出一種最簡單、最原始的對稱關係即 Er，指對相似性的記憶；基本經驗則可定義爲 Er 關係的域。他用部分相似性表示相同經驗之間的關係，即雙向的 Er 關係；而類似性區域則爲部分類似性的抽象的類。這樣，通過應用更複雜的定義就可進而構造「感覺」、「時間次序」等概念，並進而定義時空世界、知覺世界、生物界、人類、人類文化對象等。如果卡爾納普的這番努力獲得成功的話，它就將爲把科學翻譯爲觀察術語加邏輯和集合論提供方法，並由此證明科學的其餘那些概念在理論上都是多餘的。這將是認識論上的一個偉大成就。然而，事實是無情的: 卡爾納普的理性重構綱領並未取得預期的成功，它失敗了。

蒯因指出，卡爾納普的失敗並不是他個人的失敗，而是他的綱領的失敗。這就是說，不存在這樣一種可能: 某個時候出來一個比卡爾納普高明的人能夠成功實施此綱領。這是因爲，並非科學理論的每一個單個語句或陳述都有自己唯一不變的經驗蘊涵和經驗意義，與卡爾納普所假定的相反，「我們關於外在世界的陳述不是個別的，而是僅僅作爲一個整體來面對感覺經驗的法庭

的」,「具有經驗意義的單位是整個科學」,

> 我們所謂的知識或信念的整體,從地理和歷史的最偶然的事件到原子物理學甚至純數學和邏輯的最深刻的規律,是一個人工的織造物。它只是沿著邊緣同經驗緊密接觸。❻

根據這種整體論觀點,

> 談一個個別陳述的經驗內容——尤其如果它是離開這個場的經驗外圍很遙遠的一個陳述,便會使人誤入歧途。❼

所以, 把科學理論的每一個句子逐一地翻譯爲用觀察術語和邏輯—數學輔助詞項表達的一個等價語句的企圖,是注定不能成功的, 因爲它是基於每一句子都有自己的經驗意義這一假定之上的。蒯因因此指出:

> 從感覺資料理性地重構世界……是一個吸引人的觀念,……而我的唯一保留就是,這是辦不到的。❽

這樣一來,激進經驗論就其概念方面而言,也必須被拋棄。

激進經驗論的失敗確實是一般經驗論的失敗,但是,蒯因認

---

❻ 《從邏輯的觀點看》,頁38~40。
❼ 同上。
❽ *Theories and Things*, pp. 22~23.

爲，「經驗論的兩個基本信條」一直是「無懈可擊的……而且至今如此」，它們分別是:

> 其一是科學的一切證據都是感覺證據。其二……是關於詞語意義的全部傳授最終都依賴於感覺證據。❾

第二個信條的依據是:

> 我們與皮爾士一樣承認，句子的意義純粹取決於何者將被視爲它真的證據。❿

蒯因要從傳統經驗論那裏接過這兩個信條，去發展一種新型的經驗論——自然化的認識論，並以這兩個信條分別作爲新型經驗論的學說方面和概念方面。

在蒯因看來，自然化認識論與舊認識論（卽傳統認識論，蒯因亦稱「批判認識論」）之間的區別，與其說在目標方面，不如說在於達到目標的途徑、方法或手段方面。在舊認識論那裏，目標是從關於感覺證據的自明的、非科學理論內部的眞理出發，根據自明的推理步驟，演繹出自然科學的所有眞理，或者憑藉邏輯和集合論構造出這些眞理。而新認識論的目標則是：在只給定感覺證據的條件下，實際地說明我們是如何構造出（但不是演繹出）我們關於世界的理論的。蒯因認爲，這兩個目標卽使不是完

---

❾ *Ontological Relativity and Other Essays*, p. 75.

❿ 同上書, p. 80.

全相同，也是近乎相同的。但就達到目標的途徑和方法而言，這兩種認識論卻有很大的區別。

在某種意義上說，舊認識論是規範性的，而蒯因的新認識論則是描述性的。舊認識論試圖在感覺證據的基礎上，利用觀察術語和邏輯數學的輔助詞項去理性重構我們關於世界的科學理論，以此證明後者的合理性。因此，它不允許使用科學理論的發現作爲初始證據的一部分，其理由是：我們的知識論或第一哲學旨在給科學提供合理根據，它應該處於科學理論之外，包含著後者；而不是處於科學理論之內，包含於後者。而在新認識論看來，觀察和理論之間的聯繫不是翻譯問題，也不是定義問題，而是一個經驗事實，需要在心理學和自然科學內部來解決。蒯因指出：

> 如果我們所希望的一切就是重構，它在不借助翻譯的條件下以明顯的方式將科學與經驗連接起來，那麼滿足於心理學似乎是更為合理的。最好是去發現科學實際上是怎樣發展和如何被學習的，而不是去編織具有類似效果的非真實結構。⑪

蒯因用下面一段較長的話總結了他的新認識論與舊認識論之間的對比：

> 從某種意義上說，舊的認識論力求包括自然科學，它設法從感覺資料中去構造自然科學。相反地，重新裝扮的認識

⑪ *Ontological Relativity and Other Essays*, p. 78.

論作為心理學一章包含在自然科學之中，但是舊的包含關係在其原有方式上仍然有效。我們正在研究……人類主體是如何設定物體的，並且是如何從其「感覺」材料中建立起他的物理學的。我們理解我們在這個世界裏的位置正如他所處的一樣。所以，我們的認識論事業本身，它作為其中一章的心理學，以及心理學作為其中一冊書的整個自然科學，所有這些都是我們自己的構造或者是「感覺」刺激的投影……。於是，存在著雙向包含，雖然包含有不同的涵義：認識論包含於自然科學之中，而自然科學又包含在認識論之中。⑫

儘管蒯因對基礎論進行了嚴厲的批判，但他本質上仍是一名基礎論者。因爲基礎論者具有一個兩層結構的理論：無需證明或自我證明的非基本信念，和需要由基本信念來證明的非基本信念，這裏證明關係是單向的、非對稱的，即從基本信念到非基本信念。而蒯因爲我們提供了同一種非對稱的豐富理論。儘管他對意義問題和非觀察層次上的證明問題總的來說持整體論態度，但是他堅持具有基礎論特徵的觀察和非觀察之間的那種非對稱性，並且這種非對稱性涉及觀察語句的概念。按照蒯因的說法，這一概念

在兩種關係中是基礎性的……它與我們關於什麼是真實事物的知識的關係是一種非常傳統的關係：觀察語句是科學

⑫ *Ontological Relativity and Other Essays*, p. 83.

> 假說的證據貯藏所。它與語句意義的關係也是基礎性的，因為觀察語句是我們（作為兒童和專業語言學家）首先能够學會理解的句子……它們提供語言學習的唯一途徑。⑬

正如前已指出和後面將要證明的，蒯因認爲，觀察語句的證據是主體間可觀察的，並且是主體間一致同意的，因而具有公共的和確定的經驗意義，並且是單個的具有這種意義。因此，蒯因所持的意義整體論論題必須有所緩和和減弱，使其局限於非觀察層次。於是，非對稱性明確地顯示出來了：對於觀察句來說，意義是確定的，翻譯是可能的；而對於非觀察句來說，意義是不確定的，唯一的翻譯是不可能的。這是語義的非對稱性。此外，觀察句能分別地被證實，我們對它們的接受能逐個地被證明是合理的，而非觀察句則不能，並且觀察句構成了非觀察句即整個科學必須依賴的證據，這是認識論的非對稱性。在蒯因看來，既存在著事實又存在著理論，而且不管理論可能有什麼合乎需要的內部特徵，它總是能以證實論者的語義學教導我們它所應該有的方法來獲得證明（假如確有其事的話），這就是訴諸理論與可能經驗的關係，並且直接地驗證經驗實際上是否確實如理論所說的那樣。正是在這裏，蒯因的觀點表現了基礎論的特徵。

於是，也是一名基礎論者的蒯因就必須對付來自現懷疑論的挑戰。懷疑論者認爲，我們不能通過任何證明去相信能獲得科學的知識。因爲如果人們要求證明命題 C_1 爲正確，只能要麼引證另一個命題 C_2；要麼重申命題 C_1。後者的回答是獨斷論

⑬ *Ontological Relativity and Other Essays*, pp. 88～89.

(Dogmatism)，實際上並沒有證明任何東西；前者必須當 C_2 本身也是正確的，論證才成功。而 C_2 的正確也要建立在另外命題的基礎上。因此，基礎主義要在這三種模式中選擇其一：無限回歸、循環和獨斷論。而這三種模式都不能提供正確的證明，這樣，基礎主義的推理證明是站不住腳的。並且，懷疑論者還通過其他論證，試圖證明我們的科學認識無以開始，即使開始，也達不到確實可靠的知識。而蒯因對懷疑論挑戰的回擊包括兩個要點：第一，關於科學的懷疑論本身預設了科學；第二，科學除了符合觀察和假設演繹法的要求以外，不需要其他任何形式的辯護。

蒯因指出，哲學家們很久以來就已經認識到：知識是懷疑的產物，正是懷疑論促使我們發展一種知識理論。懷疑論的基本論證是根據假象或錯誤的論證。在現實生活中，鏡像、重影、彩虹、夢、直棍在水中看起來是彎曲的等等，都是假象，並且我們在認識過程中也會發生錯誤。懷疑論者利用這些東西試圖證明：我們的感覺知識或感官經驗是可錯的，因而不足以成爲認識的可靠出發點。但蒯因指出，這些假象之所以被認作假象，是因爲已經意識到它們不是表面所是的樣子，而是某種另外的東西，即是說，只有相對於先已接受的眞實的對象而言，它們才是假象。「基本的物理科學，即關於物體的常識，就需要用作懷疑論的跳板。」[14] 懷疑論對科學的懷疑預設了科學成果本身。

懷疑論者還試圖從科學外部對科學提出懷疑。他們論證說：就我們所知，實在完全不同於我們所想像的那種狀況；世界不必

---

[14] W. V. Quine: "The Nature of Natural Knowledge," in *Mind and Language*, edited by Samuel Guttenplan, Oxford: Clarendon Press, 1975, pp. 67～68.

承認我們的理論，或者，作爲爲我存在的對象不必符合作爲自在存在的對象。根據蒯因的觀點，所有這些理論都依賴於這樣一種假定，即存在著一個對象、一個世界，它與我們的理論相分離，並提供標準以確定我們的理論是假的（當然不是根據我們，而是簡單地根據事實）。但是，按照蒯因對認識論和科學的關係的解釋，這個假定毫無意義。根本不存在一個外在於知識或科學的阿基米德點；實在的唯一標準是科學所提供的標準，唯一的實在就是科學所描述的實在。所以，我們的標準不符合對象的危險仍然是不存在的。因爲科學既提供了標準又提供了對象。因此，企圖根據各種外在於科學的「合理」觀點去懷疑和批判科學是行不通的，唯一可能的懷疑論疑惑是來自科學內部的疑惑。

現代懷疑論確實提出了這樣的疑惑，他們論證說：

> 科學本身教導說，沒有任何超人的洞察力；來自外部對象且能達於我們的感官的唯一信息必定局限於二維視覺投影，聲波對耳膜的各種振動，氣體對於鼻腔的作用以及諸如此類的東西。挑戰出現了：人們如何能够根據如此貧乏的跡象去探明關於外部世界的知識呢？⑮

概括起來說，懷疑論的這一論證是：我們以某種方式接受「貧乏的輸入」，卻在認識過程中產生出「洶湧的輸出」，這裏貧乏和洶湧之間的差距是如此之大，怎麼可能有充分的輸入使我們在反應它時所提供的輸出被證明是合理的呢？這是懷疑論者從科學內部

---

⑮ *The Roots of Reference*, p. 2.

尋找證據反對科學和理論知識的可能性的新嘗試，他們從科學內部提出對科學的懷疑。

蒯因是如何對付這一新的懷疑論論證的呢？他並未錯誤地指出，懷疑論者利用科學來反對科學是不合法的。相反，他指出，既然懷疑論者在攻擊科學時實際上利用了科學的斷言，科學的捍衞者們在捍衞科學時當然也可以隨意引用科學的成果。並且，科學捍衞者們只要能表明，他的科學滿足觀察和假說演繹法的要求，他便能夠證明自己所持立場的正確。

> 我們的整個科學理論要求於世界的只有一點：它是如此構造的，以致確保了我們的理論要求我們去預期的刺激系列。⑯

於是，自然化認識論家的問題

> 就是找到一條與自然科學相一致的途徑，人們可以由此從根據這門科學能達於他的感覺信息構想這同一門科學。⑰

> 這與舊認識論很不相同。但它並沒有無緣無故地改變主題，只不過是以開明的態度堅持研究舊的認識論問題。⑱

---

⑯ *Theories and Things*, p. 22.

⑰ *The Roots of Reference*, p. 2.

⑱ 同上書, p. 3.

自然化認識論家之所以開明（enlightened），因爲他認識到，懷疑論對科學的挑戰源自於科學內部，因此在對付這一挑戰時，認識論家也就可以隨意地利用現有的一切科學知識。他必須從科學內部來捍衞科學，以對付它的自我懷疑。這就是蒯因如此欣賞紐拉特（Otto Neurath, 1882～1945）的水手比喩的原因：這位水手必須待在船上隨波逐流時重建他破損的船；我們必須在考察科學之船並修理我們發現有缺陷的部分時，保持它整體上原封不動。我們不能把船拖進船塢並把它擱起來，我們也不能假設，發現科學的內部矛盾能使我們超越科學。在從事認識論研究時，「哲學家和科學家是在同一條船上。」⑲

這樣一來，新的認識論家不再夢寐以求比科學更可靠並能作爲科學基礎的第一哲學。相反，他首先承認自然科學的眞理性，並在自然科學內部提出這樣的問題，即人如何能依據如此貧乏的感覺刺激達到他關於世界的如此豐富的科學理論。

> 貧乏的輸入和洶湧的輸出之間的關係，正是我們要加以研究的關係，而推動我們研究它的是由於一些永遠推動認識論的幾乎同樣的理由，即為了看清證據是怎樣與理論相聯繫的，並且一個人的自然理論以何種方式超越任何可資利用的證據。⑳

現在新認識論所要回答的基本問題就是：「只給定我們的感覺證

⑲ *Word and Object*, p. 3.
⑳ *Ontological Relativity and Other Essays*, p. 83.

據，我們是如何達到我們關於世界的理論的？」[21] 蒯因指出：

> 這是一個經驗心理學的問題，但是可以在一個或多個階段在實驗室裏研究它，也可以在某種思辨的層次上探討它。它的哲學意義是顯然的。如果我們觸及它的根基，我們應該能剛好看清科學在何種程度上是人的自由創造；在何種程度上，……是一件公共的事業。並且我們應該能够看清楚，這裏的一切就是要探明證據關係，卽支持理論的觀察相對於理論的關係。[22]

這就是蒯因的自然化認識論的綱領。

4.1.2　自然化認識論的任務與方法

如前所述，自然化認識論的首要目標就是實際地說明我們關於世界的理論是如何從觀察中產生的。蒯因認爲，任何有意義的概念化都是與語言不可分的，包括我們總的世界理論在內的各種不同理論都可看作是語句體系。於是，自然化認識論的中心問題就變成了說明觀察與我們的理論話語之間關係的問題。這一問題有兩個方面：一是我們的感覺證據是如何支持我們關於世界的科學理論的？簡稱證據支持關係或推理問題；一是我們的科學理論是如何從我們的感覺證據中生長出來的？簡稱因果問題。蒯因探討了這兩個問題，並且在這樣做時還區分了兩種分析層次：

---

[21] *The Roots of Reference*, p. 1.

[22] 同上書，pp. 3～4.

一方面，神經末梢是關於世界的未經處理的信息的輸入場所。另一方面，這種信息經處理達到意識程度的階段則是概念化和詞彙的基本層次。這正是觀察——社會可交際和可確證的觀察的繁盛之處。㉓

但是，觀察這一概念造成了某些困難。由於觀察是感覺水平的，因而是主觀的。但是在語言學習和證據評估的語境中使用觀察，則要求它們是社會共享的，即公共的。另一方面，假如我們把觀察不是作爲感覺而是作爲公共的環境狀況，是沒有任何用處的，因爲我們不能假定主體間關於環境狀況的一致，因爲兩個人可能注意了同一環境狀況的不同特徵，或者他們持有不同的理論，因而就對它作出了不同的反應。爲了克服諸如此類的困難，蒯因提出了一個解決辦法，即不談觀察而談觀察語句:

> 它在於既不談論感覺，也不談論環境狀況，而是談論語言：在觀察一極談論語言並不比在理論一極談論語言少。我並不是說觀察本身就是某種言語的東西，我是在提議：我們不再談論觀察而代之以談論觀察語句，即人們所說的報導觀察的語句，像「這是紅色的」，「這是一隻兎子」之類的語句。儘管感覺是私有的，儘管人們對環境狀況可以有根本不同的觀點，但觀察語句恰好可以用來挑選出見證

㉓ W. V. Quine: "Grades of Theoreticity," in *Experience and Theory,* ed. dy L. Foster and J. W. Swanson, Amherst, University of Massachusetts Press, 1970, p. 3.

人能够一致同意的東西。㉔

用觀察語句取代觀察之後，自然化認識論的中心問題就是要說明我們的理論語句和觀察語句之間的關係。這一關係同樣包含兩個方面，一是認識論關係，即一個語句如何成爲另一個語句的證據？這由科學的證據理論來解答。一是語義關係，即語句如何獲得它們的意義？這由語言學習理論來回答。並且，蒯因指出，這兩種關係之間有著密切的關係：

> 我們在已經學會觀察語句之後習得理論語言的途徑，正是觀察給科學理論提供證據的途徑。㉕

因此，自然化認識論包括兩大經驗性任務：首先，對於從感覺輸入到觀察語句的學習的機制，提供詳盡的神經生理學和心理學的解釋；其次，對於從觀察語句到理論語言習得的許多不同的類比步驟給予詳盡的說明。觀察語句無論是在認識論關係中還是在語義關係中都發揮著至關重要的作用。

按照蒯因的定義，「觀察語句是這樣的語句，給出相同的同時共存的刺激時，全體說這種語言的人都會對它作出相同的判斷。」首先，這種觀察語句在理論中都發揮著證據作用，因爲它們是一語言共同體內的所有成員公共接受的語句，兩個理論家可以在某些理論語句的眞假問題上發生分歧，但在觀察語句的層次

㉔ *The Roots of Reference*, p. 39.

㉕ W. V. Quine: "The Nature of Natural Knowledge," in *Mind and Language*, p. 74.

上，他們將找到評價相關證據的共同基礎。這就是蒯因所說的:「科學的一切證據都是感覺證據。」其次，觀察語句在理論中還起著語義作用，因爲雖然語言的大部分是由言語內的相互關聯組成的，但是必定在某處有非言語的指稱點，非言語的境況，它們是主體間可理解的，並能與適當的話語相關聯。這就是蒯因所說的「關於詞語意義的一切傳授最終都依賴於感覺證據」。這樣一來，觀察語句既是通向語言的入口處，也是通向科學的入口處，並且語言又是通向自然化認識論的入口處:

> 於是，我們看到了研究觀察與科學理論之間的證據支持關係的一種方法。我們可以採取發生學的研究方式，去研究理論語言是怎樣被學習的。因為看起來，證據關係實際上是體現在學習行為中的。由於語言學習在世界上持續發生並且可供科學研究，因此這種發生學方法就是具有吸引力的。它是對於科學方法和證據進行科學研究的一種方法。我們這裏有充分的理由認為，語言理論對於知識理論是至關重要的。㉖

蒯因在別處也經常指出，人掌握科學理論的過程就是學習理論語言的過程，因此，人的認識和學習的機制就是學習和掌握語言的機制。他說：「爲了說明人對於科學理論的掌握，我們應當看看他是如何習得理論語言的。」㉗因爲在他看來，「從觀察語句

㉖ W. V. Quine, "The Nature of Natural Knowledge," in *Mind and Language*, pp. 74～75.

㉗ *The Roots of Reference*, p. 37.

通向理論語句的學習語言的途徑，正是觀察與理論之間的聯繫本身。」[28] 這樣一來，認識論就在相當程度上被自然化了，即被歸結爲對於語言學習過程的經驗研究，因而成爲神經生理學和心理學的一章，成爲自然科學的一章。

在自然化認識論的研究中，蒯因並不排斥哲學思辨的作用。相反，他認爲，哲學思辨可以提供關於實際的心理過程的暗示，提供啓發式猜想，用以指導對於認識過程和機制的詳盡的邏輯學、語言學和心理學的研究。他指出:

> 這種思辨確實將從對於兒童現實的語言學習行為的實驗研究中獲益。文獻中現成可用的實驗發現也許能用來在某些點上支持或訂正這些猜想，並且可用以指導設計出進一步的經驗研究。但是，看起來仍需要進行對此類行為的思辨研究，以便只把與我們目的有關的事實問題分離出來。因為我們這裏的目標仍然是哲學的——更好地理解證據和科學理論之間的關係。而且，達到這一目標的途徑除了心理學之外，還要求考慮語言學和邏輯學。正因如此，思辨研究在很大程度上必須進行到形成相關問題以提供給實驗心理學家的地步。總之，哲學思辨儘管不精確，但仍被看作是適合於探索語言習得的普遍本性的。[29]

---

[28] "The Nature of Natural Knowledge," in *Mind and Language,* p. 79.

[29] "The Nature of Natural Knowledge," in *Mind and Language,* p. 78.

4.2 語言學習理論

4.2.1 語言學習理論的基礎

蒯因的語言學習理論是以行爲主義理論爲基礎的，後者是20世紀初美國心理學家華生（J. B. Watson, 1878～1958）創立的一個心理學流派，其形成和發展大致可分爲兩個時期：1913～1930 年爲早期行爲主義；從 1930 年左右逐漸爲一些新行爲主義理論所取代。行爲主義者強烈抵制對人的心理和意識進行內省研究，主張心理學應對環境操縱與人和動物行爲變化之間的關係進行客觀研究；認爲查明了環境刺激與行爲反應之間的規律性關係，才能根據刺激預知反應，或根據反應推知刺激，達到控制動物和人的行爲的目的。刺激—反應論是行爲主義的理論基礎，條件反射是它的主要研究方法。蒯因的同學和同事、著名心理學家斯金納（B. Skinner, 1904～）等人將這種理論用於分析兒童的母語習得，形成了行爲主義的語言習得觀，其要點如下：

第一，行爲主義者把語言看作是一系列對刺激的反應，強調語言可觀察、可測量的側面。他們認爲，言語行爲和其他行爲沒有本質的不同，它們都是通過模仿—強化—重複—成形等步驟學會的，是對外界刺激的習慣化反應體系。語言不具有目的、意圖和主動性，完全受刺激和強化的制約。華生聲稱：「不管語言如何複雜，正如我們平時所理解的，它起初是一個十分簡單的行爲。它就是一種操作習慣。」行爲主義者並不否認內部機制的存在，但他們強調的是生理機制，而不是行爲表現中推衍出的內部心理結構和過程。他們認爲，假定這些結構毫無必要，只會使語言習得的解釋更加複雜。

第二，行爲主義者強調學習的重要性，認爲語言是一項後天獲得的功能，語言發展並不需要特別的機制，它只是更廣泛的學習系統中的一部分。言語行爲是通過強化、塑造和模仿而學習得來的。強化原則在語言習得過程中起著最重要的作用。行爲主義者假定，兒童的照料者會不辭勞苦地訓練兒童的言語行爲，他們旣向兒童提供成熟的言語榜樣，也訓練兒童模仿成人的言語，對成功的模仿給予鼓勵。因此，語言發展的進程在很大程度上取決於訓練而不是成熟。

第三，行爲主義者主張對言語行爲進行「功能分析」，注意激起言語行爲的刺激和語言運用的後果，認爲環境因素，即刺激和強化的歷程，決定了言語的形成和發展。斯金納聲稱，行爲主義心理語言學不應接受傳統的語言學範疇，而是應像檢查其他行爲一樣檢查語言，辨明控制言語行爲的各種變量，找出自然發生的功能單位，發現能預測這個單位出現與否的功能關係。他認爲，兒童最終按形式化的語言學規則講話，並不意味著兒童具有從語言環境中抽提出重要特徵的創造能力和具有語言規則的知識。相反，這些框架是由偶然性條件直接塑造出來的，是形形色色的反應鏈。在他那裏，一個詞的意義就是引發它的情景和它所引發的反應的函數，也就是說兒童的言語行爲受刺激的控制。在對內部刺激作出恰當的言語反應（如飢餓時說「牛奶」）或對外部刺激作出恰當反應（如看到狗時說「狗」）時，兒童就會得到強化。斯納金分別把兩種情形稱爲「指令」(manding) 和「接觸聯繫」(tacting)。因此，在這些聯繫中，意義取決於它的所指。

蒯因接受了行爲主義理論的基本假定，首先發展了一個一般性的行爲主義學習理論，再在此基礎上發展了他的語言學習理論。在蒯因看來，學習就是通過條件反射而獲得習慣的過程。學習的出發點就是感知（reception）。一個主體處於可感知的（生理）狀態中（只要他活著，他就總是處於這種狀態中），就是說他的神經末梢在接受刺激。蒯因把這樣一種狀態叫做片斷（episode）。一個主體生命中的片斷是以各不相同的重要方式相互聯繫著的。其中有一種關係蒯因叫做「感覺相似性」。感覺相似性是對於主體的感官刺激的物理相似性，而與他的行爲無關。蒯因隨後利用數學的鄰域（neighborhood）概念，將感覺相似性概念概括、推廣爲「知覺相似性」。知覺相似性表明主體順應於條件反射的傾向（dispositions），即他獲得和改變他的反應習慣的傾向。蒯因把知覺相似性關係分爲兩類：天生的和習得的。要發生學習行爲，我們就必須假定：學習主體有一種天生的能力，把他的某些片斷看作是更類似於（或更不類似於）他的其他片斷的。蒯因把這些天生的能力看作知覺相似性的先天標準。這些先天標準以及習得標準都是第二級的行爲傾向，即獲得其他習慣（即傾向）的傾向。它們會隨經驗而變化，因爲後者已被證明有利於生存競爭。於是在蒯因看來，學習本質上是基於知覺相似性的先天標準建立習慣的過程。此外，學習行爲還受「愉快原則」支配。主體的一個片斷被該主體看作是或多或少類似於他的其他片斷的。片斷留下痕迹（trace），並且它還在不同程度上是令人愉快或痛苦的，這種愉快提供了主體學習的動力。若有關的痕迹屬於令人愉快的片斷，就會促使該主體盡力提高後來的片斷與此令人愉快的片斷之間的類似性；若痕迹屬於一令人痛苦的片斷，則會促使該主體減低後來片斷與此令人痛苦的片斷之間的類似性，或者去阻止這種類似性的提高。「如此看來，學習就是學會改變片斷的趨向的問題。……學習就是學會獲得樂趣。」㉚ 愉快原則旨在揭示學習主體熱衷於學習語言的動力機制。蒯因最後總結說：

> 當我們在其最簡單的形式中尋求學習過程的各種要素時，知覺相似性和愉快原則提供了一種合理的圖式。㉛

認識論意義上的知覺相似性和愉快原則爲我們說明如何從感覺刺激行爲達到關於外在的物理世界的知識提供了可能性。那麼這種可能性是如何實現的呢？蒯因認爲，「爲了說明人對科學理論的掌握，我們應該看看他是如何習得理論語言的。」㉜

之所以要如此做，蒯因陳述了兩條理由：其一是「我們研究語詞要比研究觀念更爲可靠。」㉝「科學理論，無論是多麼思辨和抽象，都是用語詞來表達的。……沒有語詞就沒有理論。」㉞ 其二是我們

> 必須處理科學理論與支持它的觀察之間的關係。因為這種

㉚ *The Roots of Reference*, p. 28.
㉛ 同上書，p. 32.
㉜ 同上書，p. 37.
㉝ 同上書，p. 35.
㉞ 同上書，p. 37.

> 關係除了它的認識論方面之外，還有它的語義學方面。它除了是該理論所肯定的語句賴以獲得其支持的關係外，還是這些語句賴以獲得其意義的關係。因為我們是通過把一語言的詞彙與引發它們的觀察相關聯來學會該語言的。這種學習過程是一個事實問題，可以為經驗科學所把握。通過研究這一過程，科學能夠有效地探索存在於科學自身與支持它的觀察之間的證據關係。㉟

蒯因由此轉入了對語言學習理論的詳細探討。

4.2.2 語言學習的途徑與方法

4.2.2.1 實指學習

蒯因指出，語言學習有兩種基本的方法：實指學習（ostensive learning）和類比綜合（analogic synthesis）。兒童學會的第一批語句就是實指地學會的，即是在它們所描述的情形下，或在它們所描述的東西在場時學會它們的。他通過在公共可認識的環境下觀察成年人的外部行爲，學會把作爲無結構整體的語句與適當的非言語刺激關聯起來。簡而言之，他歸納地獲悉了支配著特定表達式的正確用法的刺激條件的範圍。這種學習語句的方法類似於直接條件反射的心理圖式。不過，這裏所涉及的條件反射並不一定是最簡單的：當我們看見某個紅的東西時，我們並不說「紅色的」或類似的話，而是在被問及時，對詢問「紅色的？」給予肯定的回答。於是，由實指學會的語句就是作爲隸屬

㉟ *The Roots of Reference*, p. 37.

於非言語刺激的無結構整體而學會的 。實指地學習要求可觀察性，因此觀察語句就是實指地學會的第一批語句，它是語言學習的立足點和出發點，在蒯因的語言學習理論中起著至關重要的作用。

除了觀察語句外 ， 兒童可以實指地學會的語言成分至少包括：表示同意的一般技巧，如「對」、「是的」；表示反對的一般技巧， 如「不對」、「不是的」； 絕對物質名詞， 如「紅色」、「水」、「糖」；單稱詞項即專名，如「媽媽」， 某條狗的名字「斐多」；絕對普遍詞項，如「狗」、「動物」；關係物質名詞，如「比……暗」、「與……(是) 同一條狗」；關係普遍名詞，如「比……小」；合成方式 ，如歸屬性合成 ，「黃色的紙」；加「在……」的合成，「在公園裏的媽媽」；小品詞，如「像……似的」；恒久語句，如「雪是白的」、「斐多是一條狗」、「斐多比裴迪小」、「狗是動物」等。

蒯因指出，當兒童在學習某些合成方式時，他實際上是在學習眞值條件。當他學習場合句時，他是在學習一特定場合句在何種情景下爲眞，在何種情景下爲假。在學習恒久的謂述構造時，他在學習如何判斷一對給定的詞項是生成一個眞實的謂述還是生成一個假的謂述。「歸根結底，當學習語言時，我們是在學習分配眞值。」[36] 在《語詞和對象》一書中，蒯因聲稱眞值函項語句也可實指地學習；但在《指稱之根》一書中，他承認情況並不完全如此。否定句當然毫無問題，但合取句和析取句卻並不如此。因爲當被問及時，一個人對於一單個語句至少可持三種態度：同意 (assent，記爲A)，反對 (dissent，記爲 D)，棄權 (absten-

[36] *The Roots of Reference*, p. 65.

tion，記爲 Ab)。於是，合取和析取就不是二值的眞值函項，而是基於下表的表決函項：

α	β	α 且 β	α 或 β
A	A	A	A
A	D	D	A
A	Ab	Ab	A
D	A	D	A
D	D	D	D
D	Ab	D	Ab
Ab	A	Ab	A
Ab	D	D	Ab
Ab	Ab	?(D或Ab)	?(A或Ab)

它表明，觀察證據不足以決定像合取、析取以及其他複合句的表決值，因此，這些語句是不可實指地學會的。更重要地是，人們不能憑藉實指法學習指稱對象的語言部分，或者說，該語言的指稱裝置。蒯因作出結論說：「這種方法明顯地不能使我們在語言學習中走得更遠。」㊲ 我們語言的大多數句子甚至不以派生的方式與任何確定範圍的非言語刺激相關聯。

蒯因因此指出：

> 我們已經思索了語言學習的機制，其重點在於認知語言。

㊲ "Linguistics and Philosophy," in *The Ways of Paradox and Other Essays,* p. 57.

> 我們總的目標是更好地理解科學理論是如何可能被達到的。我們現在已達到我們關於其最初步驟的思辨的終點。我們關於通向理論語言的隨後步驟的思考將限於一重要方面，即所指的方面，也就是對談論對象的裝置的習得。我們確實很容易地學會談到對象，不僅有物理對象，而且有屬性、數、類以及所有抽象對象。㊳

那麼，這一切究竟是如何發生的呢？這確實是值得認眞加以研究的。蒯因指出:

> 語言學習的指稱部分需要得到更好的理解，因為它對於我們的概念圖式是如此關鍵。我們對指稱的心理發生學的理解能够促進我們對指稱自身的理解，以及對於本體論的理解：本體論意謂著設定某物。它特別能促進我們對於共相的理解。㊴

「對象的指稱是我們關於世界的科學描繪的核心，這就是我們試圖在語言學習中探尋指稱的根源的原因。」㊵

4.2.2.2　類比綜合

蒯因在《語詞和對象》一書的第 3 章中，概述了語言指稱功能發育的 4 個階段。這段說明比較典型地體現了蒯因的語言學習理論，並且它既是對於我們上面討論的實指學習的一個小結，又

㊳ *The Roots of Reference*, p. 81.

㊴ 同上書，p. 84.

㊵ 同上書，p. 89.

是進入關於「類比綜合」討論的一個橋樑，因此這裏比較完整地引述或轉述如下：

在第一階段，學會了像「媽媽」、「水」這樣的詞，這些詞可以追溯看作是分別命名了一個被觀察到的佔據時間和空間的對象。這每一個詞都是通過一個強化和消失的過程而學會的， 該詞的時空適用範圍就在這過程中逐漸明確起來。在強化刺激相當直接地產生於它這種意義上，被命名對象確定無疑地是觀察對象。

第二階段是以普遍詞項和單稱指示詞的出現為標誌的；作為後者的蛻化情形，還有單稱摹狀詞。普遍詞項仍然是實指地學會的，但它們的獨特之處在於它們有分離的指稱，以致突出了實體和對象位置的時空連續性。不過，某類指稱失敗在單稱指示詞和單稱摹狀詞那裏已是可能的，例如當「這只蘋果」或「那只蘋果」被用來表示某個證明是缺少後半部或是西紅柿的東西時就是如此。但是若不考慮指稱失敗的領域，經得起指稱檢驗的對象仍然是原有的對象。

第三階段通過普遍詞項的歸屬性合成而產生了複合的普遍詞項。這裏我們比先前更清楚地確知普遍詞項方面的指稱失敗情形：我們得到了像「方蘋果」、「飛馬」這樣的不適用於任何東西的複合詞，……。詞項的歸屬性合成還可以直接產生不命名任何東西的單稱詞項，即像「乾水」這樣的複合物質名詞。而且，從歸屬性合成的普遍詞項中，我們還能得到單稱指示詞和單稱摹狀詞，其指稱失敗是明白無誤的：「這只方蘋果」、「那隻飛馬」。這第三階段，由於展示了指稱失敗的全部可能性，它仍然沒有在普遍詞項方面提供對新類型對象的指稱。

可以有相當保留地說，第四階段產生新的對象。正是在這一階段，通過將關係詞項應用於單稱的或普遍的詞項而形成了普遍詞項。這一階段通過生成像「比這個斑點還小」這樣的複合詞，而帶來了新的理解方式。這類詞在下述一點上不同於「方蘋果」：它們甚至不打算去指稱事物，如果這些詞遵循我們的方式，我們卻能夠指出這些事物並且能給它們以個別的名稱。關係詞項「比……小」使我們超出了原來的對象領域，而沒有感覺到陷入無意義。這種機制當然是類比，更特殊地說，是外推 (extrapolation)。

對於新對象的斷定並不只是這種語法構造的作用。關係從句相當好地提供了表述對象需要滿足的條件的靈活手段，而不定單稱詞項使我們相當清楚地表示我們願意假定的任何對象的存在。抽象對象暗示它們自身很快將以其他的方式得到思考。但是，將關係詞項用於詞項的特殊意義在於：在迄今所提出的一系列簡單構造中，它第一次拓寬了我們的指稱視野。㊶

正是爲了說明人如何習得談論對象的語言部分卽理論語言，蒯因引入了「類比綜合」這個重要概念。類比綜合或者外推是指：一個人所學會的大多數句子，都是從他先前已學會的另外一些句子的要素中建構出來的，這裏依據了與這些要素在那些句子

㊶ *Word and Object*, pp. 108～110.

中的出現方式的類比。《語詞和對象》全書中，蒯因只給出了唯一一個通過類比綜合學習語言的例子:

> 如何可能只根據類比就從舊材料中建構出新句子，並在適當的場合說出來，這一點是顯而易見的。兒童在已經直接習慣於「脚」(或「這是我的脚」) 作為一個句子加以正確使用，並以同樣的方式使用「手」，作為一個整體使用「我的脚受傷了」等等之後，可以設想，他也會在適當的場合說出「我的手受傷了」，儘管他沒有關於這個現實句子的先前經驗的幫助。[42]

由此可以看出，類比綜合實際上是指，兒童在已經習得某些語句，並已經習得某些詞彙之後，可以用已習得的另外某個詞彙去替換已習得的語句中的某個語詞，從而生成他先前沒有實際接觸過的新句子。

《語詞和對象》一書對於如何習得語言的指稱裝置的說明過於簡潔並且是隱喻性的，不能完全說明問題。這促使蒯因寫作了另一本書《指稱之根》。在此書的第3章「指稱對象」中，蒯因思辨地說明了兒童如何憑藉一系列語法變形和不可還原的類比跳躍，來習得英語的指稱部分。實際上，蒯因的說明是對於這一過程的理想化。他認爲，關於對象的指稱出現在一種明確的量化語言中，「存在就是成爲約束變元的值。」於是在他那裏，如何習得語言的指稱部分就變成了如何習得量化習語。

---

[42] *Word and Object*, p. 9.

> 我們考慮什麼步驟把小孩或初民引向量化，而不是引向不太令人滿意的現實英語的指稱部分，由此我們達到心理發生學的梗概式重構。我們接近於指稱的真正的心理發生的本質要素，而避開了非本質的複雜細節。㊸

蒯因指出，單稱謂述「α 是 β」隨著條件反射的遷移可以歸納地學習。並且，全稱直言謂述「每一個 α 是 β」差不多可以像「α 是 β」一樣習得。但是，當兒童習得全稱謂述「每一個 α是β」時，他已經超越了把觀察句作爲無結構整體來學習的地步。當他習得作爲無結構整體的觀察語句時，僅僅表明他已經學會了對他所認識和識別出的刺激作出言語反應；而當他習得全稱直言謂述時，他正走向習得理論語言，正是用這種語言他方能眞正地指稱對象。因此蒯因指出，全稱直言謂述代表著直正意義上的指稱的最早階段，另一個同等重要的步驟或階段是兒童對於關係從句的把握。

關係從句是絕對普遍詞項，但具有句子的形式，其中關係代詞取代了單稱詞項，詞的次序經常是被改變了的。例如，「which I bought」(我買的東西)、「something that chases its tail」(咬自己尾巴的東西)，以及更一般地，「thing x such that Fx)(使得 Fx 的事物x)，都是關係從句。關係從句可以作爲句子中的一個成分出現，例如，「Phido is something that chases its tail」。但要注意的是，這個句子只是一短句子「Phido chases its tail」的加長形子，後者是用「Phido」替

㊸ *The Roots of Reference*, p. 100.

換關係從句中的代詞「something that」而得到的。正在學習語言的兒童通過觀察成年人的反應而習得這種替換技巧或者說替換變形規則。最後，兒童理解了關係從句中的代詞起著替換變元的作用，它的值域由用作替換成分的詞項構成。我們這裏看到了替換量化習語的開端。

兒童在已經學會這些之後，又進一步感受到關係從句和更常見的普遍語項如「狗」之間的類似。普遍詞項出現的其他位置也可以被關係從句所替換。最著名的是全稱直言語句「每一 α 是 β」中 α 的位置，例如，我們可以得到下述形式的句子:「Everything that chases its tail is an animal」(每一個咬自己尾巴的東西都是動物)。一旦關係從句可以取代「每一 α 是 β」中的 α 的位置，它就不可能從那個位置上消除掉。因爲它是憑藉不可還原的類比跳躍而達到那個位置的。「關於這一跳躍，現在要注意的另一點是，在拋棄可消除性的同時，它也就拋棄了變元本身的替換形式。」㊹ 關係從句的代詞不再只是替換變元的先驅者，它們現已成爲對象變元的先驅者。因爲要使這種直言語句爲眞，它們就必須對於滿足其謂詞的一切事物都眞。它們的替換成分此時可限定爲單稱詞項，但是，作爲這些新的代詞變元的值的對象，要比可用來命名對象的單稱詞項多得多，因爲動物和其他大多數物體都是沒有名稱的。結果，這類直言語句導致一個新的指稱階段，即指稱未被命名或不可命名的對象。

量化習語卽「每一事物 x 使得」和「有些事物 x 使得」，以素樸的形式包容了關係從句中適於客觀指稱目的的一切値得保留

㊹ *The Roots of Reference,* p. 99～100.

的東西。蒯因指出:

> 鑒於指稱手段集中體現在量化中，我們把它看作是本質上包括兩類設施：存在著量化小品詞「每一」和「有些」，它們被用於直言構造中的普遍詞項；並且存在著變元或代詞，它們被用於在關係從句形式中抽象出新的普遍詞項。關係從句和直言語句因此就成為指稱的根源。對象化變元是這兩個根源而不只是其中單獨一個的結果；因為關係從句的變元開始時是替換的。㊺

至此爲止，學習語言的兒童已經掌握了「謂述、全稱直言語句、關係從句和眞値函項。一旦達到這一階段，容易看出邏輯量化的全部力量是唾手可得的……」

> 按同樣的精神作出進一步猜想，其中有些是較有說服力的，有些卻較少說服力，我們可以概述學習者的進一步的進展，以致他可以談論抽象詞項和關於屬性、數、函項等的量化，以及假設的物理粒子和力。這種進展不是連續性的派生，即是說，當向回追溯時，它不可能使我們把科學理論還原為純粹的觀察。相反，它是通過短小的類比跳躍而得到的進展。㊻

㊺ *The Roots of Reference,* p. 101.

㊻ "The Nature of Natural Knowledge," in *Mind and Language,* pp. 77～78.

從上述對於蒯因的語言學習理論的不完全概述中，可以看出，語言學習是從實指學習開始的，後者歸根結底與語言的觀察邊緣密切相關；憑藉類比跳躍，學習者接觸並掌握了該語言的指稱部分，後者包括關係從句和直言語句，並集中體現在量化短語「每一」、「有些」以及各種對象化變元之中。我們關於世界的科學理論就是用語言的指稱部分或者說理論語言表述的。因此，當我們學會了理論語言，我們也就可以達到我們關於世界的理論。蒯因的上述討論深受行爲主義心理學的影響，始終注意對學習過程以及指稱的心理發生機制作經驗性研究，但也並不排斥猜測性思辨。

4.3 整體主義知識觀

4.3.1 迪昂—蒯因論題

蒯因的整體論是在對他所謂的「還原論教條」的批判中提出來的。還原論屬於本章前面所說的基礎論，它本身有兩種表現形式：一種是徹底還原論，即認爲每一個有意義的陳述都可以翻譯成一種關於直接經驗的陳述（眞的或假的）。這種還原論給自己提出的任務是：

> 詳細地規定一種感覺材料的語言，並且指出怎樣把有意義的論述的其餘部分逐句地翻譯為這種感覺材料語言。㊼

㊼ 《從邏輯的觀點看》，頁39。

但是，從來沒有人曾成功地構造這樣一種語言，也沒有人曾成功地顯示怎樣去構造這樣一種語言，甚至還原論的熱情支持者也放棄了這種激進立場。因此，蒯因未曾過多地顧及這種還原論，他所注意的是還原論教條的一種「更微妙和更精細的形式」，即「認爲同每一個陳述或每一個綜合陳述相關聯的都有這樣獨特的一類可能的感覺事件，其中任何一個發生都會增加這個陳述爲眞的可能性，也另有獨特的一類可能的感覺事件，它們的發生會減損那個可能性。」在這裏，「還原論的教條殘存於這個假定中，即認爲每個陳述孤立地看，是完全可以接受驗證或否證的。」

> 還原論的教條，即使在它的弱化形式中，也和另一個認為分析和綜合陳述是截然有別的教條緊密地聯繫著。㊽

因此，蒯因對分析—綜合教條的批判必然導致他對還原論教條的批判。

蒯因認爲，還原論對於理論內的陳述與經驗之間的關係提供了錯誤的說明。實際上，與還原論的說明相反，「我們關於外在世界的陳述不是個別地，而是僅僅作爲一個整體來面對感覺經驗的法庭的。」

> 說在任何個別陳述的真理性中都有一個語言成分和一個事實成分，乃是胡說，而且是許多胡說的根源。總的來看，

㊽《從邏輯的觀點看》，頁39。

> 科學雙重地依賴於語言和經驗，但這兩重性不是可以有意義地追溯到一個個依次考察的科學陳述的。㊾

「具有經驗意義的單位是整個科學。」㊿正是由此導出了蒯因的整體主義知識觀，它包括下述要點：

第一，我們所謂的知識或信念構成一個整體，

> 從地理和歷史的最偶然的事件到原子物理學甚至純數學和邏輯的最深刻的規律，是一個人工的織造物。它只是沿著邊緣同經驗緊密接觸。或者換一個比喻說，整個科學是一個力場，它的邊界條件就是經驗。(51)

第二，接受經驗檢驗的是知識整體，而不是處於整體邊緣或離邊緣較近的那些陳述（直接觀察的陳述、各門具體科學的陳述等）：

> 在場的周圍同經驗的衝突引起內部的再調整。對我們的某些陳述必須重新分配真值，一些陳述的再評價使其他陳述的再評價成為必要，因為它們在邏輯上是互相聯繫的，而邏輯規律也不過是系統的另外某些陳述，場的另外某些元素。即已再評定一個陳述，我們就得再評定其他某些陳述，它們可能是和第一個陳述邏輯地聯繫起來的，也可能

㊾　《從邏輯的觀點看》，頁39～40。

㊿　同上。

(51)　同上。

是關於邏輯聯繫自身的陳述。[52]

第三，在任何情況下整體內的任何陳述都可以認為是眞的，其條件是在系統的其他部分作出足够劇烈的調整：

卽使是一個很靠近外圍的陳述面對頑强不屈的經驗，也可以藉口發生幻覺或者修改被稱為邏輯規律的那一類的某些陳述而被認為是真的。[53]

第四，「由於同樣原因，沒有任何陳述是免受修改的」，邏輯學和數學的規律也不例外。

「有人甚至曾經提出把修正邏輯的排中律作為簡化量子力學的方法，這樣一種改變和開普勒之代替托勒密，愛因斯坦之代替牛頓，　或者達爾文之代替亞里士多德的那種改變」，並沒有原則上的不同。[54]

第五，之所以發生上述情況，其根本原因在於經驗對於理論是不充分決定的：

邊界條件對整個場的限定是如此不充分，以致在根據任何單一的相反經驗要給那些陳述以再評價的問題上是有很大

[52] 《從邏輯的觀點看》，頁40～41。
[53] 同上。
[54] 同上。

選擇自由的。除了由於影響到整個場的平衡而發生的間接聯繫，任何特殊的經驗與場內的任何特殊陳述都沒有聯繫。[55]

廣義地說，以上5點都包括在蒯因的整體主義知識觀之內。但我們還是可以作出一些更細緻地區分：例如把第一、二點概括爲整體論論題，把第三、四點概括爲陳述的可任意修正性原則，把第五點叫做經驗對於理論的不充分決定論題。並且，這5點也不是平行並列的，而是有一定的邏輯依從關係。具體地說，陳述的可任意修正性或可免受修正性是整體論論題的邏輯推論，並且前者在邏輯上也得到了不充分決定論題的支持，甚至整體論論題本身也是如此。我們將在後面的論述中說明這一點。

但是，蒯因的上述整體論觀點過於極端了，而與他「關於觀察句的確實可靠的學說」不太協調。蒯因曾不止一次地談到，「觀察句所表達的信念不依賴於其他信念。」[56]「觀察句幾乎是確實無誤的。」[57] 這是因爲在蒯因看來，觀察句具有在相同刺激下的主體間一致性，即所有說同一種語言的人在被給予相同感官刺激時都會對觀察句作出相同的判定——同意或反對。這也就是說，觀察句是

[55] 《從邏輯的觀點看》，頁39～40。

[56] Quind and J. S. Ullian: *The Web of Belief*, New York: Random House Inc., 1978, p. 21.

[57] 同上。

> 這樣一種場合句，那個場合不僅是主體間可觀察的，而且一般來說足以引起任何熟悉那種語言的現場見證人都同意該語句。它不是關於私人感覺資料的報道；相反，它典型地包含對於物理對象的指稱。[58]

正是具有此種性質的觀察句，才成爲兒童和專業語言學家學習語言的出發點。但是，如果整體論是對的，並且每個句子的意義依賴於其他句子的意義，那麼我們過去是怎樣學習語言的呢？我們似乎沒有出發點，似乎沒有一個句子的意義好像是自我包含的、可學習的，因而可作爲學習其他句子的第一步。但是，必須有某種出發點，學習者（不管是兒童還是語言學家）能夠在他已往的經驗中獲得，並把它作爲檢驗關於下面一些句子的意義是什麼的假設的有力證據。於是，整體論必須考慮語言學習者的需要而有所緩和。在意義論的某些方面，我們必須是原子論者，因爲，如果不如此，我們就會使基本的語言學習成爲不可能的事情。

蒯因後來也意識到了這一點，並對他早期的極端整體論觀點作出了一些修正。例如，在1980年爲《從邏輯的觀點看》修訂第2版重印版所寫的序言中，他寫到：

> 〈經驗論的兩個教條〉中的整體主義曾使許多讀者感到不快，但是我認為它的缺點只是强調得太過了。關於整體主

---

[58] "The Nature of Natural Knowledge," in *Mind and Language*, 1975, p. 23.

義，就其在那篇論文中被提出的論點來說，我們實際上要求的就是使人們認識到，經驗內容是科學陳述集合共有的，大都不可能在這些科學陳述中間被揀選出來。誠然，有關的科學陳述集合實際上決不是整個科學，這裏有一個等級層次的區別，我承認這一點，並且曾舉艾爾姆大街的磚房為例來說明。[59]

1981 年，蒯因發表〈實用主義者在經驗論中的地位〉一文，聲稱自己所持的是一種「溫和的或相對的整體論」，對它來說，重要的是不要期望一個科學語句有它自己的可分離的經驗意義[60]。

蒯因的整體論觀點是從法國科學史家和哲學家迪昂（Pierre Duhem, 1861～1916）那裏繼承和發展來的，他自己就明確指出了這一點[61]。迪昂在《物理學理論的對象和結構》一書（1906）中指出：

> 將理論物理學的諸假說中的每一個與該科學所依賴的其他假說分開，以便使它單獨地接受經驗檢驗的企圖是不可能實現的妄想。……唯一合乎邏輯的對物理學理論的實驗檢驗在於，將該物理學理論的整個系統與試驗規律的整個集合相比較。……[62]

---

[59] 《從邏輯的觀點看》，頁4。
[60] *Theories and Things,* p. 70.
[61] 《從邏輯的觀點看》，頁39。
[62] 見該書法文版，頁284。

按照經驗主義者的傳統觀點，一個假說的驗證具有下列邏輯結構：

(1) 待驗證的假說，

(2) 初始條件，

所以，

(3) 應該觀察到的某些結果。

如果應觀察到的結果沒有出現，這種失敗就是否定有關假說的經驗證據。例如：

(1) 待驗證假說：地球是平的。

(2) 初始條件：一艘船筆直地離開海港。

所以，

(3) 那艘船應該在某個時候一下子消失，因爲它從地球平面的邊緣掉下去了。

如果事實上人們觀察到，那艘船是逐漸消失的，那麼根據經驗主義的證實結構，人們就必須否定「地球是平的」這個假說。但在迪昂看來，科學驗證的過程並不如此簡單，而是具有下列複雜結構：

(1) 假說 1（即待驗證的假說）

(2) 假說 2

⋮　⋮

(n) 假說 n

(n+1) 初始條件

所以，(n+2) 應該觀察到的某些結果。

這樣一來，在上面的那個例子中，當人們觀察到那艘船是逐漸消失的，就不能確信無疑地說：「地球不是平的。」因爲有可能假說（1）是眞的，而假說（2）或假說（3）…… 或初始條件是假的。這就是說，如果我們的觀察是眞的，那麼至少有一個假說是錯誤的，但是，究竟那個假說應該拋棄卻有待於研究，它不一定是人們要驗證的假說。總之，經驗所驗證的不是一個孤立的假說，而是許多假說構成的整體。但迪昂的整體論僅針對物理學理論而言，而就其他科學來說，他仍然認爲它們的理論或假說是可以單獨地接受經驗檢驗時，如生理學。

蒯因繼承了迪昂的整體論思想，並對它作了更詳細的發揮。他指出，當遇到頑強不屈的經驗時，人們可以採取以下幾條可供選擇的途徑：

第一，人們可能修改某一個或者幾個假說。一般情況下，根據人們對各個假說的不同信賴程度，他們會否定較不信賴的假說。這裏遵循的原則是，應保留與其餘信念最不衝突的假說。

第二，人們可能否定初始條件。在某些科學實驗中，這種途徑常被採納，譬如一位老師可能否決學生的實驗報告，理由是學生沒有嚴格遵守實驗操作規則。這裏還存在另一個重要問題，當人們要驗證某個較複雜的科學假說時，初始條件的描述預先肯定了某些基礎理論。假定某個驗證需要使用安培計，這個初始條件必然肯定某種電磁理論。簡言之，科學實驗的儀器設備必然同若干其他假說有關係，這當中的某個假設有可能是錯誤的，人們應該否定的正是這一假說。

第三，人們可能否定觀察到的情況，或重新解釋那種情況。當觀察到的情況同人們所信賴的大部分信念衝突時，人們總是毫不猶豫地否認觀察到的情況。例如，根據物理學的萬有引力和其他基本假說，A和B兩顆星在照片上的距離應是A………B，可是在實際的照片上，這兩者的距離卻是A……B。人們往往會說，這張照片提供了不容否定的反證據。如果否定物理學的基本原理，就會引起知識體系的極大震盪，一般說來，這是不可取的。所以，人們通常以某種方法去校正或解釋這些觀察材料，譬如人們會說，由於照相角度的影響，這張照片才顯示出這種情況，這樣整個物理學體系就保留下來了。

第四，人們可能懷疑有關的邏輯或數學公理等。在物理實驗過程中，若要用愛因斯坦物理學取代牛頓物理學時，就必須用非歐幾里德幾何學代替歐幾里德 (Euclid) 幾何學。也有人提出，量子力學運用的邏輯定理不是兩值邏輯的定理，而是多值邏輯的定理。這種途徑在絕大多數場合不會被採取，因爲，邏輯或數學公理的修改將引起最巨大的影響，即將改變人們的絕大多數信念。不管怎樣，它也是一種解決問題的可能途徑。

於是，在蒯因看來，在對假說進行經驗檢驗時，爲了使假說與觀察結果相一致，以上所說的任何一種命題在原則上都可成爲修正或否定的對象。任何命題作爲理論系統的一部分，可以具有一定的經驗意義，但唯有由各種命題組成的理論整體，才是經驗意義的眞正載體。因此，我們不應把孤立的個別命題，而應把整個的理論體系作爲經驗檢驗的眞正單位。

由於蒯因的整體主義知識觀是對迪昂有關觀點的繼承和發揮，因此在文獻中常把它叫做「迪昂－蒯因論題」。蒯因在論證翻譯不確定性論題時，把這一論題作爲基本論據之一。他指出:

如果我們與皮爾士一樣承認，語句的意義純粹取決於把什

> 麼看作它為真的論據，並且與迪昂一樣承認，理論語句不是作為單個語句，而是作為一個較大的理論整體才有自己的證據，那麼，理論語句的翻譯不確定性就是其自然的結論。[63]

只要我們把上面這個條件句的第二個前件中的「證據」一詞換成「意義」，它就是譯不準論題的一種縮寫形式。這也表明，在蒯因那裏，一理論的各語句之間的語義關係和證據支持關係是同構的。

4.3.2 經驗決定理論的不充分性

如前所述，早在〈經驗論的兩個教條〉(1951) 一文中，蒯因就表達了經驗決定理論的不充分性。例如，他指出:

> 邊界條件即經驗對整個場（即知識總體 —— 引者）的限定是如此不充分，以致在根據任何單一的相反經驗要給那些陳述以再評價的問題上是有很大選擇自由的。[64]

「全部科學，數理科學、自然科學和人文科學，是同樣地但更極端地被經驗所不完全決定的。」[65] 在戴維森（Donald Davidson, 1917～）和欣迪卡（Jaakko Hintikka, 1929～）合編

[63] "Epistemology Naturalized," in *Ontological Relativity and Other Essays*, pp. 80～81.

[64] 《從邏輯的觀點看》，頁40。

[65] 同上書，頁42。

的《話語和異議：關於蒯因工作的論文集》(1969) 一書中，當蒯因答覆喬姆斯基 (Noam Chomsky, 1928～) 時，他對經驗決定理論的不充分論題作出了更完整的表述：「對於自然的可能觀察的總體，不管是已作出的還是未作出的，都是與彼此不相容的物理理論相容的。」(66) 在1970年發表的〈論翻譯的不確定性的理由〉一文中，蒯因對這一論題給出了非常清晰的表達和論證：

> 自然，它（指物理理論，或我們的關於世界的理論——引者）是被過去的證據所不充分決定的；一個未來的觀察可能與之相衝突。同樣很自然，它是由過去和未來的證據一起不充分決定的，因為某些與之相衝突的可觀察事件可能碰巧未被觀察到。而且此外，許多人都將同意，物理理論是被所有可能的觀察不充分決定的。……這樣，我關於物理理論的觀點就是：物理理論甚至是由所有這些（觀察——引者）真理不充分決定的。儘管所有的觀察都被確定了，理論仍可能發生變化。物理理論可能會互相衝突，同時仍在最廣泛的意義上與所有可能的資料相一致。一句話，它們可能是邏輯上不相容而經驗上等價的。這就是我期望贏得廣泛贊同的觀點，即使僅僅因為理論詞項的觀察標準如常見的是如此靈活和不完整。(67)

蒯因的這一段話值得引起我們的認眞注意。他在其中談到3

---

(66) 見該書英文版，頁302。

(67) *The Journal of Philosophy*, *67*, 1970, pp. 178～179.

種不充分決定性:

(1) 物理理論不被過去的觀察所充分決定，因為未來的觀察可能與之相衝突;

(2) 它也不被過去和未來的觀察一起所充分決定，因為某些與之相衝突的觀察可能未被注意到;

(3) 它甚至不被所有可能的觀察所充分決定，因為理論詞項的觀察標準是如此靈活和不完整。

這裏，前兩種所談的是事實上的不充分決定性，而最後一種所談的是原則上的不充分決定性，這才是蒯因的不充分決定論題的本義，正是它才具有重要的哲學意義。

在上面這段話中，蒯因對於不充分決定論題給出的唯一理由，就是理論詞項的觀察標準是如此靈活和不完整。蒯因論述說，觀察語言和理論語言的複雜性表明，觀察證據不足以決定理論語言必須採取的形式，理論詞項的觀察標準是可變通的、不充分的。這種可變通性、不充分性告訴我們；相對於所有的觀察而言，理論所採取的形式是多種多樣的。在觀察階段，人們根本不可能預見到理論的形式，這裏「沒有必然性的暗示。」[68] 在科學實踐中，人們完全可能遇到這樣一種情況：有一組假說H，還有另一組與H相矛盾的假說 H′，當我們改變整個理論，以致於用 H′ 取代了H時，所得到的理論 T′ 仍同 T 一樣能與所有可能的觀察相一致。這樣，在經驗信息可分配給H和 H′ 的範圍內，這兩者顯然傳達了相同的經驗信息，然而它們之間仍然是不相容的。由此看來

[68] "The Nature of Natural Knowledge," in *Mind and Language*, p. 80.

> 毫無疑問，即使我們有一個觀察的神諭，它可將真值賦予可用我們的語言表達的每一個固定觀察報告，也還不足以在大量可能的物理理論之間作出抉擇，這些理論中的每一個都完全與那個神諭相一致。[69]

因此，經驗對於理論的決定作用是不充分的。

但是，蒯因後來似乎對不充分決定性論題的合理性發生了懷疑。他認為，就其最一般的形式而言，不充分決定論題可能是站不住腳的；但它的一種較溫和的形式是能夠成立的，不過卻是模糊的。蒯因在〈論經驗等價的世界體系〉(1975)、〈經驗內容〉(1981)、《眞理的追求》(1990) 等論著中以不同的形式表達了這種思想。例如，在〈論經驗等價的世界體系〉一文中，蒯因根據衍推觀察條件句的理論形式(theory formulations)，更精確地考察了不充分決定論題。理論形式粗略說來就是公理集；觀察條件句則是具有「如果 α 則 β」這種形式的固定句，其前件涉及邊界條件，其後件則是所預言的觀察。一理論形式所衍推的觀察條件句的類構成了該理論形式的經驗內容。於是，不充分決定的一般論題斷言：對於任一理論形式 TF_1 而言，在原則上都存在另一理論形式 TF_2，它與 TF_1 有同樣的經驗內容，即衍推同樣眞實的觀察條件句，而 TF_1 和 TF_2 無可挽救地在邏輯上不相容。這最後一句話是說，沒有任何對於謂詞的重新解釋能夠使 TF_1 和 TF_2 兩者在邏輯上等價。而對於謂詞的重新解釋，蒯因是指「從我們的謂詞詞彙表到我們的開語句（從 n元謂詞到 n 變

---

[69] "The Nature of Natural Knowledge," in *Mind and Language*, p. 79.

元語句）的任何映射」[70]。蒯因認爲，前述關於不充分決定的一般性論題是站不住腳的，其理由有二：首先，舉這樣一個理論形式爲例，它所蘊涵的觀察條件句在數目上是有窮的，這有窮多個句子的合取將是它自身的理論形式。它將被每一個經驗上等價的理論形式所蘊涵，但並不與任何一個不相容。其次，沒有任何辦法可以確定，能夠使兩個理論形式邏輯上等價的關於謂詞的重新解釋是不可能找到的。儘管遇到了這些困難，蒯因並沒有完全拋棄不充分決定論題，而是作了使它更爲溫和的修正。經修正後，不充分決定論題的內容是：有些理論形式注定有經驗上等價但邏輯上不相容的選擇（alternatives），並且如果我們碰巧發現了它們，我們將找不到任何途徑通過謂詞的重新解釋來使得它們邏輯上等價。

關於不充分決定論題，應該注意兩點：第一，蒯因所說的經驗的不充分決定性是就我們關於世界的總體理論而言的，而不是就其中的某一不太重要的個別理論而言的。第二，不能把它與整體論學說（即迪昂—蒯因論題）相混淆。蒯因指出：

> 關於經驗不充分決定性的這一學說不應與整體論相混淆。整體論……是說，科學陳述並不是孤立地受到相反的觀察責難的，因為唯有共同地作為一個理論，它們才蘊涵其觀察結論。面對相反的觀察，通過修正其他的陳述，可以堅持任何一個陳述。這個整體論論題對不充分決定論題給予信任。如果面對相反的觀察，我們總是可以在我們的理論

---

[70] W. V. Quine: "On Empirically Equivalent Systems of the World," *Erkentnis 9,* 1975, p. 320.

> 的各種適當修正之間自由選擇，那麼就可以假定，所有可能的觀察不足以唯一地決定理論。[71]

這就是說，不充分決定論題在邏輯上支持了整體論論題。並且，這兩者表達了一個共同的理想：對於一個好的科學理論而言，僅有恰當的觀察證據是不夠的，它還必須是一個完整的系統。科學家構造和發展科學理論的活動就是同時對觀察與系統的追求。這兩樣東西缺一不可，否則所得到的就「僅僅是觀察記錄，或只是無根據的神話。」[72] 科學理論是一個在某些點上通過觀察句與觀察相聯繫的句子系統。或者，用蒯因自己的話來說，「理論作爲一個整體……是被條件反射機制以各種方式相互聯繫並與非言語刺激相聯繫的句子之網」[73]，這就是他所謂的「信念網」，具體說來，科學理論系統是

> 那些在科學中被作為真的而接受下來——儘管是暫時的——的句子之網。在邊緣上的是場合句，而且，這是一種特殊的場合句，即在任何給定場合對相關聯的諸組或諸種感受器的刺激會導致在那個場合接受這些句子為真句子。[74]

---

[71] "On Empirically Equivalent Systems of the World," *Erkentnis 9*, 1975, p. 313.

[72] *Theories and Things*, p. 31, 40.

[73] *Word and Object*, p. 11.

[74] *Theories and Things*, p. 31, 40.

因此，一個科學理論的確立，需要有理論與證據之間精巧的相互調整，這種調整受著除觀察之外許多其他因素的影響。

並且，不充分決定論題還是翻譯不確定性論題賴以成立的基本根據之一。蒯因的論證如下[75]：觀察本身不足以以唯一的方式確定一個理論的理論語句。就這一點而言，可以說該理論在方法論上是由觀察不充分決定的，或者說它有經驗的缺口。在原始翻譯的背景下，一位語言學家翻譯這樣一個理論時，他是通過匹配刺激意義來翻譯該理論的觀察語句進行翻譯的，除此之外，他必須使用分析假設。憑藉這些分析假設，語言學家得以彌補該理論的經驗缺口。不過，分析假設本身在方法論上是由被翻譯理論的觀察語句（實際上是所有可能的觀察語句）所不充分決定的。這樣一來，語言學家就可以選擇某些另外的分析假設系統，它們也許會對於該理論的某些固定句產生邏輯上不相容的譯文。正是在這裏，原有的經驗缺口再一次出現：譯文是在方法論上不充分決定的。關於話語的話語，它本身在該理論中也是在方法論上不充分決定的！對此還應補充的是，人們必須承認的翻譯不確定性的程度，取決於他們在物理學中將會承認的對於經驗缺口的估計。

4.3.3 理論評價與選擇的標準

由於我們的知識是作爲一個整體來面對感覺經驗的法庭的，並且知識總體是由所有可能的觀察不充分決定的，因此「關於我們的科學是否或在多大程度上與物自體相符合的問題」是一個

---

[75] 參見 "On the Reasons for Indeterminacy of Translation," in *The Journal of Philosophy* 67, 1970, p. 179～183.

「超驗的問題」，在蒯因的認識論中是「消失掉了的」(76)。這樣一來，在理論的評價與選擇中，所要堅持的就不是通常所說的客觀性或眞理性標準，而是關於是否方便和有用的實用主義考慮。蒯因在〈經驗論的兩個教條〉中明確指出：

> 卡爾納普、劉易斯等人在選擇語言形式、科學結構的問題上採取實用主義立場；但他們的實用主義在分析的和綜合的想像的分界線上停止了。我否定這樣一條分界線而贊成一種更徹底的實用主義。每個人都被給予一份科學遺產，加上感官刺激的不斷襲擊；在修改他的科學遺產以便適合於他的不斷的感覺提示時，給他以指導的那些考慮凡屬合理的，都是實用的。(77)

正是在這種總的實用主義傾向之下，蒯因在理論評價與選擇問題上的激進傾向與保守傾向得到了協調和統一。

蒯因的激進傾向源自於他的工具主義：

> 作為一名工具論者，我繼續把科學的概念系統看作根本上是根據過去經驗來預測未來經驗的工具。物理對象是作為方便的中介物被概念地引入這局面的——不是用根據經驗的定義，而只是作為在認識論上可同荷馬史詩中的諸神相比的一些不可簡約的設定物。(78)

(76) *Theories and Things*, p. 22.
(77) 《從邏輯的觀點看》，頁43。
(78) 同上。

蒯因的保守傾向則來源於他對實在論的承諾:

> 就我自己而言，作為非專業的物理學家，我確實相信物理對象而不相信荷馬諸神，而且我認為不那樣相信，便是科學上的錯誤。但就認識論的立足點而言，物理對象和諸神只是程度上，而非種類上的不同。這兩種東西只是作為文化的設定物進入我們的概念的，物理對象的神話優於大多數其他的神話，原因在於: 它作為把一個易處理的結構嵌入經驗之流的手段，已證明是比其他神話更有效的。[79]

在這兩種表面上相互矛盾的傾向的底蘊根處共同激盪著一股實用主義的暗流。在《信念之網》一書的第6章和第7章中，蒯因展開論述了理論或合理假說的6大特徵，可作爲我們評價和選擇它們的具體參考。這6大特徵分別是:

第一，保守性。卽一個科學假說應該儘可能與人們已有的信念保持一致。蒯因指出:

> 為了說明那些我們構造假說要加以說明的事件，這個假說可能不得不與我們先前的某些信念相衝突; 但衝突越小越好。接受一個假說當然和接受任何信念一樣，卽它要求拒斥任何與之相衝突的東西。要求拒斥的先前信念越少，這個假說就越合理 —— 假如別的方面相同的話。[80]

---

[79] 《從邏輯的觀點看》，頁41～42。

[80] *The Web of Belief*, p. 67.

在修正理論以適應頑強不屈的經驗的語境中，蒯因將保守性表述為「以最小代價獲最大收益的準則」(a maxim of minimum mutilation)。例如，他在《邏輯哲學》一書中一再指出:

> 倘若說很少有像觸動邏輯那樣大刀闊斧的修改提出，一個非常清楚的理由乃是最小代價最大收益原則。[81]

第二，溫和性。蒯因區分了兩類溫和性，一是邏輯意義上的，一是平凡意義上的:

> 如果一個假說在邏輯涵義上比另一個更弱，即如果它被另一假說所蘊涵而不蘊涵另一假說，則這個假說比另一個假說更溫和。……另外，如果一個假說比另一個假說更平凡，也就是說，如果它假定已發生的事件是一種更常見、更為人所熟悉的事件，因而也是一種更應期待的事件，那麼這個假說就更溫和。[82]

蒯因指出，人們在實踐中都習慣於下意識地遵循溫和性原則。例如在一個實驗中，當我們遇到一個反常時，我們首先會懷疑是否我們的實驗操作出了問題，然後是實驗儀器是否有問題，然後是實驗所依據的理論，很少會懷疑到其中所依據的數學和邏輯，這就是溫和性策略在起作用。

蒯因指出，溫和性是一種與保守性有密切關係的特性，其中

---

[81] 《邏輯哲學》，頁187。

[82] *The Web of Belief*, p. 68.

一個甚至可以變成另一個，因此不必在兩者之間劃出絕對的界限。不過二者也不是完全等同。保守性是針對已有信念而言的，是對過去信念的保留。因此，即使在完全達到了保守性的假說之間，也還有溫和性程度不同的問題。因爲一個邏輯上較弱的假說和一個邏輯上較強的假說都可能與所有先前信念相一致。

第三，簡單性。這是蒯因始終堅持的一個標準，並且是理解他的學術努力的重要線索。他有時甚至明確地把簡單性作爲眞理的標準，說簡單性「是我們所能要求的眞理的最好證據」[83]。但是，他除了有時把簡單性釋義爲「優雅和概念的經濟」[84]之外，並沒有給簡單性下一個確切的定義，因爲他意識到，「簡單性作爲構造概念的指導原則，並不是一個清楚而不含糊的概念，他完全可能提出雙重的或多重的標準。」[85] 因此，簡單性標準是不確定的，具有一定的主觀性和相對性，不能充任評價與選擇的唯一的甚至是主要的標準。

但是，蒯因又強調指出：簡單性較之於前兩點似乎更爲重要，因而，「當知道簡單性和保守性勸告相反的方案時，自覺的方法論裁決總是支持簡單性的。」[86] 他在許多地方都一再談到理論系統的選擇中的簡單性考慮，把它作爲一個重要的理論評價標準。這種簡單性標準和理論的觀察標準的區別就在於，

> 觀察被用於檢驗已採納的假說，而簡單性則促使採納這些

---

[83] *Word and Object*, p. 250.

[84] 《從邏輯的觀點看》，頁73。

[85] 同上書，頁17。

[86] *Word and Object*, p. 20.

> 假說用於檢驗。而且，決定性的觀察通常會拖延很久或完全不可能，而至少在這個範圍內，簡單性是最終判決者。⑧⑦

第四，普遍性。一個假說所適用的範圍越大，它就越普遍。普遍性對於假說的評價同樣非常重要，這是因爲，

> 一個假說的合理性主要取決於它在多大程度上與我們作為隨機地處於世界中的觀察者相一致。奇怪的巧合經常發生，但它們不是合理的假說由以構成的材料。我們據以說明當前觀察的假說越普遍，我們當前的觀察就越不會屬於一種巧合。因此，這第四個優點在某種程度上具有產生合理性的力量。⑧⑧

要求假說具有普遍性，這是抵禦特設假說的一種方法，也是確保假說不會被偶然的巧合所確證的一條途徑。並且，普遍性要求還能保證假說在不同的時間和地點，在稍微不同的條件下受到重複檢驗。

普遍性要求和溫和性要求是相衝突的，在這種情況下，普遍性似乎更爲重要，「因爲它使得一個假說成爲有趣而重要的——如果這是一個眞假說的話。」⑧⑨ 另一方面，普遍性和簡單性一樣，都是合理的假說必須具備的：一個簡單而不具有普遍意義的

---

⑧⑦ *Word and Object*, pp. 19～20.

⑧⑧ *The Web of Belief*, pp. 74～75.

⑧⑨ 同上。

假說將是不適用的，而一個普遍但不簡單的假說則是難以運用的。因此，

> 當發現了某種方法，可以得到很大的普遍性，並且對簡單性損失很小，或者可得到很大的簡單性同時又不失去普遍性時，保守性和溫和性就要讓位於科學革命。[90]

第五，可反駁性。對於一個合理的假說而言，必須有某種可設想的事件，這事件將構成對於該假說的反駁。不具有可反駁性的假說就不可能是一個合理的假說，因爲這樣的假說事實上不蘊涵任何東西，因而也不會爲任何東西所確認。這是一種具有零內容的假說。不過，蒯因不可能過於強調這一點，因爲他的整體論的科學觀同時宣稱，不管出現什麼情況，任何假說都可以被保留。

第六，精確性。它以一種間接的方式增加假說的合理性。假如一個假說的預測僅僅是由於無關的原因偶然地被證實爲眞，那麼這就是一個巧合。而一個假說越精確，出現這種巧合的可能性就越小，假說由預測成功而得到的支持就越強。精確性主要來自於量化手段，即用蒯因所謂的量化邏輯的標準記法系統對用自然語言表述的理論進行語義整編，消除其中的模糊、歧義之處。同時，通過對其中所使用的詞項進行精釋，也能提高假說的精確性。

在合理假說所具有的上述6大特徵中，保守性和溫和性可歸

---

[90] *The Web of Belief*, p. 74～75.

入一類，它們告訴我們在遇到相反的觀察，需要對理論或假說作出修正時所需採用的策略：儘可能與先前信念保持一致，作出最小或最溫和的修改。簡單性和精確性可歸爲一類，它們是對於理論表述形式方面的要求，或者說是一種美學要求；但它們又不僅僅是一種美學要求，而具有本體論和認識論方面的根據，蒯因甚至指出，在動物的生存競爭中，它們甚至具有生存價值，因爲它們在形成關於未來的預期中有重要作用。普遍性和可反駁性可歸入一類，它們是就理論或假說與其經驗證據的關係而言的。一個理論所覆蓋的經驗證據越多，它的適用範圍越廣，它就越普遍；而且只有存在著足以拒斥或修正它的經驗證據時，它才是可反駁的。上述6大特徵同時也是我們評價和選擇理論或假說時的參考標準，它們連同把科學作爲預測未來經驗和解釋過去經驗的工具的激進傾向，以及相信物理對象比荷馬諸神更實在的保守傾向，共同隸屬於蒯因的實用主義考慮，或者說是由後者派生的：「……在修改他的科學遺產以便適合他的不斷的感覺提示時，給他以指導的那些考慮凡屬合理的，都是實用的。」

4.4 「經驗論的五個里程碑」

1981年，蒯因發表〈實用主義者在經驗論中的地位〉一文，其中前一小部分以〈經驗論的五個里程碑〉[91]爲題收入同年出版的他的論文集《理論和事物》。我認爲，蒯因的這篇論文對於理

[91] W. V, Quine: "Five Milestonts of Empiricism," in *Theories and Things*, pp. 67～72. 本節以下引文，除特別注明者，均引自該文。

解蒯因哲學來說是重要的，因爲它實際上涉及到蒯因對其哲學學說的自我定性和定位，是蒯因哲學的自我評價。因此，特在本章中闢專節予以討論。

蒯因認爲，在過去的兩個世紀中，經驗論有5個里程碑，或者說有5個轉折點，經驗論在其中得到了改善。它們分別是:「第一個是從觀念轉向語詞，第二個是語義中心從詞項轉向語句，第三個是語義中心從語句轉向語句系統，第四個用懷特的話說，是方法論上的一元論，即擯棄分析—綜合的二元論，第五個是自然主義，即擯棄先於科學的第一哲學的目標。」蒯因對這5個轉折或者說里程碑逐一進行了討論。

蒯因指出:

> 第一個轉折是中心從觀念轉向語詞。這是在認識論中採用的一種辦法，即只要可能就用談論語言表達式來替換對於觀念的討論。這個辦法當然是中世紀唯名論者所追求的，但是我認為只是到1786年才真正被近代經驗論者所採用。圖克 (John Horne Tooke) 在這一年撰文强調說，如果我們處處用「語詞」這個詞代替洛克著作中的「觀念」這個字，洛克的《人類理解論》會寫得更好。

英國經驗論的信條是這一命題: 只有感覺才有意義，觀念只有以感覺印象爲基礎才可以接受。洛克是這一信條的倡導者和堅持者。他認爲，一切知識來源於經驗，而經驗有兩種，即對外物作用的感覺和對內心作用的反省。而觀念則起源於外物的性質或能力對我們感官的作用。因此，由不同性質的經驗產生的感覺觀念和反省觀念就有簡單和複雜之分。簡單觀念是原始的觀念，是構成一切知識的基本材料。人心憑它自身的能力，把這些簡單觀念加以組合、比較和抽象，構成一切複雜觀念。一切崇高的思想，都來自經驗的簡單觀念。這就是洛克對知識起源於經驗的原理所作的論證。

但是，英國政治家和語言學家圖克 (John Horne Tooke, 1736～1812) 認爲，觀念本身對於經驗論的標準是不大合格的。用圖克的話說，英國經驗論的命題好像是說，語詞僅當它可以用感性詞彙來定義時，才是有意義的。而在語法虛詞如前置詞、連接詞、系詞等那裏卻遇到了麻煩，因爲它們不能用感性詞繫來定義。圖克提出了一條大膽的建議，即把虛詞看成蛻化形式的日常具體詞項，他還用語源學知識證明這一點，例如「如果」(if) 乃是「給與」(give),「但是」(but) 乃是「在外」(be out)。但蒯因認爲，這條路子是不必要的和無希望的，

> 因為有另一種方法解決用感性詞彙定義語法虛詞的問題。我們只要把它們看作是助範疇詞 (syncategorimata) (92)，它們是可定義的，但不是孤立地被定義的，而是在語境中被定義的，

也就是說是在語句中被定義的。這就把我們帶到了經驗論的第二個轉折。

---

(92) 範疇詞和助範疇詞是中世紀邏輯學家所用的一對術語。凡能在一個直言語句中充當主詞和謂詞的，就是範疇詞，否則就是助範疇詞。助範疇詞中最重要的有系詞「是」、「不是」，連接詞「並且」、「或者」、「如果，則」等等，量詞「所有的」、「有些」等等。

蒯因把第二個轉折即從詞項到語句的轉變首先歸結功於英國功利主義哲學家、經濟學家邊沁（Jeremy Bentham, 1748～1832），認爲他把中世紀學者的助範疇詞概念發展成爲一種明顯的語境定義的理論。邊沁不僅僅把語境定義的理論應用於語法虛詞以及類似的詞，甚至還把這個理論應用於某些眞正的詞項即範疇詞。如果他發現某個詞使用起來很方便，但在本體論上卻令人困惑，語境定義則可以使他在某些情況下繼續使用這個詞，而無須承認其有所指謂。他可以說這個詞是必須和其他詞結合使用的詞，儘管它在表面語法上是一個可獨立使用的詞，因此如果他能夠系統地說明如何將包含了這個詞的所有句子都作爲整體加以釋義，他就可以證明繼續使用這個詞是有效的。這就是邊沁的「虛構理論」(theory of fiction)，即他之所謂的釋義（paraphrase）和我們現在之所謂「語境定義」。這個詞和語法虛詞一樣，作爲意義的一部分，是有意義的。如果我們在其中使用某個語詞的每個句子都能被釋義成有意義的句子，就不可能再有什麼問題了。蒯因認爲，邊沁的方法使我們可望在某種語境中處理抽象名詞，而無須承諾一種抽象對象的本體論。

蒯因特別看重這一次轉折，把它說成是「語義學中的一場革命」:「它也許不像天文學中的哥白尼革命那麼突然，但作爲中心的轉變來說卻與它相似。最基本的意義載體不再是詞，而是句子。諸如語法虛詞之類的詞語，之所以能表示意義，是因爲它們助成了包含它們的句子的意義。」語境定義理論比較難懂，因爲我們一般總是通過已知單詞組成的結構來理解句子。這樣做是必要的，因爲語句可能有無限多的變化。當我們把一些單詞孤立分開學習時，我們實際上是把它們當成獨詞句；當我們把更多的單詞放在語境中學習時，我們是通過學習包含這些單詞的各種各樣的短句來學習這些單詞的；最後，我們從這樣學到的單詞組成的結構中學到更多的句子。如果我們將這樣學得的語言材料編輯成册，那麼這種手册大部分必是由單個詞的詞典組成的，這樣就使下述事實變得模糊不清：即單詞的意義是由包含它們的句子的各種眞值條件析取出來的。

1884年，弗雷格在其主要著作《算術的基礎——對數概念的邏輯數學研究》一書的導言中，重申了語句在語義上的首要地位。他指出，他的研究遵循 3 個原則，其中之一是：決不孤立地詢問一個詞的意義是什麼，詞只有在語言的實際運用中，在語句的語境中才能獲得意義。而羅素則在本世紀早期通過他所發展的摹狀詞理論，極充分地闡發了語境定義方法。

蒯因指出，經驗論的第二個轉折在當代哲學中造成了重要的後果：

> 研究重心從語詞到句子的轉變，使得20世紀認識論成為主要是對真理和信念的批判而不是對概念的批判。曾在維也納小組的學說中佔主導地位的意義證實理論就是研究句子而不是語詞的意義和有意義性的。英國日常語言學派的哲學家們仿效他們的導師維特根斯坦在早期和晚期著作中樹立的榜樣，也把分析放在句子上而不是放在語詞上。邊沁的理論到了適當的時候就被納入和滲透到認識論中去了。

第三個轉折是與迪昂和蒯因自己的名字連在一起的，其語義中心從語句轉到了語句系統，轉向了一種整體主義知識觀。蒯因指出，在科學理論中，即使是一個完整的句子通常也太短，不足以充當傳達經驗意義的本文。它不能產生一系列可觀察的或可驗證的結論。一個範圍很廣的科學理論系統，如果把它當成一個整體，則一定會產生這樣的結論。科學理論將蘊涵許多觀察條件句，其中每一個都表明：如果某些可觀察條件被滿足，就會發生某種可觀察事件。不過，正如迪昂所強調的那樣，這些觀察條件句只是由作為整體的科學理論所蘊涵；如果其中任何一個觀察條件句是假的，那麼這個理論也是假的。但是從表面看來，這並沒有說明組成這個理論的那一個語句有問題。觀察條件句不能歸結為這個理論系統中的幾個語句的結論。一般地說，這個理論中沒有一個語句能推出任何一個觀察條件句。

這裏值得注意的是，對於許多哲學家來說，整體論意味著理想主義和融貫眞理論。但在蒯因看來，經驗論並不是眞理論，而是證據理論，是有根據的信念的理論。並且，與其早期的極端整體論觀點相比，蒯因此時所持的是一種「溫和的或相對的整體論」。對於這種整體論來說，重要的是不要期望一個科學語句具有它自己的可分離的經驗意義。首先，他此時認識到，儘管所有的科學歸根結底在某種意義上是聯結為一體的，但由此而進一步認為我們所做的每一個預言都必須以整個科學為前提，便是無視科學事實的結果了。因而他似乎在某種程度上拋棄了他在〈經驗論的兩個教條〉中所持的那種認為只有整個科學理論體系才能接受經驗檢驗，才有經驗內容和經驗意義的觀點。實際上做為經驗意義或內容載體的句子系統可大可小，這是程度問題，是逐漸轉弱的問題，因為我們容許意義有一定程度的模糊性。其次，蒯因也承認，在科學實踐中，我們經常要檢驗的是某個理論的某個假說或命題。在他看來，這只不過是我們暫且認爲該理論的其他部分是較爲可靠的，而這個假說或命題是較不可靠的罷了。當我們要將新的假說併入我們日益增長著的信念體系時便會出現這種情況。最後，蒯因此時也不否認存在著有自己獨立的經驗內容、經驗意義的陳述，這便是他所謂的觀察句。從另一角度看，任何一個科學理論都由陳述組成，這些陳述的合取便構成了一個複合語句，而它是有獨立的經驗意義和經驗內容的。

應該指出，儘管作了上述修改或限定，蒯因此時所堅持的整體論絕不能說是溫和的。他仍然認爲人類的知識或信念構成了一個互相聯繫而沒有明顯間斷的整體。面對著感覺經驗法庭的不是單個句子或假說，而是做爲一個整體的科學總體，數學和邏輯是這個總體的有機組成部分。作爲這個總體內部組成部分的所有陳述都通過邏輯規律聯繫在一起，經驗對處於科學織造物邊緣的衝擊會引起科學總體內部諸陳述的重新調整，對它們的眞值的重新評估。「爲了保住關於當下事實的偶然陳述，我們甚至可以拋棄邏輯或數學的眞理。」因而，「所有的句子都是可修改的、不牢靠的」，「從原則上講，不牢靠性是彌漫於一切的」，只不過對於不同陳述有不同程度罷了[93]。他認爲，他的上述觀點已爲各種異常邏輯如多值邏輯和直覺主義邏輯的出現所證實。

緊隨整體論而來的是第四個轉折，拋棄分析和綜合的二元對立而導致方法論上的一元論。這個轉折當然是與蒯因的工作緊密連在一起的，或者不如說直接就是由他本人促成的。蒯因似乎把

---

[93] W. V. Quine: "Reply to Jules Vuillemin," in *The Philosophy of W. V. Quine,* edited by L. E. Hahn and P. A. Schilpp, Open Court. 1986, pp. 619~622.

它看成是接受整體論的邏輯後果：「整體論模糊了（分析語句和綜合語句之間）假想的對立」，以致分析語句的組織作用和綜合語句的經驗內容被看作是由諸句子一般地分有的，或散布於整個句子系統之中的。蒯因並不否認，在邏輯和數學爲一方，自然科學爲另一方之間存在著顯著的差別。例如，前者與所有科學相關聯，並且不偏向任何一門。但是蒯因認爲，在這裏看到二元對立是一個錯誤，其起因「是由於過分重視各門科學之間的術語界限而引起的。」[94]

最後一個轉折帶來了自然主義，即擯棄第一哲學的目標。蒯因把英國哲學家孔德（A. Comte, 1798～1857）看成是自然主義的代表之一，後者於1830年出版了《實證哲學教程》第 1 卷，宣告實證哲學在方法上與特殊的科學並無不同，它尊重經驗和事實，依靠觀察和理性的力量，主要研究現象之間的關係，不再探索宇宙的起源和目的，不再要求知道事物的內在本性和本質原因。

儘管蒯因沒有明說，他本人確實是自然主義在當代哲學中的代表。1969年，蒯因發表〈自然化的認識論〉一文，在認識論領域公開打出了自然主義的旗幟。蒯因闡述說：

> 自然主義「把自然科學看作是深入實在的探究，是可錯的、可糾正的，但對於任何超科學法庭來說，則是不可回答的，並且在超出觀察和假說演繹法之外，並不需要任何證明。」

---

[94] 參見《邏輯哲學》，頁185。

他還指出:

> 自然主義並不拋棄認識論，而是使它與經驗心理學相似。科學自身告訴我們，我們關於世界的信息是受我們外表的刺激限制的，從而認識論問題還是一個科學中的問題：我們人類怎樣能够設法從那麼有限的信息而達到科學。我們科學的認識論家從事這一研究，並提出了主要涉及語言學習和知覺神經學方面的說明。他談論人們如何安排物體與假設的粒子，但是他並不意味著被那樣安排的事物並不存在。進化和自然選擇無疑地會在這個說明中起作用，並且如果可能的話，他將自由地應用物理學。
>
> 自然主義哲學家在繼承世界理論之中開始他的思考，並付諸實際活動。他試探性地相信它的一切，但也相信某些尚未辨明的部分是錯誤的。他試圖從內部來改進、澄清和理解這個系統，他是漂泊在紐拉特的船上的忙碌的水手。

上面相當詳細地轉述了蒯因關於「經驗論的五個里程碑」的討論，我的目的則是要由此得出下面兩個結論:

第一，蒯因把自己的哲學學說明確劃歸經驗論傳統，並直接了當地把自己看作是一名經驗論者。蒯因在〈經驗論的兩個教條〉等論著中，嚴厲地抨擊了邏輯經驗主義的有關學說，特別是批判了作爲其基石的分析——綜合教條和意義的證實說和還原論，以致造成了邏輯經驗論在60年代後的逐漸衰落與轉向，但切記不要由此造成錯覺：蒯因是經驗論傳統的叛逆、是一名非經驗論者。實際上，蒯因所反對的只是經驗論的某種特殊形式，而不是一般的經驗論立場。相反，蒯因明確斷言，從休謨到卡爾納普一直堅持的經驗論的兩個主要信條仍然是不容質疑的，卽 (1) 科學的一切證據都是感覺證據，(2) 關於詞語意義的全部傳授最終都依賴於感覺證據 。判定一名哲學家是不是經驗論者的另一標準，是看他是否否認先驗綜合知識存在的可能性。蒯因對此是明確否認的，不僅如此，他還否認了先驗分析知識的可能性，因爲他根本拒斥分析性概念。在《語言、眞理和邏輯》一書中，艾耶爾 (A. J. Ayer, 1910～1990) 錯誤地認爲，關於幾何、數學和邏輯的眞理性，只可能有兩種經驗論立場：一種是如穆勒 (J. S. Mill, 1806～1873) 所主張的，把它們看作是歸納的概括；另一種是艾耶爾自己所斷言的，它們都是不包含經驗內容的分析命題。而蒯因拒絕了這兩種選擇，而代之以第三種立場，這些眞理全都是綜合的，因爲不存在分析命題，在這一點上他是站在穆勒一邊反對艾耶爾；但是，它們並不是經驗的概括，在這一點上他是站在艾耶爾一邊反對穆勒。根據蒯因的說法，幾何、數學和邏輯的陳述之所以眞，是因爲這些學科把系統的方便和有效帶給了我們關於世界的總體理論。此外，證明蒯因的經驗論者身分的，還有他對於第一哲學的拒斥及其自然主義立場，卽用發生學或經驗心理學的方法，去探索人們如何在「貧乏的」感覺刺激的基礎上產生出「洶湧的」輸出 —— 我們關於世界的科學理論。

第二，蒯因認爲，他自己在經驗論傳統中做出了卓越的貢獻。這表現在他所謂的「經驗論的五個里程碑」中，有三個是由或主要是由他的工作樹立起來的。第三個里程碑卽轉向整體論，儘管可以追溯到法國科學史家和哲學家迪昂，但正是蒯因才使它成爲哲學領域內一個有廣泛影響的學說，並把它與他的其他學說密切關聯起來，使其成爲他的整個哲學體系的一個有機組成部分。第四個里程碑卽拋棄分析—綜合的二元對立，轉向方法論上的一元論，這只是蒯因獨自作出的貢獻，世所公認。第五個里程碑轉向自然主義，儘管蒯因本人曾把它與孔德關聯起來，但無論就其目標、任務和方法等方面而言，蒯因所說的自然主義與孔德的實證哲學都有質的區別；在某種意義上，孔德的實證哲學仍屬於蒯因所要拒斥的第一哲學之列。作爲蒯因所說的「經驗論的第五個里程碑」的自然主義，其首倡者和認眞的實踐家是蒯因本人，當然其後有一批熱情的追隨者。在經驗論的五個里程碑中樹立了三個里程碑的人，當然是經驗論的大師和功臣。

綜上所述，蒯因自己認爲，他不僅是一位經驗論者，而且是一位經驗論的功臣和大師。這就是他的〈經驗論的五個里程碑〉一文所隱藏的結論，也就是我要闢專節詳細轉述這一論文的原因。

4.5　簡要的回顧與評論

在本章以上部分，我們對蒯因的自然化認識論作了比較詳盡的討論，現對此作一簡要的回顧與評論。

第一，關於自然化認識論。蒯因是在對基礎論和懷疑論的批判中提出和闡發他的認識論思想的。他用整體論對付基礎論，並且指出懷疑論的挑戰起源於科學內部，因而可以用科學自身的成果來回擊它。他認爲，認識論的中心問題是：我們是如何在「貧乏的」感覺刺激的基礎上產生出「洶湧的」輸出卽我們關於世界的理論的。這一問題又可以分爲兩個方面：其一是，我們的感覺證據是如何支持我們關於世界的科學理論的，簡稱證據支持關係；其二，我們關於世界的科學理論是如何從感覺證據中生長出來的？或者說，我們的理論語言是如何從經驗證據中獲得意義的？後者簡稱語義關係。蒯因認爲，這兩種關係實際上是同構的：「在已學會觀察語句之後，我們習得理論語言的途徑，正是觀察給科學理論提供證據支持的途徑。」[95] 他特別強調指出，對於這些問題的研究，不能從科學的外部而應從科學的內部來進行，要直接利用科學特別是心理學、神經生理學等等的成果，對相關過程進行發生學的或經驗的研究。蒯因由此得到了兩個理論，一是語言學習理論，它回答認識論的中心問題所派生的第二方面的問題，即語義關係問題；一是整體主義知識觀，它回答第一方面的問題，即證據支持關係問題。並且，這兩個理論在蒯因的自然主義語言觀和行爲主義意義論的基礎上得到了統一。蒯因認爲，按此種方式進行研究的認識論，就成爲心理學的一章，因而也就成爲自然科學的一章。

第二，關於語言學習理論。蒯因指出，「爲了說明人對於科學理論的掌握，我們應該看看他是如何習得理論語言的。」[96] 於是，對認識論中心問題的回答，在一定意義上就被歸結爲對語言學習過程的經驗研究。在從事這種研究時，自然化認識論有兩個任務，一是從神經生理學和心理學的角度，詳盡地解釋、說明從感覺輸入到學會觀察語句的內在機制；二是詳盡地說明從觀察語

---

[95] "The Nature of Natural Knowledge," in *Mind and Language*, p. 74.

[96] *The Roots of Reference*, p. 37.

句到理論語言之間的許多不同的類比步驟。蒯因對前者的回答是基於行爲主義的刺激—反應模式之上的實指學習；對於後者的解釋是體現著學習者的主動性和創造性的類比綜合，其中哲學思辨也起著一定的作用。

總的來看，蒯因的語言學習理論的直接基礎是行爲主義心理學，其哲學基礎是經驗論。它受到了來自美國著名語言學家喬姆斯基 (Noam Chomsky, 1928～) 的嚴重挑戰，後者在〈蒯因的經驗假定〉(97) 等論著中直接批評了蒯因的有關理論。喬姆斯基指出：

> 經驗論的特點是設想只有知識的習得程序和機制，才是心智的固有屬性。因此，在休謨看來，用試驗來進行推理的方法是動物和人類的一種基本本能，這種本能就像十分精確地給鳥類傳授孵化技術、築巢的構造和秩序一樣，是一種從大自然的獨到的手中繼承下來的本能。

而現代經驗論的觀點則是「由神經末梢的處理機制提供經驗的初步分析，把現有的歸納原則運用於這種經過初步分析的經驗，就獲得了人的概念和知識。」他認爲，各種不同的經驗論可以把這類觀點作爲關於人腦的本質的經驗性假說，而以各種不同的理論加以闡述。他認爲，在現代經驗論者中，斯金納和蒯因主張「語言基本上是一種外來的構造物，可以根據條件反射作用來教授」；而維特根斯坦則主張，語言是「可以通過訓練和明晰的講

(97) 見於 *Words and Objections :Essays on the Work of W. V. Quine*, D. Reidel Pub. Co., 1969, pp. 53～68.

解來教授的」。他認爲經驗論這方面觀點的核心思想是「在結構方面，語言都是不受先天智力支配」[98]。這也就是說，他們忽略了語言的先天的生成性原則。

喬姆斯基本人發展了一套轉換生成語法，並由此提出了基於唯理論和先驗論之上的兒童語言習得觀。他認爲，兒童具有一種先天的加工語言符號的大腦內在機制。隨兒童大腦的成熟，在一定條件下，這種機制被激發，就能自然而然的獲得言語。喬姆斯基把他設想的這種言語獲得裝置稱作“LAD”。當成人的結構完整的語言材料輸入這一裝置後，經加工就構成了輸入語言的語法規則。所以，兒童能在聽到少量語言的情況下理解和說出大量合乎語法的新言語。兒童通過言語獲得裝置習得言語的模式，可用下圖表示:

語言材料 ⟶ [LAD 加工] ⟶ 言語生成（理解和說出）
（輸入）　　　　　　（輸出）

轉換生成理論還認爲，語法規則主要包括基礎部分和轉換部分。基礎部分生成深層結構，即基本語法關係和語義，屬語言能力；深層結構經轉換形成表層結構，即爲人們直接感知的言語。這一轉換模式如下圖:

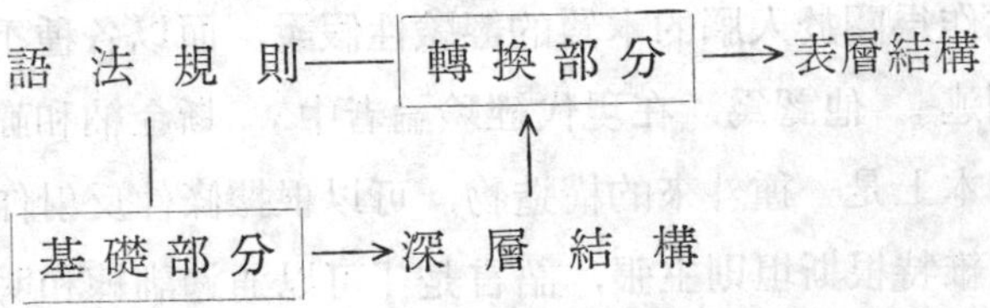

[98] N. Chomsky: *Aspects of the Theory of Synatax*, Cambridge, Mass. The M. I. T. Press., 1965, pp. 48~51.

兒童在母語環境中獲得確定基本語法關係和語法特徵的基礎規則和轉換規則，儘管不一定能敍述，卻能有效地運用這些規則，從而顯示出他們的言語能力。喬姆斯基的部分理論得到神經學研究的證明，同時，他對斯金納學習強化理論的批評及他的語言學觀點，促使60～70年代的心理學家去探索語言習得的非行爲主義解釋。

並且，蒯因的以行爲主義爲基礎的語言學習理論不僅受到喬姆斯基的批評，而且也受到了關於語言習得的其他理論，如以皮亞傑（Jean Piaget）爲代表的認知相互作用理論，以及具有折衷色彩的社會相互作用理論的挑戰。蒯因理論只是關於語言習得的衆多理論中的一種理論，並且受到了較多的批評。

第三，關於整體主義知識觀。蒯因從對基礎論或還原論的批判中，引出了整體主義知識觀，它包括下述要點：(1) 我們的知識是作爲一個整體面對感覺經驗的法庭的；(2) 對整體的某些陳述的再評價必將引起整體內部的重新調整，對其眞値的重新分配；(3) 在任何情況下整體內的任何陳述都可以免受修正；(4) 基於同樣的原因，在頑強不屈的經驗面前，整體內的任何陳述都可以被修正；(5) 之所以如此，是因爲經驗證據對理論整體的決定是不充分的；(6) 所以，在理論的評價和選擇上，不存在唯一確定的眞理性標準，而受是否方便和有效這樣一些實用方面的考慮所支配，同時還要顧及該理論是否具有保守性、溫和性、簡單性、普遍性、可反駁性、精確性這樣一些特性。整體主義的知識觀必然導致拒斥分析—綜合的教條，並且在某種程度上導致翻譯的不確定性。

蒯因所持的這種整體論立場也招致了許多激烈的批評。前已指出，由於語言學習理論的需要，爲了使得觀察語句成爲兒童和語言學家學習語言的可靠出發點，蒯因在觀察層次上必定是一個原子論者，即認爲觀察語句必定具有自己相對確定的經驗內容，在它這裏不僅意義是確定的，而且翻譯也是確定的。這就是說，整體論不能延續到觀察語句這個層次。並且，蒯因的整體論必定導致認識論上的相對主義和融洽眞理說。後者是不能令人滿意的，至少需要進一步完善和發展 。首先必須明確規定一個待確定是否爲眞的陳述應與多大的陳述集相融洽，是整個科學陳述的總體呢？還是一門科學或一個理論的所有陳述？其次需明確規定這裏所謂的「融洽」究竟是一種什麼樣的關係。很明顯，僅有邏輯一致性是不夠的，至少對於非邏輯、非數學眞理是如此。紐拉特認爲融洽關係有兩個方面，一個是一致性，一個是總括性，因而一個融洽的信念集可被看作信念集的最大一致子集。但一個信念集的最大一致子集不止一個，我們怎樣選擇出所需要的那一個呢？此外，蒯因在〈經驗論的兩個教條〉中，把多值邏輯、量子邏輯等異常邏輯（deviant logics）的出現當做是邏輯眞理可修改、不牢靠的證據，也是不能成立的，蒯因後來就否認了這一點。例如他在《邏輯哲學》（1970）一書中指出：不同的邏輯系統中邏輯聯結詞的意義不同，因而在不同的邏輯系統（特別是古典邏輯和異常邏輯）之間也就談不上什麼競爭或對抗了。因爲「當一個人放棄了古典排中律時，他實際上放棄了古典的否定或析取，或同時放棄了兩者。」[99] 如此等等，都說明蒯因的整體主義知識觀存在一些內在的理論困難。

---

[99] 參見《邏輯哲學》，頁155。

第四，關於「經驗論的五個里程碑」。蒯因指出了經驗論在兩個世紀以來的五次轉折：第一次從觀念轉向語詞，根據蒯因的說法，這歸功於圖克；第二次從語詞轉向語句，這歸功於邊沁，並且弗雷格和羅素在當代哲學中重申了這一轉折；第三次是從語句轉向語句系統；第四次是擯棄分析和綜合陳述的二元對立，導致方法論上的一元論；第五次是轉向自然主義。後三次轉折都是直接或間接地與蒯因的工作連在一起的。這說明兩點：**第一，蒯因屬於經驗論傳統，是一名經驗論者；第二，蒯因在經驗論傳統中做出了重大貢獻，是一位經驗論的大師和功臣。**

第5章 蒯因的本體論

一實體為一理論所預設，當且僅當為使該理論中的陳述是真的，它必須屬於約束變元的值。

——蒯 因

在蒯因的整個學術生涯中，對於本體論問題的關注是一貫的。1934年，他發表〈命題演算的本體論評述〉一文，不贊同把命題作爲語句的所指，認爲所謂命題演算最好稱做語句演算或眞值函項理論。這一思想後來在他的教科書《數理邏輯》中被採納。1939年，他寫成〈本體論問題的邏輯探索〉一文，提出了一個著名的口號:「存在就是成爲變項的值。」「變項就是代詞，它只有處在適於名稱的位置上才有意義。」「我們可以說承認如此這般的實體，當且僅當，我們認爲在我們的變項的值域內包括這類實體。」在1943年發表的〈略論存在和必然性〉一文中，蒯因最先使用了「本體論承諾」(ontological commitment) 概念，並在後來的一些論文如〈論有什麼〉(亦譯〈論何物存在〉，1948) 中作了詳細發揮。這些論文同樣將變項與指稱相關聯:「代詞是指稱的基本手段，名稱至多可稱爲代代詞。」在1960年出版的《語詞和對象》一書中，蒯因強調選擇量化理論作爲「標準記法」(頁161，228)。1970年在《邏輯哲學》一書中，提出了另一口號:「量化是極好的本體論習語」。在1969年的一篇論文中，對於「一個理論的本體論承諾」這一複雜概念提出了一種複雜的解釋，它是與蒯因的關鍵性概念「理論」和「語言」相關聯的。在《本體論的相對性及其他論文》一書（1969）中，蒯因明確闡述了替代量化與指稱量化的區別；相關問題在《指稱之根》一書（1974）中得到了更爲廣泛的討論。1964 年蒯因開始考慮本體論還原，並在《本體論的相對性》一書中繼續了這種討論。總起來看，蒯因的哲學出版物中有近乎一半是關於存在、對象、指稱、本體論、本體論承諾及其還原，特別是關於它們與量化和一階邏輯的關係的。這就是說，蒯因的哲學出版物中有近乎一半是探討本體論問題的，本體論學說在他的哲學體系中佔有重要地位。

5.1 本體論的邏輯—語言視角

在西方哲學中，本體論是研究存在或存在物的科學，是關於世界的本源或本性的哲學。亞里士多德早就指出：

> 有一門科學，它研究存在之作為存在和存在由其本性而具有的屬性，它不同於任何專門科學，因為沒有一門專門科學普遍地研究存在之作為存在，它們切下存在的一段，研究這一段的性質，例如數學就是這樣做的。❶

亞氏所說的這門科學就是本體論或者說形而上學。蒯因將本體論

❶ 亞里士多德：《形而上學》第 4 卷，商務印書館，1959年出版，1003a。

的中心問題簡單地概括爲「What is there?」(有什麼)。

如所周知，在當代哲學中，邏輯實證主義者堅持分析命題和綜合命題的區分，認爲形而上學命題旣不是分析的，又不是綜合的，因而是無意義的僞命題，他們由此提出了「拒斥形而上學」的著名口號，本體論研究在他們那裏毫無地位可言。在分析哲學傳統中，蒯因是第一個站出來公開爲本體論研究正名的哲學家。他在其知識理論中，給予哲學本體論與自然科學同等的地位，並開創了從語言和邏輯視角去研究、探討本體論問題的新方向。他的本體論研究的特點在於：利用現代數理邏輯的工具以及語言分析方法，去探討這樣一類問題：一個理論的本體論是相對於一定的語言框架而言的嗎？在一個理論內部，作出本體論承諾的究竟是名稱、謂詞還是量詞或者其他？量詞與一個理論的本體論承諾是什麼關係？什麼樣的本體論承諾是可以承認的？一個理論的本體論承諾能否簡化或者還原？如果能，那麼如何還原？存在著像共相、意義、命題之類的抽象實體嗎？如果存在或不存在，其理由是什麼？存在究竟是不是一個邏輯謂詞？如此等等。

蒯因認爲，本體論是相對於一定的語言框架而言的，歸根到底是與語言，例如我們的說話方式、科學理論系統或概念結構等等相關的。把本體論問題歸結爲語言問題，可以說是蒯因的本體論研究的一大特色。蒯因指出：「一個人的本體論對於他據以解釋一切經驗乃至最平常經驗的概念結構來說，是基本的。」❷因此，任何一種說話方式、任何一門科學理論或者概念系統，都具有某種本體論立場，都包含承認或否認這種那種事物存在的某種

---

❷ <論有什麼>，見於《從邏輯的觀點看》，頁10。

本體論前提。例如:

> 當我們説有大於一百萬的素數時，我們便許諾了一個包含數的本體論；當我們説有半人半馬怪時，我們便許諾了一個包含半人半馬怪的本體論；但當我們説飛馬存在時，我們也就許諾了一個包含飛馬的本體論。❸

我們接受一種本體論，這在原則上相同於我們接受科學理論，也就是說，我們接受一個最簡單的、可以把原始經驗的零亂材料置於其中並加以整理的概念結構。他說:「一旦我們擇定了要容納最廣義的科學的全面的概念結構，我們的本體論就決定了。」❹ 因此蒯因認為，正像採用何種科學理論是語言問題一樣，我們採用何種本體論也是語言問題。他明確指出:

> 在本體論方面，我們注意約束變項不是為了知道什麼東西存在，而是為了知道我們的或別人的某個陳述或學説説什麼東西存在；這幾乎完全是一個同語言有關的問題。而關於什麼東西存在的問題則是另一個問題。❺

正因如此，我們就有可能通過對科學語言的邏輯分析來揭示或澄清其本體論立場。

這裏要提請注意的是，蒯因實際上區分了兩類問題：一是本

---

❸ <論有什麼>，見於《從邏輯的觀點看》，頁8。
❹ 同上書，頁16。
❺ 同上書，頁15。

體論承諾問題，蒯因指出:「當我探求某個學說或一套理論的本體論承諾時，我所問的只是，按照那個理論有何物存在。」「一個理論的本體論承諾問題，就是按照那個理論有何物存在的問題。」❻ 另一是本體論事實問題，卽實際上有何物存在的問題。這是兩類完全不同的問題，本體論承諾與實際上有何物存在無關，而只與我們說何物存在有關，因而歸根結底只與語言有關。而實際上有何物存在則是一個事實問題，它並不完全取決於語言。所以蒯因又指出:

> 本體論的爭論趨向於變為關於語言的爭論，這是不足為奇的。但我們一定不可匆忙地作出結論說，什麼東西存在取決於語言。把一個問題翻譯為語義學的說法並不表明這是一個語言問題。要看見那不勒斯就要有一個名字，把這個名字放在「看見那不勒斯」前面就產生一個真語句；但看見那不勒斯絕不是語言學的事情。❼

> 一般地說，何物存在不依賴於人們對語言的使用，但是人們說何物存在，則依賴其對語言的使用。❽

但是，蒯因認爲，哲學家仍有理由站在語義學水準上去考慮本體論，卽撇開實際上有何物存在這一事實問題，而專注於一個理論說何物存在這個語言問題。因爲這樣可以避免傳統哲學在爭論有

❻ *The Ways of Paradox and other Essays,* pp. 203～204.

❼ 《從邏輯的觀點看》，頁16。

❽ 同上書，頁95。

什麼東西存在時所造成的困境，使得本體論的爭論變成語言的爭論。於是，哲學家在本體論方面的工作就具有一種治療性質，他們要對涉及本體論的語言進行診斷，闡明和確定正當的實體，否定和排除那些不正當的、容易引起思想混亂的實體。蒯因說，哲學家的任務

> 是使已經被默認的東西明顯起來，使以前含混的東西變成精確的，揭示和解決悖論，解開紐結，剜掉退化的贅生物，清除本體論的貧民窟。❾

蒯因特別強調量化理論或一階邏輯在本體論研究中的重要作用，認爲前者爲後者提供了理論框架。他指出:

> 我們所面臨的這個作為世界體系的框架，就是今天的邏輯學家十分熟悉的結構，即量化邏輯或謂詞演算。❿

他還把量化理論稱爲「標準記法」(canonical nonation)，其中包括變項、謂詞、量詞、眞値函項以及少許幾個基本構造，如謂述 (predication)、量化以及否定、合取等。蒯因自己認爲，標準記法有兩大優點: **第一，它能簡化理論**。它使一個人能多次重複少量的結構，而其效果與較少次地重複大量結構相同，使用大量結構允許使用心理上較簡單的結構，但不是理論上較簡單的結構；而後者才是眞正需要的。**第二，清晰、嚴格和精確**。在標準

---

❾ *Word and Object*, p. 275.

❿ 同上書，p. 228.

記法內不得有含糊或模稜兩可的實體，一切意義都應是明白無誤的。因此標準記法可以充當揭示一個理論的本體論承諾的工具。蒯因指出，要揭示一個理論的本體論承諾，需要先把它的句子釋義爲用標準記法表示的公式，然後看該公式的那些東西爲量詞所約束，這些被約束的東西就是該理論所承諾的本體。例如，對於一個具體的心理學理論來說，假定它的一個眞句子含有「心靈」一詞，現在把這一理論釋義爲標準記法，只有我們承認心靈作爲對象位於新句子約束變項的轄域中，此句子才保持爲眞。這一分析結果表明：**第一，語詞「心靈」已被視爲一個名稱；第二，這個理論承認了作爲對象的心靈實體；第三，任何承認此句爲眞的人都承諾了作爲對象的心靈存在，因爲堅持此句爲眞就是接受這個理論，接受這個理論就接受了承諾心靈存在的本體論**。於是這種標準記法就使該理論承諾的本體論精確地顯示出來，使對理論的本體論承諾的識別成爲一種機械程序，只要遵守「存在就是作爲約束變項的值」的標準，對任何一個理論所承諾本體的揭示都是唯一確定的，不再會引起爭論。

蒯因特別強調指出，本體論與自然科學具有同等地位。他在〈經驗論的兩個教條〉一文中明確表達了這一點⓫，並在1951年發表的〈論卡爾納普的本體論觀點〉一文中⓬，對此作了相當詳細的論證。1950年，卡爾納普發表〈經驗論、語義學和本體論〉一文，對蒯因的本體論觀點提出批評，其大意是：我們要辨別出

⓫ 參見《從邏輯的觀點看》，頁43。

⓬ 此文後來收入蒯因的論文集 *The Ways of Paradox and Other Essays,* Revised and enlarged edition, 1976, pp. 203～211.

眞正的問題，它們通過使用適當的科學、邏輯或數學程序而能有一種可能的答案。對一個構架而言，對一種被採用語言的用法而言，這些問題是「內部」的。另一方面，在本體論中提出的，關於某些實體（事物、數和抽象實體，如類、命題、性質等）的「實在性」或「存在」的問題是「外部」問題。它們作爲理論和認識問題沒有眞正的價值，因爲沒有回答它們的可接受的方法。總之，在科學和本體論之間有一種重要的區分，前者提出「內部」問題，後者提出「外部」問題。蒯因在〈論卡爾納普的本體論觀點〉一文中，對卡爾納普的責難進行了回擊。

在對卡爾納普的回答中，蒯因承認他在許多地方是與卡爾納普一致的。例如，他和卡爾納普同樣認爲，我們不能站在某種語言的使用之外問實在中有什麼，也不能離開我們對某種語言的使用而說存在什麼。並且，在不同的、可用的語言之間所作的選擇最終需要根據實用的考慮來決定，也就是說，根據方便、有效、節省及諸如此類的考慮來估價一種語言或概念系統相對於其他語言或概念系統的優越性。蒯因與卡爾納普的主要分歧在於，他不同意後者在科學和本體論之間作出嚴格區分。在蒯因看來，科學和本體論兩者都研究這種或那種語言的使用，並研究對一種語言來說是眞的東西是否也適用於另一種語言。當加以正確地構造時，本體論並不陷於提出僞問題的泥坑：在認識探究中，它具有同科學的任何分支一樣堅固的地位，並且被同一類型的條件或限制所約束，這些條件或限制適用於任何合理的探究。任何探究必須使用某種語言，唯一有關的考慮涉及到對一種可比性質的評價。根據這種可比性質，一種語言或概念系統可以與另一種語言或概念系統相比較，但決不與某種「外在的」東西進行比較，即決不與作爲獨立存在的、脫離一種語言體系的「實在」進行比較。

在證明他的這些不同於以及相同於卡爾納普的一般觀點時，蒯因使人注意到一個他認爲比卡爾納普在「內部」和「外部」問題之間作出的區別要更加富有成效的區別。蒯因不說本體論提出外部問題，科學提出內部問題，而說如果我們正確地理解了本體論是關於什麼的，我們就會說：本體論的興趣在於研究某種廣義的範疇（category）表達式，而科學則專注於研究可稱爲代表子類（subclass）的表達式。這是一個興趣的廣度或範圍的問題，一個層次的問題，而不是不同種類的問題。並不是本體論所使用的範疇表達式在構架的「另一邊」，而子類則在「這一邊」。實際情形是：兩者都在「這一邊」。本體論和科學都必須運用語言，都不能提出「外部」問題。人們應該認識到：本體論完全是一種與科學探究一樣合理的探究，而不能由於它研究了某種與科學的較爲狹窄領域不同的範疇表達式而對它加以指責。

於是，在蒯因看來，本體論與科學的根本區別就不在於卡爾納普所提出的那種區別，而是與一門科學選擇處理的約束變項的種類有關。如果約束變項屬於範疇的類型和範圍，那麼人們就可以說這標誌著一個本體論的陳述；而如果約束變項具有各種子類的類型，那麼它就可以成爲屬於某門科學的陳述的一部分。這個區別不是絕對的，它將隨著所使用的種類而變化。由於本體論和科學都必須採用某種語言，並且對變項的一定範圍進行量化，因此，在認識地位或「有意義性」方面並沒有把本體論與科學分離開來的本質區別。它們之間的區別，充其量是一個範圍的大小、研究課題的寬窄以及在一個信念的總體系中所起的作用問題。蒯

因指出:

> 在自然科學中，有一個等級的連續統一體，從報告觀察的陳述到那些反映例如量子力學或相對論的基本特徵的陳述。我最終的觀點是：本體論，或甚至是數學和邏輯的陳述組成了這個連續統一體的延續部分，它們可能比量子力學或相對論的基本原理離開觀察更遠。按照我的看法，這裏的區別只是程度的區別，而不是種類的區別。科學是一個統一的結構，並且原則上是一個整體結構，而不是被經驗所確證或表明為有缺陷的一個一個陳述的組合。卡爾納普主張，本體論問題以及類似的關於邏輯和數學原理的問題不是事實問題，而是為科學選擇一個方便的系統或構架的問題；僅當承認每個科學假設都是這樣的時候，我才同意這一點。⑬

5.2 本體論承諾的識別、認可與還原

5.2.1 量詞的兩種解釋及其哲學後果

由於蒯因的本體論承諾概念是與量詞特別是量詞的指稱解釋（或者說客觀解釋、對象解釋）密切相關的，因此這裏預先討論一下量詞的兩種不同解釋及其哲學後果，是必要的。

量詞是表示事物數量的詞。自然語言中的量詞是很多的，例

⑬ *The Ways of Paradox and Other Essays*, p. 211.

如「所有」、「幾乎全部」、「絕大多數」、「多數」、「少數」、「很少」、「幾乎沒有」等等。但在一階邏輯中，只有兩個基本的量詞，一個是全稱量詞，一般用（…）或（∀…）表示，相當於自然語言中的「所有」、「凡是」、「一切」等；一個是存在量詞，一般用（∃…）表示，相當於自然語言中的「有的」、「有些」等。含有量詞的公式叫量化公式，例如

$(x)F(x)$

$(\exists x)(y)R(x,y,z)$

$(x)F(x)\rightarrow F(a)\wedge F(b)$

前兩者依次讀作：對所有 x 而言，x 是 F；對於有些 x 和所有 y 而言，x、y 和 z 三者之間有 R 關係。在量化公式中，量詞後面的最短合式公式叫做該量詞的轄域。處在量詞的轄域內的一切和量詞裏的變項相同的變項都被此量詞所約束，叫做約束變項；而不在任何量詞的轄域內，或雖在某量詞的轄域內但與該量詞內的變項不相同的變項，則不爲該量詞所約束，叫做自由變項。例如 $(x)F(x)$ 中的 x，$(\exists x)(y)R(x,y,z)$ 中的 x 和 y 都是約束變項，而 $(\exists x)(y)R(x,y,z)$ 中的 z 則是自由變項。至於 $(x)F(x)\rightarrow F(a)\wedge F(b)$ 中的 a、b，根本不是變項，而是個體常項，它們指稱論域中的特定個體。一個含有一個或多個自由變項的量化公式叫做開公式，相應的，一個不含有任何自由變項的量化公式叫做閉公式。如果在只含一個自由變項的公式前面加上一個量詞去約束該變項，該公式就成爲閉公式，例如，由 $F(x)$ 到 $(\exists x)F(x)$ 或 $(\forall x)F(x)$。一般而言，一個含有 n 個自由變項的開公式前加上一個約束其中某一變項的量詞之後，就成爲含有 n-1 個自由變項的開公式。

還應該指出，在一階邏輯中，全稱量詞和存在量詞可以相互定義。例如：

D_1　(x)F(x)＝df～(∃x)～F(x)

D_2　(∃x)F(x)＝df～(x)～F(x)

通常認爲，一個量化公式可以改寫爲一個不含量詞的公式，例如，一個全稱公式可以轉換成爲一個合取式

$(x)F(x) \leftrightarrow F(a) \wedge F(b) \wedge F(c) \wedge \cdots\cdots$

一個存在量化公式可以轉換爲一個析取式：

$(\exists x)F(x) \leftrightarrow F(a) \vee F(b) \vee F(c) \vee \cdots\cdots$

當個體域（個體變項的取值範圍，亦稱變程、論域）有窮時，一全稱公式等價於一個有窮的合取式，一存在量化公式等價於一個有窮的析取式。即是說，合取式或析取式後面的省略號最終可以去掉；當個體域無窮時，例如當取自然數爲論域時，一全稱公式等價於一個無窮長的合取式，一存在公式等價於一個無窮長的析取式，合取式或析取式後面的省略號永遠不可去掉。因此，一個關於量詞的可接受的解釋必須具有必要的一般性。

關於量詞目前已經提供了兩種不同的解釋：客觀的解釋和替換的解釋⓮。客觀的解釋訴諸變項的值，因此要求給出變項的取值範圍即給出論域。例如，根據客觀的解釋，

(x)F(x) 即意味著「對於論域 D 中的所有對象 x，x 是 F」；(∃x)F(x) 意味著「對於論域 D 的至少一個對象 x，x 是 F」。

應該指出的是，客觀解釋所要求的論域可以是全域，即由一

⓮ 參見 Susan Hacck: *Philosophy of Logics*, Cambridge University Press, 1978, pp. 37～50.

切事物所構成的類，也可以是滿足特定要求的某一具體的論域，例如自然數集、實數集、人的集合等等。

替換的解釋並不要求給出論域，即是說，它並不訴諸變項的值，而是訴諸於變項的替換實例（替換式）。應該強調指出，變項的值和變項的替換式是根本不同的，前者是指語言之外的某種實體，即某個特定論域中的個體或個體的性質與關係；而後者仍然是某種語言實體，是指能夠用來替換變項的表達式。例如，單獨詞項是個體變項的替換式，而單獨詞項所指稱所命名的個體才是變項的值；數的名稱是算術變元的替換式，而算術變元的值則是數本身。於是，根據替換的解釋，

(x)F(x) 意味著「『F(……)』的所有替換式都是眞的」；
(∃x) F(x) 意味著「『F(……)』的至少一個替換式是眞的」。

關於這兩種解釋之間的關係，不同的哲學家和邏輯學家有不同的看法，例如，有人認為它們構成競爭關係，即兩者不能相容，必須是一個取代另一個；有人則認為它們都可以是正確的，各有各的用處。但是，這並不是說，兩種解釋之間的選擇是完全任意的。相反，不同的選擇會導致不同的並且是重要的哲學後果。例如，蒯因始終如一地堅持客觀的解釋，這對於形成他的本體論學說起了關鍵性的作用。具體來說，兩種解釋的不同將造成如下的哲學上的差別：

第一，不同的解釋會對一個理論的本體論承諾產生不同的影響。由於客觀的解釋訴諸變項的值，因而量詞所約束的就不是單純的變項，而是變項所指稱和命名的對象，而這將導致明顯的本體論承諾。例如，謂詞演算中有這樣一條定理：

(∃x) (F(x) ∨～F(x))

按照客觀的解釋，這條定理是說：至少存在一個對象（個體），它或者是F或者不是F。而這就承諾了：至少存在一個個體。但由於替換的解釋訴諸變項的替換式，因此上述定理只是說：至少有一個「F(……)∨～F(……)」的替換例是眞的。這裏所斷定的只是替換式的存在，而不是某種語言外的實體的存在。當然，如果只允許指稱對象（個體）的名稱作爲變項的替換式，那麼替換的解釋仍然具有本體論承諾；若允許不指稱對象的空詞作替換式，則它可以暫時擺脫本體論承諾。可以看出，替換的解釋把本體論承諾從量詞轉到了名詞（詞項）上：一個理論是否有本體論承諾的問題，被轉變爲該理論中的名稱是否都必須指稱實存個體的問題。這樣，替換的解釋就把本體論承諾暫時懸置起來，沒有最終將其解決。

第二，不同的解釋將導致對高階量化的不同態度。根據客觀的解釋，$(\exists x)\ F(x)$ 和 $(x)\ F(x)$ 都要求約束變項的適當替換式應該是具有指稱作用的表達式即單稱詞項；蒯因有時就把單稱詞項定義爲能夠佔約束變項位置的表達式。而按照替換的解釋，量化並不直接與對象有關，而是與變項的替換式相關，因此毫無必要堅持只有單稱詞項一類的表達式可被量詞所約束，約束變項的替換式不僅可以是單項詞項，而且可以是謂詞、語句、類等等。於是，根據替換的解釋。下列量化公式都是可以允許的：

$$(\exists y)(\exists G)G(y)$$

$$(\exists p)(p\rightarrow\sim p)$$

$$(\exists x)(\exists X)(x\in X)$$

而按客觀的解釋，「存在就是成爲約束變項的值」，上述公式分別承諾了像屬性、命題、類這樣的抽象實體的存在。而對於持唯名論立場的哲學家和邏輯學家來說，這是不能容忍的。因此他們不贊成高階量化，不承認有所謂的高階邏輯的存在，相應地也不贊成替換的解釋，而只贊成客觀的解釋，只贊成一階量化。

第三，不同的解釋將導致對於模態謂詞邏輯的不同態度。根據邏輯規律，命題

(1) □（晨星＝晨星）

顯然是眞的，而根據天文學知識

(2) 晨星＝暮星

也是眞的。於是，運用同一性替換規則，由（2）和（1）可得

(3) □（晨星＝暮星）

使用存在概括規律，由（3）可得

(4) (∃x)□(x＝暮星)

但蒯因反駁說，那個必然等於暮星的x是沒有的，因此(4)是假的，同一性替換規則和存在概括規則在模態語組中失效，模態謂詞邏輯不成立。蒯因的反駁依據客觀的解釋。若採用替換的解釋，(4) 是說:「『必然地（……＝暮星）』的至少一個替換式是眞的」，而這是毫無疑問的，因爲「必然地（暮星＝暮星）」是眞的。這樣就可以避開蒯因的責難，而承認模態謂詞邏輯的合法地位。

第四，　採用不同的解釋將導致給量化公式的眞以不同的定義。如果對量詞作出替換解釋，則量化公式的眞能夠用原子公式的眞直接定義，例如:（∃x）F(x）是眞的，當且僅當，「F(……)」的某些替換例是眞的。如果對量詞作客觀解釋，則不能直接給出眞理定義，因爲必須參照其約束變項所指稱的對象（客體）才能給出定義。

5.2.2 本體論承諾的識別標準

如前所述，本體論承諾與實際上有什麼東西存在無關，而只與一個理論說有什麼東西存在有關。現在的問題是在一個理論中，是什麼因素使其捲入本體論承諾呢？或者換句話說，該理論中本體論承諾的負載者是什麼？

蒯因反對「本體論承諾的負載者是單稱詞項或名字」的看法，並將其斥之爲謬見。他認爲，「事實上，名字對於本體論問題是完全無關重要的。」⑮ 這是因爲，單稱詞項或名字的出現最終是可以消除的，其具體途徑是：首先，將單稱詞項或名字轉換爲一個摹狀詞，例如將「蘇格拉底」改寫成「柏拉圖的老師」，將「飛馬」改寫成「那個被科林斯勇士所捕獲的有翼的馬」。如果沒有現成的辦法，也可以通過較人爲的方法將其改寫，例如，將「飛馬」改寫成「那個是飛馬的東西」，「那個飛馬化的東西」。其次，用羅素處理摹狀詞的辦法將摹狀詞消除掉。「柏拉圖的老師飲鴆毒而死」，這個含摹狀詞的語句可以看成是這樣一個合取命題：「至少有一個並且至多有一個 x 教授過柏拉圖，並且這個 x 飲鴆毒而死。」在這個單稱命題中，單稱詞項、摹狀詞都不見了，剩下的只有量詞、個體變項和謂詞。於是，蒯因得出結論：既然我們使用單稱詞項所說的話都可以在一種根本沒有單稱詞項的語言中說出，因此，單稱詞項就不可能是本體論承諾的負載者，使用它們決不會使人們因而擔負在本體論上許諾某物存在的責任。有些哲學家之所以認爲它們作出了本體論承諾，是由於兩

⑮ 《從邏輯的觀點看》，頁12。

個基本錯誤：一是濫用「存在」一詞，敗壞了「存在」這個好字眼。他們將存在等同於現實性，認爲存在具有時空涵義，而蒯因認爲，存在只是簡單的「有」。二是不區分名稱的涵義和所指，而將其混淆在一起。

蒯因也否認本體論承諾依賴於我們所使用的謂詞的說法。有些哲學家如柏拉圖主義者論證說：使用如「紅的」這種謂詞表達式必然導致承認不僅有個別具體的東西存在，而且還有非個別的對象，如紅這種性質 (redness) 存在。在蒯因看來，這一看法包含一個基本錯誤，即把謂詞也看作是名字，從而要在諸個別事物的共性或共相中尋找其指稱對象。但事實上，謂詞根本不是名詞，它們本身在外延上並不指稱任何特殊類型的實體，只是對於某些對象是適用的，對於另一些對象則不適用，或者換句話說，把它們用在某些對象上得到眞句子，用在另一些對象上則得到假句子，如此而已。因此，柏拉圖主義者從一般謂詞表達式到共相或本質的推理是不成立的，謂詞本身並不携帶本體論承諾，它對於柏拉圖主義（實在論）與唯名論的對立是中性的。有些哲學家還論證說：一般詞項「紅的」(red) 作謂詞使用時，我們必須承認它命名了一個實體，即共相「紅」(redness)，否則這個謂詞有什麼意義呢？蒯因指出，這裏的錯誤是抹殺命名與意義間的重要區別。一個一般詞項是否有意義，不在於它是否具有爲一個實體命名的功能；只要我們知道：在什麼時候、什麼條件下可以使用這個謂詞，在什麼時候、什麼條件下不能使用它，我們也就知道了這個謂詞的意義。因此一般詞項能有意義地作爲謂詞用並不能推出它的意義在於作爲一個實體的名稱。蒯因於是作出結論說：

> 一個人可以承認有紅的房屋、玫瑰花和落日，但否認它們有任何共同的東西。我們能够使用一般詞語（例如謂詞）而無須承認它們是抽象的東西的名字。⑯

一句話，謂詞並不是本體論承諾的適當承擔者。

那麼，究竟是什麼東西負載著本體論承諾呢？蒯因回答說：是約束變項！約束變項的使用是使我們捲入本體論承諾的唯一途徑，「存在就是成爲約束變項的值。」後面這一著名口號，蒯因最早是在1939年寫的〈對本體論問題的邏輯探索〉一文中提出的，後來在〈論有什麼〉、〈邏輯和共相的實在化〉等論文中作了周密的論證。在這些以及其他論文中，上述口號有多種表達形式，例如：

(1)「我們可以說承認如此這般的實體，當且僅當，我們認爲在我們的變項的值域內包括這類實體。」⑰

(2)「被假定爲一個存在物，純粹只是被看作一個變項的值。……我們的整個本體論，不管它可能是什麼樣的本體論，都在『有個東西』、『無一東西』、『一切東西』這些量化變元所涉及的範圍之內；當且僅當爲了使我們的一個斷定是眞的，我們必須把所謂被假定的東西看做是在我們的變項所涉及的東西的範圍之內。」⑱

(3)「爲了使一個理論所作的斷定是眞的，這個理論的約束

---

⑯　參見《從邏輯的觀點看》，頁9～12。

⑰　*The Ways of Paradox and Other Essays*, p. 199.

⑱　《從邏輯的觀點看》，頁12。

變項必須能夠指稱的那些東西，而且只有那些東西才是這個理論所許諾的。」⑲

(4)「一般地說，某給定種類的實體爲一理論所假定，當且僅當其中某些實體必須算作變元的值，才能使該理論中所肯定的那些陳述爲眞。」⑳

蒯因之所以把本體論承諾與約束變項聯繫起來，是因爲他把句子中的變項看成一種不定代詞，代表著某事物中的任意一個，這類事物是這個變項的值域，卽該變項只能從這個值域中任取一個分子爲值。(明顯可以看出，這裏採用了量詞的指稱解釋。) 約束變項是被量詞限定了的變項，其值域已經給定，它同樣作爲代詞而成爲指稱的基本手段，存在就意味著處於一個約束變項的取值範圍內，卽成爲它的一個值。從約束變項出發考慮本體論問題，才能得到一個可靠的標準，判定一個理論所承諾的是什麼樣的本體論。一個理論所承諾的東西必須能夠爲該理論的約束變項所指稱，這個理論所作出的斷言才是眞的。

這裏，蒯因給出了一個理論的本體論承諾的識別標準。根據這個標準，假如我們要尋求某種科學理論或日常語言話語的本體論，卽它們承認那些對象是存在的，我們首先必須用一階邏輯的語言改寫這些理論，然後弄淸楚那些量化公式是該理論的定理，最後再硏究爲了使這些量化公式爲眞，量化公式中的約束變項應該取什麼值，這些值便是該理論所承諾的存在物，這樣他的本體論承諾便被揭示出來。例如蒯因使用上述方法，將傳統的實在論與唯名論的差別表述爲：「在實在論的語言中，變項容許取抽象

⑲　《從邏輯的觀點看》，頁13。

⑳　同上書，頁95。

物爲值；在唯名論的語言中則是不容許的。」唯名論語言的變項「只容許取具體對象卽個體爲值，因而只容許以具體對象的專名代換變項。」㉑ 卽是說，唯名論只承認具體的個別的東西，而否認「抽象物」（卽一般的東西，共相、屬性、關係、類、數、意義、命題等等）的存在。並且蒯因還將現代數學哲學中的邏輯主義、直覺主義、形式主義分別類比爲傳統的實在論、概念論與唯名論，認爲作爲現代實在論的邏輯主義的特點是：「允許人們不加區別地使用約束變項來指稱……抽象物」；作爲現代概念論的直覺主義也允許使用以抽象物爲值的變項，但有一個限制，卽「只有在抽象物能夠由預先指明的諸個別成分個別地構造出來時，才可以使用約束變項來指稱它們。」形式主義類似於唯名論，它「根本反對承認抽象的東西，甚至也不能在心造之物的有限制的意義上承認抽象的東西。」㉒

值得注意的是，蒯因明確區分了一個理論的本體論承諾、本體論和觀念體系（ideology）這三個概念。一個理論的觀念體系就是問在這個理論的語言中可表達的是一些什麼觀念，它是該理論內所表達或可表達的各種觀念（或者說謂詞）的有機整體。關於觀念體系與本體論的關係，蒯因指出了兩點：**第一，「一個理論的本體論並不就相當於它的觀念體系。」**㉓ 他舉例說，實數理論的本體論窮盡了實數的內容，而它的觀念體系所包含的則是關於某實數的個別觀念。因爲人們知道，任何記法都不足以分別地

㉑ H. Feigl and W. Sellars (ed.): *Readings in Philosophical Analysis,* Appleton Century-Crofts, 1949, p. 50.

㉒ 《從邏輯的觀點看》，頁13～16。

㉓ 同上書，頁121。

一一列示每個實數。另一方面，觀念體系也包括許多諸如和、根、有理性、代數性之類的觀念，它們在這個理論的量化變項的範圍中不必有任何本體論的相關物。**第二，「兩個理論可以有同樣的本體論和不同的觀念體系。」**㉔ 例如，兩個實數理論就下面這一點在本體論上可能是一致的，即兩者都要求所有實數，而且只有實數作爲其變項的值。但是它們在觀念體系上仍然可能是不同的，即一個理論是以這樣一種語言表達的，語句「實數 x 是一個整數」可以翻譯爲這種語言；而另一個理論則不是用這樣的語言來表達的。據我理解，一個理論的本體論與其觀念體系的關係相當於指稱與語言表達式的關係；指稱都屬於特定的語言表達式，但並非所有的語言表達式都有指稱，例如小品詞「所有」、「並非」、「或者」等等就沒有指稱；並且，同一個指稱可以由不同的表達式來享有，例如「晨星」和「暮星」這兩個詞就共指一個對象 — 金星。因此，指稱不同於語言表達式，相應地，一個理論的本體論也不等於它的觀念體系。

蒯因還曾論述說，一個理論的本體論也不同於它的本體論承諾。粗略地說，一個理論的本體論相當於該理論在本體論上所預設或假定的實體，但本體論承諾並不等同於本體論預設。這是因爲，根據定義，語句 p 預設語句 q，當且僅當，如果 p 眞則 q 眞，並且如果～p 眞則 q 也眞。這就是，q 是 p 和～p 爲眞的必要條件，p 和～p 有同樣的預設。於是，根據這個定義，下述兩個句子

(1) 有些東西是狗。

㉔ 《從邏輯的觀點看》，頁121。

(2) 沒有東西是狗。

就有同樣的本體論預設。而 (1) 和 (2) 可分別表示為:

(3) $(\exists x)A(x)$

(4) $\sim(\exists x)A(x)$

而根據定義, (4) 等值於

(5) $(x)\sim A(x)$

欣迪卡因此指出:

> 蒯因似乎認為, 一個句子承諾了它所包含的約束變項的所有值存在, 而不僅僅是使該句子為真而需要的那些特殊的值存在。簡而言之, $(\exists x)A(x)$ 和 $(x)\sim A(x)$ 攜帶同樣的本體論承諾。㉕

但是, 蒯因本人不承認這種解釋:

> 我餘下的評論旨在消除對我的「本體論承諾」一詞用法的很常見的誤解。麻煩來自於把這個詞看作是我的關鍵性的本體論用語, 並因此把一理論的本體論等同於該理論在本體論上所承諾的所有事物的類。這不是我的意圖。㉖

換句話說, $(\exists x)A(x)$ 和 $(x)\sim A(x)$ 具有同樣的本體論, 即

㉕ J. Hintikka: *Behavioural Criteria of Radical Translation,* Synthese 19, No. 1/2. p. 79.

㉖ *Words and Objections,* D. Davidson and J. Hintikka, eds. D. Reidel. Publishing Company, 1969, p. 315.

變元的同一個值域，但不具有同樣的本體論承諾。一個理論的本體論包括屬於變元的值域的所有實體，也就是滿足謂詞「P_D」的那些實體；而一個理論的本體論承諾則只包括這樣的實體 y，$y \in P_D$ 並且 y 滿足謂詞 A(x)。根據這種觀點，當我們說語句 (1) 或 (3) 時，我們就承諾了狗的存在；而當我們說 (2) 或 (4) 時，我們並未承諾狗的存在，而只承諾了非空論域的存在（因爲一階邏輯要求論域非空）。

5.2.3　本體論承諾的識別方法

本體論承諾是需要識別的，因爲**第一，許多理論並不是用量化理論的形式表達的，因此其中那些實體是約束變元的值常常是不清楚的**。蒯因注意到，當人們對日常語言的指稱裝置進行反思時，會「遇到暗含在這些裝置中的各種反常 (anomalies) 和衝突 (conflicts)」[27]。也許對於許多目的來說，這些反常如模糊性、歧義性以及其他的指稱失敗並不造成嚴重的困難。但是，在科學和哲學領域，它們卻會產生嚴重的問題，因爲它們使得我們難以得到既具總括性又不失簡單性的理論：它們使概括難以進行，使理論內的演繹推理複雜化，並且使本體論承諾模糊不清。因此，就科學和哲學而言，必須清除日常語言中的這些反常和衝突。**第二，即使一理論是用量化理論的形式表述的，人們也常常有可能沒有明確意識到他們接受的那個理論的全部本體論承諾，從而使得該理論的本體論承諾集與該理論的存在陳述集並不一致，即該理論明確承諾的實體數目少於或多於該理論實際所承諾**

[27] *Word and Object*, ix.

的實體數目。因此，需要有一定的程序和方法去識別一個理論的本體論承諾，從而澄清該理論眞正的本體論立場。

蒯因提出了這種程序和方法，用一個簡單的詞語來概括，就是「語義整編」(semantical regimentation)，即運用現代數理邏輯的工具，對用日常語言如英語表述的理論進行釋義性改寫，以消除其中的各種反常和衝突，顯示其眞正的本體論立場。蒯因指出，「我們反思……我們自己的指稱裝置的展開及其結構」，並提出「符合現代邏輯精神」的補救方案㉘。

> 科學語言的基本結構，已經以一種熟知的形式被離析出來，並得到了系統化。這就是謂詞演算：量化和真值函項的邏輯。㉙

> 我們所面臨的這個作為世界體系的構架，就是今天的邏輯學家們十分熟悉的結構，即量化理化或謂詞演算。㉚

謂詞演算的語言是簡單的，它包括謂詞、變項、量詞和眞值函項。蒯因常把這種語言叫做「標準記法」(canonical notations)，稱它有助於我們「理解語言的指稱作用並且闡明我們

㉘ *Word and Object*, ix

㉙ W. V. Quine: "Facts of the Matter," in *Essays on the Philosophy of W. V. Quine*, edited by R. S. Shahan and C. Swoyer, University of Oklahoma Press, 1979, p. 160.

㉚ *Word and Object*, p. 228.

的概念框架」[31]。標準記法是一種外延語言，用它表述的邏輯系統（即量化理論，或謂詞演算，或一階邏輯）是一種外延性系統，下述三個規則在其中成立:

(1) 如果一名稱在一句子中出現，我們總是可以用具有相同指稱的另一個名稱來替換它，並且該句子的眞值保持不變。

(2) 如果一謂詞或關係表達式在一句子中出現，我們總是可以用具有相同外延的另一個謂詞或關係表達式來替換它，並且該句子的眞值保持不變。這裏一謂詞的外延就是該謂詞所適用的那些對象所組成的集合，一關係表達式的外延就是具有它所表示的關係的對象有序偶的集合。

(3) 如果一個完整的句子作爲部分出現在另一複合句子中，我們用具有相同眞值的另一個句子替換它時，該複合句的眞值保持不變。

當用這種標準記法系統對我們用日常語言表述的理論進行整編後，首先，我們獲得了普遍性，因爲變項的值域並沒有特別的限定，它可以適於任何對象域；其次，我們使已整編理論的語句之間的關係一目了然，從而使演繹推理可順利進行；再次，我們揭示了該理論的本體論承諾，因爲存在被簡單地看作是處於已整編理論的約束變項的值域之內。最後，在蒯因看來，唯有相對於這種已整編的語言，研究本體論問題即「What is there（有什麼）」才有意義:

[31] *Word and Object*, p. 158.

> 一個人的本體論是不確定的，除非相對於某些先已同意的將他的記法譯為我們的整編形式的譯文。㉜

這裏應補充的一點是，當我們把日常語言或理論譯爲標準記法時，我們的譯文是原理論的本體論類似物，它們能夠取代原理論，僅僅因爲它們與原理論具有部分對應關係。

蒯因對於語義整編的討論，是在《語詞和對象》的第3章中進行的。他所謂的語義整編包括兩個前後相繼的步驟：語法分析和釋義（paraphrase）。語法分析是自然語言整編的第一步。蒯因把英語作爲自然語言的一例，分析英語的語法。他的分析預設了一個先已存在的語法範疇理論，其來源是不清楚的。他的理論包括形容詞、實體詞、不及物動詞、及物動詞、定冠詞、介詞以及從句等等。蒯因的基本語法單位可以說包括三種：詞項（term）、小品詞（particle）和謂述（predication）。詞項指出對象的種類，它相當於中世紀邏輯學家所說的「範疇詞」（categoremata），能在句子中充當主詞或謂詞；小品詞並不用來指出對象，而是相當於中世紀學者所說的「助範疇詞」（syncategoremata），只能與詞項配合使用，在句子中起一種輔助作用。蒯因首先把詞項分爲單稱詞項和普遍詞項，這兩者有三個方面的區別：句法的，語義的，以及在謂述中的不同作用。關係從句就是一種絕對普遍詞項，它雖然具有句子的形式，但在謂述中起詞項的作用。詞項還包括物質名詞、合成詞項和抽象詞項。物

㉜ "Facts of the Matter," in *Essays on the Philosophy of W. V. Quine*, p. 161.

質名詞不具有分離的指稱，如「雪」、「水」、「血」。它也可以分爲絕對的與相對的兩類。合成詞項是由幾個不同的詞項構成的詞項，包括指示性單稱詞項，它的蛻化情形是單稱摹狀詞；屬性詞，即把一形容詞加給一實體詞而形成的詞，如「紅色的馬」，蒯因指出，並非所有形容詞都是屬性詞，如英語中的「mere」；連接詞，即將不同的詞連接起來構成新詞的詞，如「或者」、「並且」等。抽象詞項也有單稱和普遍之分。單稱抽象詞項通常由普遍詞項加詞尾「-ness」、「-icity」等構成。蒯因所說的「謂述」是指這樣一種語法構造：它將一普遍詞項和單稱詞項相連接，以構成一或眞或假的句子。蒯因在對上述語法範疇的討論中，都分別指出了它們的語法特徵、語義作用及其眞值條件（如果有的話）。這些語法分析旨在爲語義整編的下一步作準備。

釋義是語義整編的第二步，它包括兩個任務：一是消除日常語言中妨礙成功交際的不確定性和不規則性，如模糊性、歧義性和指稱失敗。這可以通過一些簡單的釋義技巧來做到。有些影響成功交際的因素如詞語的模糊性、歧義性和多義性，可以通過將有關的句子置於一定的語境中加以分析而消除掉，因爲語境具有消除詞語的多義性或歧義性的能力。指稱失敗是指有些詞項出現在不描述、不指稱對象的位置上，如下面的句子

(1) 羅馬是一座城市。

(2) 羅馬是兩個漢字。

在(2)中，詞項「羅馬」就有指稱失敗。蒯因把詞項有正常指稱的語境叫做「指稱透明的」(referential transparency)，而把詞項指稱失敗的語境叫做「指稱晦暗的」(referential opacity)。在指稱透明的語境中，同一性替換規則成立；而在指稱

晦暗的語境中，這一原則就不成立。蒯因認爲，引文、命題態度詞如「相信」、模態詞、時態詞等都造成晦暗語境，不適於標準記法的外延性框架，因此需要對其進行整編。對於這些不同的情況，蒯因採取了不同的策略。對於像上面例 (2) 這樣的晦暗語境，蒯因一般採取給相關詞項或表達式加單引號的辦法，例如:

(3) 「羅馬」是兩個漢字。

(4) 「Tully was a Roman」是抑揚格。

對於含時態因素的命題，蒯因通過將其中潛在的時間因素揭示出來，將其整編爲其眞假與特定時間無關的恒久語句，從而把它納入標準記法系統的外延框架內。例如，語句

(5) 第26屆奧運會將在美國亞特蘭大市舉行。

可以整編爲:

(∃t) (t 在 1992年之後並且是 1996年，第26屆奧運會於 t 時在美國亞特蘭大市舉行)

關於模態詞和命題態度詞，蒯因指出:

> 對於任何一門科學的理論構造來說，只要它是用命題態度詞或模態詞表述的，它就肯定不會是確切的。㉝

也就是說，蒯因將它們簡單地加以排斥了事。

釋義的第二個任務是，通過精釋 (explication) 消除語言中除標準記法的詞項和構造之外的一切其他成分。本書第 3 章曾指出，精釋不是單純地把定義詞解釋爲另一個詞，它是通過對被

㉝ 《邏輯哲學》，頁64。

定義詞的意義進行提煉和補充的方式來改進被定義詞，其目的是爲了保持某些特優語境的用法，同時使其他語境的用法更爲明確。標準記法中只含有謂述、眞值函項、全稱或存在量化、變項和普遍詞項。因此，日常語言的所有單稱詞項都必須消去，具體來說，簡單單稱詞項如專名可以從語法上解析爲普遍詞項，指示性單稱詞項、類名稱、命題名稱、屬性名稱、關係名稱、代數型詞項等等，全都精釋爲單稱摹狀詞。這些單稱摹狀詞反過來又被精釋爲其中僅有變項和普遍詞項出現的量化語句。指示詞語精釋爲量化語句，或者在某些情況下，直接精釋爲普遍詞項。在上述各種場合，精釋的辦法各有不同。例如，若 a 是一名字，Fa 是含有此名字的語句。顯然，Fa 是與 $(\exists x)(a=x \cdot Fx)$ 等値的，其中「•」表示「並且」。由此可見，除開在「a=」中以外 a 是不必出現的。而我們又恒可將「a=」表示爲一簡單謂詞 A，於是 Fa 就變成了

$$(\exists x)(Ax \cdot Fx)$$

其中 A 只是對於對象 a 爲眞。爲了不至於在釋義中失去名字的唯一性，可以更精確地要求「A」對且只對一個東西爲眞：

$$(\exists x)Ax \cdot \sim(\exists x)(\exists y)(Ax \cdot Ay \cdot \sim(x=y)$$

這樣一來，我們就通過釋義消除了名字。於是蒯因指出：

> 很顯然，隨著我們對單稱詞項的徹底清洗，除了變項本身這唯一的例外，沒有什麼東西會留下來。[34]

---

[34] *Word and Object*, p. 185.

由此可見，蒯因所謂的「語義整編」，就是在語法分析和釋義的基礎上，先用標準記法對用自然語言表達的理論進行改寫，以消除由自然語言的模糊性和歧義性引起的指稱障礙，使隱含在理論中的本體論承諾在整編或改寫過的語言中明確起來；然後，在整編或改寫過的語言中，看那些東西被量詞所約束而成爲約束變元的值，它們就是該理論的本體論承諾。經過如此步驟，一個理論的本體論承諾就被明確地充分地揭示出來，本體論承諾的識別就成爲一個順理成章的事情。因此，本體論承諾的識別方法也就是用標準記法對用自然語言表述的理論進行整編的方法。

蒯因強調指出，整編或其關鍵步驟釋義是一種語言變形技巧，它與翻譯不同，不要求一字不漏地轉譯，只要求在不失去任何意義信息的條件下，把自然語言轉譯爲用標準記法整編過的語言。由於標準記法系統對釋義活動的決定是不充分的，即僅憑標準記法系統的規則不能確定如何把任一給定的句子釋義進整編過的語言，因此對同一個句子來說，就有幾種不同的釋義方法，並由此會得到幾種不同的釋義結果。這樣一來，由同一個理論出發，經過釋義，常常會得到許多不同的概念系統，並且這些不同的系統相應地有不同的本體論承諾，於是就出現了各種本體論承諾並存的局面，卽本體論承諾具有相對性。那麼，原來的句子S與作爲釋義結果的句子 S′ 之間，或者說，在原有理論T與經釋義得到的理論 T′ 之間是否存在嚴格的同義關係呢？蒯因指出，由於同義性本身就是一個模糊的無法加以嚴格定義的概念，因此談不上在兩者之間存在著同義關係，並且也不需要它們嚴格同義。只要說話者原來用S所做的事情或所實現的意圖，現在用S′也能夠做到或實現，那麼此種釋義就是可接受的，足以令我們滿意。蒯因指出:「在釋義過程中,使一個表達式進入適於普遍詞項的位置,還是進入適於單稱詞項的位置,這個問題取決於對系統的功效和對理論的效用的考慮。」㉟ 這就是說,判定一個釋義可接受與否的標準是實用方面的考慮。

5.2.4　本體論承諾的認可標準

「存在就是作爲約束變項的值」,這是蒯因所提出的本體論承諾的識別標準。與此同時,蒯因還提出了另一個標準:「沒有同一性就沒有實體。」這是一個理論的本體論承諾的認可標準,換句話說,是判定一個理論的本體論承諾是否成立、判定那一種本體論是正確的標準。它既是確認兩個事物等同或同一的準繩,又是確認兩個事物不等同或不同一的尺度。關於這一標準,蒯因提出了下列表述:

(1)「……我們持如下的本體論觀點:使用一般詞項本身並不就使我們在本體論上承認一個相應的抽象實體;反之,使用一個抽象單獨詞項(服從相等的東西代替相等的東西這樣的單獨詞項的標準作用)就一定迫使我們去承認以它們所命名的抽象實體。」㊱

(2)「一般說來,我們可以提出不可區分的東西的同一性原理:在一給定的話語的語詞中,彼此不可分辨的對象應當解釋爲對這個話語是同一的。更確切地說就是,爲了這個談話的目的,對原初對象的指稱應當重新解釋爲指稱其他的、較少的對象,其方式是不可區分的原對象每

㉟ *Word and Object*, pp. 236～237.

㊱ 《從邏輯的觀點看》,頁70～71。

個都被相同的新對象所代替。」㊲

蒯因還以贊同的口吻轉述了弗雷格的觀點:

(3) 「……弗雷格主張，一個詞項是否進入同一性語境是判定該詞項可否作爲一個名稱來使用的標準。在一個給定的語境中，判定一個詞項是否被用來作爲一個東西的名字，就要看這個詞項在語境中是否被認爲是服從同一性法則卽相等的東西代替相等的東西的規律的。」㊳

這裏，同一性法則又叫做個體化原則，它是指這樣一種標準，我們借助於它就能使某個東西個體化 (individuation)，規定它到底是那一個東西，說明它出自何處並且剔除其他不合標準的東西；簡言之，借助於這個標準，我們就能辨認出某個東西或者能再次分辨出它是同一個東西。這一原則最初是由萊布尼茨提出來的，其內容是: 如果 x 和 y 在下述涵義上是不可分辨的，卽 x 的一切特性都是 y 的特性，反之亦然，那麼，x 和 y 是同一的。這一原則在現代謂詞演算或一階邏輯中則表現爲兩個規則，卽等值置換規則和同一性替換規則。前者的基本意思是: 語句的外延就是它的眞值，當某個語句的一部分用具有同樣的外延但有不同涵義的等價表達式去替換時，這個語句的眞值保持不變。它可以有兩種形式:

(1) 如果 $B \leftrightarrow C$，那麼從 A 是定理可推知 A′ 是定理，這裏 A′ 是在公式 A 中用 C 替換 B 的結果。

(2) 如果 $(x)(F(x) \leftrightarrow G(x))$，那麼，從 A 是定理可以推知 A′ 是定理，這裏 A′ 是在 A 中用 G(x) 替換 F(x) 的

㊲ 《從邏輯的觀點看》，頁70～71。

㊳ 同上書，頁65。

結果。

同一性替換規則的意思是，若兩個表達式的外延相同，則從其中之一具有某種性質，就可以推出另一個也具有某種性質。它的形式表述是：從（x=y）和 F(x) 可推出 F(y)。

應當強調指出的是，蒯因所主張的同一性標準是一種很強的外延性標準，僅有外延性實體如個體和類才能滿足上述標準，而其他抽象實體，如共相屬性、關係、函數等，內涵性實體概念、命題、意義等，以及可能個體如可能禿子或胖子等，都不符合上述標準，因此蒯因一概地不承認它們，將它們從其本體世界中驅逐出去，而只留下了個體和類，他說，具體對象再加上類，「這大概是一般言談所需要的全部本體論；它無疑是數學所需要的一切。」[39]

5.2.5　本體論還原

本體論還原（ontological reduction）討論的是一個理論的本體論承諾的可歸約性，即能否在不傷害一理論的規律的情況下，將它的較爲豐富的本體論簡化、歸約或還原爲較爲貧乏的本體論。蒯因於1964年發表〈本體論還原和數的世界〉[40]一文，開始考慮這個問題；1969年發表〈自然的種類〉[41]一文，繼續了這種思考。

---

[39] W. V. Quine: *Mathematical Logic*, New York: Norton, 1940, pp. 120～122.

[40] 此文收入蒯因論文集 *The Ways of Paradox and Other Essays*, pp. 212～220.

[41] 此文收入蒯因論文集 *Ontological Relativity and Other Essays*, pp. 55～68.

蒯因指出，並非所有的還原都是可接受的，這裏需要一些限制。蒯因引入了「代理函項」(proxy function) 的概念，以刻劃什麼樣的還原是可以接受的。蒯因指出，當從本體論上把一理論 θ 還原爲另一理論 θ' 時，必須滿足下述條件:

> 我們指定一個函項，不必用 θ 或 θ' 的記法表示，它允許以 θ 值域中的所有對象作主目，並在 θ' 值域中取值。這就是代理函項。於是，對於每一個 n，我們能行地將 θ' 的一個含 n 個自由變元的開語句與 θ 的每一 n 元初始謂詞相關聯，不過應遵循下述方式：謂詞被作為代理函項主目的 n 元組所滿足，當且僅當，開語句被作為代理函項的值的相應 n 元組所滿足。[42]

這裏是在假定:

> θ 只有謂詞、變項、量詞和真值函項。排除單稱詞項、函項符號、抽象算子及諸如此類的東西，並不是什麼真正的限制，因為這些附屬品都可以用熟知的方式歸約為較狹窄的基礎。[43]

例如，「哥德爾數」是一個代理函項，初等證明論的值域（由表達式或符號序列組成），可由這一代理函項刻劃爲初等數論的值

---

[42] *The Ways of Paradox and Other Essays,* p. 218.
[43] 同上。

域（由數值組成），這樣，關於初等證明論的本體論就被歸約或還原爲初等數論的本體論了。

在某些情況下，同態（homomorphism）足以起到代理函項的作用。例如，考慮這樣一個理論，其論域由納稅人構成，其謂詞不能區別收入相同的人。在這一理論中，等價關係「x與y有同樣的收入」，如同背景理論中的關係「x＝y」一樣有同樣的替換屬性；在背景理論中，「可以更多地談論人的同一而不是收入的同一。」㊹ 把其值域D由納稅人構成的理論θ的本體論，化歸於其值域由收入構成的理論 θ' 的本體論，這是可以做到的，因爲 D′ 的基數小於 D 的基數：「代理函項對每一個人指派他的收入。」㊺ 這一代理函項只是同態，而不是同構（isomorphism）。這一還原因下述理由是可接受的：「不同的人讓位於相同的收入……〔這一還原〕容納的只是這樣一些個體的映象：用原理論的謂詞從來不能區分這些個體。」㊻

不過，代理函項有時必須是一一對應的。如果待還原的理論是一個關於數學實體的理論，例如關於實數的算術，情況就將是如此。「這是因爲，這一理論的任意兩個元素根據該理論都是可區分的。」㊼ 其結果是，如果我們想歸約或簡化實數的本體論，代理函項「爲了給不同的實數提供不同的映象，……就不得不是一一對應的。」㊽ 這一要求使得不可能把一個有不可數值域的理

㊹ *Ontological Relativity and Other Essays*, p. 55.
㊺ 同上書，p. 56.
㊻ 同上。
㊼ 同上書，pp. 56～57.
㊽ 同上書，p. 61.

論 θ 歸約或還原爲有可數值域的理論 θ':「……將不可數值域一一映射到可數值域會導致矛盾。」[49] 所以，這一要求排除了將畢達哥拉斯主義[50] 奠基於洛文海姆一司寇倫(Lowenheim-Skolem)定理[51] 的可能性。另一方面，這一要求絲毫未觸動人們希望加以拯救的那些還原，例如「弗雷格和馮・諾意曼(John von Neumann)將自然數算術還原爲集合論；以及各種本質上是戴德金(J. W. R. Dedekind)式的對實數理論的還原。」[52]

在《理論和事物》一書的第1篇論文〈事物及其在理論中的位置〉中，蒯因把心靈還原爲肉體，物理對象還原爲某些位置一時間(place-time)，把位置一時間還原爲由數的集合所構成的集合，並且把數還原爲集合。於是，他最後就達到了一種只包括集合的「純淨」的本體論。

對於蒯因的「本體論還原」，有些人提出了一些質疑和反對意見。例如有人認爲，當代理函項必須是一對一時，理論 θ' 的值域並沒有小於 θ 的基數，因此這裏沒有本體論的節省，而只不

---

[49] *Ontological Relativity and Other Essays*, p. 61.

[50] 畢達哥拉斯主義，由古希臘數學家兼哲學家畢達哥拉斯(Pythagoras)所首倡的一種哲學學說：認爲宇宙本質上是數學的，特別是算術的，宇宙是由數構成的。

[51] 洛文海姆一司寇倫定理：模型論的重要定理之一。其內容是：每個有模型的語句一定有有窮的或可數無窮的模型。此定理有兩個加強形式：(1) 設 x 是模型M的個體域的子集，而且基數K大於等於 x 的勢但小於等於M的個體域的勢，則M一定有一個初等子模型N使得 x 是N的個體域的子集；(2) 令M是對語言L而言的一個無窮結構，則對每一個大於M及L的勢的基數K而言，M有勢爲K的初等擴張。這一定理與緊致性定理一起構成了一階邏輯系統的一種特性，即任何滿足這兩個定理的系統必定是它的子系統。

[52] *The Ways of Paradox and Other Essays*, p. 218.

過是簡單地改變了本體論。舉例來說，根據這種反對意見，弗雷格將自然數還原爲類的類是虛幻的，因爲類的類之集的基數並不小於自然數集的基數。蒯因可以這樣回答這種反對意見：弗雷格對數的定義是眞正的還原，因爲在弗雷格之前我們需要兩類實體即集合和數，而在他之後我們只需要一種。但查特堯布里安（O. Chateaubriand）不滿意這種回答，他寫道：

> 如果忽視數論對於集合論的可還原性，人們就會採用這兩個理論，並假定數和集合是不同的實體。那麼，一旦人們認識到數論可以還原為集合論，人們就會明白沒有必要設定數和集合是不同實體。蒯因要求說，在這裏人們可以拋棄數而贊成集合。但這會引入歧途……。
> 數的本體論根本未被拋棄，僅僅表明它是集合的本體論的一部分。(53)

這一反駁並不是決定性的，蒯因可以宣稱：邏輯學家們在這裏完成了一個還原，不過它不是對象的數目方面的，而是對象種類（categories）的數目方面的。

奇哈拉（Ch. S. Chihara）對蒯因有關還原的代理函項要求，作出了下述評論：

(1) 蒯因對這一要求的陳述，有一些不清晰和歧義性。

(2) 蒯因沒有提出任何好的理由去說明爲何要接受他的要

(53) 轉引自 Ch. S. Chihara: *Ontology and the Vicious Circle Principle*, Ithaca: Cornell University Press, 1973, p. 133.

求。

(3) 對於一些簡單事例的分析表明，蒯因既沒有提出還原的必要條件，也沒有提出其充分條件[54]。王浩在《超越分析哲學》一書中，在評述蒯因的本體論還原學說時，也對它提出了很多批評[55]。

5.3　本體論的相對性及其選擇標準

5.3.1　本體論的相對性

本體論的相對性是釋義方法的多樣性和指稱的不可測知性的必然推論。由於對自然語言的釋義方法不是唯一的，於是可以得到許多不同的概念系統。僅僅面對非言語的刺激條件，我們又無法說清這些系統中的指稱裝置是用來指稱什麼的。「指稱除非相對於一個協調的體系，否則就是沒有意義的。」[56] 一個表達式所含的名稱在不同的概念系統中有不同的指稱，因而就沒有孤立的、絕對不變的指稱。因此，絕對地問一個名稱是否指稱某物是沒有意義的，

> 我們必須相對於某個背景語言才能有意義地詢問這個問

---

[54] 詳見 Chihara, Ch. S.: *Ontology and the Vicious Circle Principle,* pp. 123～127.

[55] Hao Wang: *Beyond Analytic Philosophy,* The M. I. T. Press, pp. 141～147.

[56] *Ontological Relativity and Other Essays,* p. 48.

題。如果我們問:「兎子」真的指稱兎子嗎? 有人就會這樣反問:「兎子」在什麼意義上指稱兎子? 於是後退了一步; 我們需要有一個背景語言來落脚。背景語言使這個問題有意義, 卽使只是相對的意義, 反過來, 意義也相對於這個背景語言。以任何絕對方式去詢問指稱, 這類似於詢問絕對位置或絕對速度, 而不是詢問相對於特定參照系而言的位置或速度。[57]

既然語言的指稱只有相對於一個背景語言才有意義, 那麼人們不禁要問, 背景語言的指稱是什麼? 如果想有意義地問及背景語言的名稱的指稱時, 是否需要另一個層次的語言呢? 我們是否會由此進入一種無窮倒退? 蒯因的回答是: 這種無窮倒退是可以避免的, 只要我們認識到: 引起這種無窮倒退的那種找到某種最終的、絕對的和唯一正確的基礎的希望是一種幻想和虛假的追求。沒有這種最終的、絕對的參照系。蒯因通過訴諸一種關係理論來結束無窮倒退:

沒有絕對的位置或速度; 只有各個座標系相互之間的關係, 最終是事物之間的相互關係。我認為, 關於指稱問題需要一種類似的回答, 卽一種關於理論的對象是什麼的關係理論。有意義地不是絕對地說一個理論的對象是什麼, 而是說關於對象的一個理論如何被翻譯或重新解釋為另一個理論。[58]

---

[57] *Ontological Relativity and Other Essays*, p. 48.

[58] 同上書, p. 50.

後面這一句話表明了蒯因的本體論的相對性學說的實質。這個學說明顯是與他的語言哲學相關聯的: 翻譯是不確定的，除非相對於特定的翻譯手册；語言的指稱是不可測知的，除非相對於某種非唯一的翻譯。而一個理論或一種語言的名稱的指稱不是別的，正是該理論或語言的本體論。因此，假如語言的指稱是相對的，它的本體論必然也是相對的。

蒯因的本體論的相對性有三層意思[59]:

第一，相對於背景語言。假定我們在一個理論內藉助於該理論的變元來考察其對象。在這個理論的語言中，有一些可藉以劃分該理論的論域的各個部分的謂詞，這個謂詞在理論的規律中所起的作用是不同的。在這個背景理論之內，我們可以表明，某種其論域爲背景論域的一部分的從屬理論可以被重新解釋爲另一個從屬理論。只有相對於這樣一種背景理論（它也有著自己雖被採納但最終仍不可測知的本體論），這種關於從屬理論及其本體論的討論才是有意義的。例如，「什麼是F？」「F是G」;「什麼是gavagai？」「gavagai 是兎子」。從這種問答形式可以看出:「答案只能在相對的意義上給出，即相對於不加批判地接受『G』的意義上給出。」[60] 兎子問題的情況也是如此的。所以，一切理論問題從本體論考慮都具有相對性，而沒有事實與非事實、內部與外部的區別，它們都是語言問題。

第二，相對於翻譯手册。本體論問題就是在互相競爭的翻譯手册之間進行選擇的問題，通過這種手册可以把對象理論的話語

[59] 參見 R. F. Gibson, Jr.: *The Philosophy of W. V. Quine*, University Press of Florida, 1982, pp. 76~78.

[60] *Ontological Relativity and Other Essays*, p. 53.

翻譯爲背景理論的話語。 在蒯因所謂的根本翻譯的情況下， 例如作現場考察的語言學家在幾組互相競爭的分析假設之間作出選擇， 以便把「gavagai」 或者譯爲「兎子」 或者譯爲「兎子的不可分離的部分」。 僅僅相對於這樣的分析假設集， 對象理論的話語才能翻譯爲背景理論的話語。

> 當然一般而言， 背景理論只不過是一個牽制理論， 並且在這種情形下也不會出現有關翻譯手册的任何問題 。 但這終究只是翻譯的蛻化情形 —— 卽翻譯規則是同音異義的情形。[61]

第三， 相對於指稱量化， 亦卽關於量詞的指稱（客觀）解釋。 如前所述， 指稱量化訴諸變項的値， 携帶明顯的本體論承諾； 而替換量化訴諸變元的替換式， 不含明顯的本體論承諾。 因此， 當我們僅僅用替換性解釋一個理論的量化時， 本體論（至少暫時）是沒有意義的， 只有把這個理論翻譯爲一個使用指稱量化的背景理論時， 本體論問題才有意義。 因此， 對本體論問題除了相對於一個背景理論和翻譯手册之外， 還相對於關於量詞的指稱解釋。 並且， 甚至我們要區分指稱量化和替換量化時， 有時也要相對於特定的背景理論和翻譯手册。 蒯因考慮了一個包含所有實數的理論。 由於實數是不可數的， 而它們的名稱是可數的， 因此某些實數無名稱。 但是， 在這一理論內， 無名稱的實數仍然可能與有名稱的實數不可分離。 如果是這樣， 那麼在這一理論內， 就

---

[61] *Ontological Relativity and Other Essays*, p. 55.

不可證明指稱量化與替換量化之間的區別。在此理論內可表達的每一量化，如果從指稱角度看是眞的，那麼從替換角度看也是眞的，反之亦然。但是，蒯因指出：

> 我們仍然可以從背景理論的有利角度作出這一區別。在背景理論內，我們可以刻劃某些在對象理論內無名字的實數；因為總是有辦法去加强一個理論以便去命名更多的實數，儘管絕不會是全部實數。並且，在背景理論內，我們可以把對象理論的論域看作是窮盡了所有實數的。用這種方式，在背景理論內我們就能把對象理論的量化確認為指稱的。但這一確認在雙重意義上是相對的：相對於背景理論，並且相對於背景理論內部加給對象理論的解釋或翻譯。[62]

5.3.2 本體論的選擇標準

本體論問題歸根結底是語言問題，

> 我們之接受一個本體論在原則上同接受一個科學理論，比如一個物理學系統，是相似的。至少就我們有相當的道理來說，我們所採取的是能够把毫無秩序的零星片斷的原始經驗加以組合和安排的最簡單的概念結構。一旦我們擇定了要容納最廣義的科學的全面的概念結構，我們的本體論就決定了；而決定那個概念結構的任何部分（例如生物學

---

[62] *Ontological Relativity and Other Essays*, p. 65.

> 的或物理學的部分）的合理構造的理由，同決定整個概念結構的合理構造的理由沒有種類上的差別。對任何科學理論系統的採用在多大程度上可以說是語言問題，對一種本體論的採用也在相同程度上可以說是語言問題。63

於是，通過由一種語言進到另一種語言，就可以由一種本體論進入另一種本體論，本體論的選擇最終被歸結爲概念結構、說話方式或語言形式的選擇。現在的問題是：如何選擇？或者說根據什麼標準選擇？

蒯因認爲，本體論像任何科學理論一樣，不應當以是否同實在相符合作爲取捨的標準，而應當以是否方便和有用作爲標準。他指出：

> 要問一個概念系統作為實在的鏡子的絶對正確性，是毫無意義的。我們評價概念系統的基本變化的標準必須是一個實用的標準，而不是與實在相符合的實在論標準。概念是語言，概念和語言的目的在於有效的交際和預測。這是語言、科學和哲學的最高任務，正是在同這一任務的關係中才能對概念系統最終地作出評價。64

在這個實用主義的總標準之下，又派生出了諸如保守主義、簡單性、寬容和實驗精神這樣一些子標準和子原則。

實用的標準實際上就是沒有客觀的、固定的標準，一切以方

---

63 《從邏輯的觀點看》，頁16。

64 同上書，頁73。

便和有用爲轉移。而在選擇方便有用的語言或概念系統時，蒯因認爲首先必須考慮兩個因素：保守主義和簡單性。所謂保守主義，就是他所說的「儘可能少地打亂一個科學系統」的自然傾向。他後來也把保守主義稱爲「原理的熟悉性」，意即我們要儘可能利用舊有的科學規律或原理去解釋新現象，而對舊原理作儘可能「最小的修正」[65]。在《邏輯哲學》中，他一再強調最小代價最大收益準則是一條合乎情理的策略，並且他依據這一準則，反對放棄排中律和二值原則、反對修正標準的一階邏輯等激進方案。所謂簡單性，亦即「優雅和概念的經濟」[66]，是馬赫 (Ernst Mach) 的「思維經濟原則」的翻版。簡單性是蒯因始終固守的一個標準，並且是理解他的許多學術努力諸如構造精緻的邏輯系統、本體論的還原等的重要線索。他有時甚至明確地把簡單性作爲眞理的標準，說簡單性「是我們所能要求的眞理的最好的證據。」[67] 但是，他又承認，「簡單性作爲構造概念的指導原則，並不是一個清楚而不含糊的觀念，它完全可能提出雙重的或多重的標準。」[68] 因爲任何兩個互相對立的系統都可以有自己特定的簡單性。例如拿現象主義和物理主義這兩個概念結構來說，一個在認識論上是基本的和簡單的，另一個在物理學上是基本的和簡單的。因此，簡單性標準是不確定的，具有一定的主觀性和相對性，不能充任選擇的唯一的甚至是主要的指導。它只是由實用標準所派生出的第二位的標準，「凡是在優雅不妨礙大局的地方，

---

[65] *Word and Object*, p. 20.

[66] 《從邏輯的觀點看》，頁73。

[67] *Word and Object*, p. 250.

[68] 《從邏輯的觀點看》，頁16。

我們就可以像詩人那樣去追求爲優雅而優雅。」[69]

實用的標準還要求我們堅持「寬容和實驗精神」。「實際上要採取那一種本體論呢？這還是一個懸而未決的問題，最明智的忠告是寬容和實驗精神。」[70] 所謂寬容，是從卡爾納普哲學中吸取來的，卡爾納普曾指出：

> 在**邏輯上**，**無道德可言**。每個人都有隨意建立他自己的邏輯即他自己的語言形式的自由，這就是寬容原則。[71]

所謂「實驗精神」就是抱著「試試看」的態度，任其發展，暫時不作判斷：

> 讓我們盡一切辦法看看物理主義的概念結構究竟在多大程度上能夠還原為現象主義的概念結構；儘管物理學整個說來是不可還原的，但它也很自然地要求我們繼續研究。讓我們看看怎樣或在何種程度上可以使自然科學脫離柏拉圖主義的數學；但讓我們也繼續研究數學和探究它的柏拉圖主義的基礎。[72]

這樣，蒯因通過把本體論問題歸結爲語言問題，把本體論的

---

[69] 《從邏輯的觀點看》，頁17。
[70] 同上書，頁73。
[71] R. Carnap: *The Logical Syntax of Language*, New York, 1937, pp. 51~52.
[72] 《從邏輯的觀點看》，頁18。

選擇變成對語言或概念結構的選擇， 並提出實用主義的選擇標準， 從而就使他的本體論甚至整個哲學學說奠基於實用主義之上。實用主義成爲蒯因哲學的基本立足點之一。

5.4 蒯因的本體論立場

5.4.1 蒯因的本體世界

如前所述，蒯因在本體論方面提出了三個標準：一是本體論承諾的識別標準：「存在就是作爲約束變項的值」；二是本體論承諾的認可標準：「沒有同一性就沒有實體」；三是本體論的選擇標準：一切以是否方便和有用爲轉移，其中首要考慮的因素是保守主義和簡單性，其次要堅持寬容和實驗精神。根據這些標準，蒯因本人究竟持有一種什麼樣的本體論立場？或者說，他究竟承認那些東西的本體地位呢？在這個問題上，蒯因的思想有一個發展演變的過程，前後觀點也有一些變化與不一致。但總起來說，蒯因的本體世界裏包括兩類成員：物理對象和類。

在 3、40年代，蒯因在本體論上持唯名論立場。按蒯因的表述，「唯名論根本反對承認抽象的東西， 甚至也不能在心造之物的有限制的意義上承認抽象的東西。」唯名論語言的變項「只容許取具體對象、個體爲值，因而只容許以具體對象的專名代換變項。」就是說，唯名論只承認具體的個別的東西，而否認「抽象物」即共相如屬性、關係、類、數等等的存在。早在1932～1933年在維也納和布拉格留學期間，蒯因就對這種唯名論的本體論觀點表示讚賞， 主張盡量少採用類這樣的抽象概念。1939 年， 在

〈本體論問題的邏輯探索〉(73)一文中，蒯因的唯名論傾向表現得更爲明顯。他認爲，包括有抽象物的宇宙是一個「超驗的宇宙」，唯名論本質上就是「對超驗宇宙的抗議」；它要把「宇宙的超驗方面」即抽象的東西通過分析而歸結爲「虛構」，歸結爲邏輯的「構造」，如果在這樣的「構造」下，經典數學有些部分不得不被「犧牲掉」的話，那麼唯名論者就有一個可以憑藉的理由，即指出那些部分「對科學是無關緊要的」。1947年，蒯因與古德曼合寫了〈走向建設性唯名論的步驟〉一文(74)，認眞探討了如何實現唯名論方案。他們在這篇文章中坦率地宣稱：

> 我們不相信抽象實體。沒有一個人認為抽象實體——類、關係、特性等等——存在於時空之中；可是，我們更進一步完全拋棄了它們。

但是，即使在1940年出版的《數理邏輯》一書中，蒯因的觀點也與上述立場有很大不同。他說，如果要對數學和自然科學眞正加以分析而不是乾脆否定的話，那麼上述那種「唯名論綱領」是「極端困難的」。在一般的言談中，在數學和其他論述中，總不斷涉及「類或屬性這種抽象物」，「無論如何在目前我們除了承認那些抽象物爲我們的基本對象的一部分，是別無選擇的。」不過，蒯因說，他所承認的抽象物只有類或屬性，他此時認爲「沒

(73) 後來收入 W. V. Quine: *The Ways of Paradox and Other Essays,* Revised and enlarged edition, 1976, pp. 197～202.

(74) 發表於 *Journal of Symbolic Logic 12,* pp. 97～122.

有理由把類和屬性區別開來」，除此之外的任何抽象物都是「不需要的」，例如，「關係、函項、數等等，除非能眞正被解釋爲類，都是不需要的。」具體對象再加上類，「這大概就是一般言談所需要的全部本體論；它無疑是數學所需要的一切。」(75)

在50年代，蒯因在〈經驗論的兩個教條〉(1951)、〈本體論和觀念體系〉(1951)、〈邏輯和共相的實在化〉等論文中，也明確主張一種包括物理對象和類的本體論。不過需要指出的是，蒯因所說的物理對象並不是唯物主義者所說的客觀實在，而是一些根據常識和科學作出的理論假定。物理對象既包括傳統哲學所說的實體，也包括這些實體的存在方式或狀態。蒯因指出：

> 物理對象是作為方便的中介物被概念地引入這局面的——不是用根據經驗的定義，而只是作為在認識論上可同荷馬史詩中的諸神相比的一些不可簡約的設定物。……就認識論的立足點而言，物理對象和諸神只是程度上，而非種類上的不同。這兩種東西都只是作為文化的設定物進入我們的概念的。(76)

在1960年出版的《語詞和對象》一書中，蒯因詳細闡釋了他把類引入本體論中的理由。他認爲，把類引入本體論之中，這與把任何理論對象引入本體論之中沒有什麼不同。我們之所以假定物理對象，是因爲它們簡化了我們的日常知識；我們之所以假定

(75) W. V. Quine: *Mathematical Logic,* New York: Norton, 1940, pp. 120～122.

(76) 《從邏輯的觀點看》，頁41～42。

分子和原子，是因爲它們簡化了我們的某些專門科學。同樣地，我們之所以假定類，是因爲它們作用於其中的那些體系具有說明的能力，而且相對說來也是比較簡明的。此外，更重要的是：我們承認類，是因爲我們能夠提供關於兩個類同一的標準，用公式表示：

$$(x)(x\in A\leftrightarrow x\in B)\rightarrow(A=B)$$

意思是說，如果兩個類有完全相同的元素，則這兩個類同一。由於類滿足了本體論承諾的認可標準，因此，蒯因除了承認物理對象之外，也承認類是數學說明所必需的。承認像類這樣的抽象實體是數學眞理的本體論基礎。

在70年代中期，在英國廣播公司（BBC）舉辦的一個哲學電視訪談節目中，蒯因這樣概述了他的本體論立場：

> 我的本體論包括廣義上的物理實體。空間和時間關係中的任何部分的內容，不管多分散，在我看來都是物理實體。此外，我的本體論像我說過的，還包括基於那些物體之上的抽象的分等級的類別。但是，由於行為主義對意義的懷疑，我不能接受常識所接受的其他抽象實體，如屬性和命題。[77]

> 我認為物體是實在的、永恒的和獨立於我們的。我認為不僅存在這些物體，而且存在一些抽象的對象物，如數學的抽象對象物似乎需要用來充填世界系統。但我並不承認思

[77] 麥基編：《思想家》，三聯書店，1987年版，頁257。

> 想實體的存在，因為它們不是物質體，而是物質體主要是人體的屬性和活動。(78)

總起來看，蒯因早期持有極端唯名論的立場，因而只承認個別具體的對象（個體）存在，拒斥一切抽象實體（包括類）。但在中後期，蒯因的本體世界中一直容納了兩類成員：四維時空中的物理實體和作爲抽象物但又爲數學所需要的類。現在的問題是，如果要從哲學上定性的話，蒯因後來是否放棄了唯名論綱領，而轉向了實在論或柏拉圖主義？

根據蒯因的表述，實在論就是

> 主張共相或抽象物獨立於人心而存在，人心可以發現但不能創造它的柏拉圖學說。(79)

> 在實在論的語言中，變項容許取抽象物為值。(80)

在「變項容許取抽象物爲值」的意義上，蒯因無疑具有實在論傾向，例如他在〈邏輯和共相的實在化〉一文中，就允許謂詞字母「F」、「G」進入量詞中而獲得取作爲共相的類爲值的變元身分，並特別強調指出：

---

(78) 麥基編：《思想家》，頁245。
(79) 《從邏輯的觀點看》，頁13～14。
(80) “Designation and Existence,” in *Readings in Philosophical Analysis,* ed. by H. Feigl and W. Sellars, 1949, p. 50.

> 在任何情況下，共相都是不可歸納地要預設的。通過對謂詞字母加以約束來設定的共相，決不能借助某個單純關於記法簡寫的約定而解釋掉。如同我們早先能够訴諸關於抽象的那些內含較少的實例那樣。[81]

但不能由此就作出結論說，蒯因是一位十足的實在論者。因爲即使同樣承認作爲共相的類，但在關於類的本性的看法卻存在重要差別。

蒯因在唯名論和實在論之外還提到了概念論：概念論也「主張共相存在，但認爲它們是人心造做的」[82]，只有在抽象物能夠由預先指明的諸個別成分個別地構造出來時，概念論才允許使用約束變項來指稱它們。具體就類來說，概念論「把類當作構造物而不是發現物」[83]。可以這樣說，蒯因是在概念論意義上允許作爲共相的類存在的。他指出：「類在本質上是概念性的而且是人創造的。」[84] 在唯名論、實在論、概念論三者中，蒯因認爲，

> 從戰術上說，概念論無疑是三者中最强有力的立場；因為，精疲力竭的唯名論者可能墮入概念論，但與此同時卻仍能鎮定他的清教徒的良心，自省尚不曾十分上當，去跟柏拉圖主義者一起同享忘憂果。[85]

[81] 《從邏輯的觀點看》，頁112。

[82] 同上書，頁14。

[83] 同上書，頁116。

[84] 同上書，頁113。

[85] 同上書，頁119。

無論從哲學的歷史還是現實來看，概念論都與唯名論有更多的聯繫，立場比較接近，以致可以說它是唯名論的一個支脈。因此，蒯因是一位有強烈唯名論傾向的哲學家，這一說法大體上是成立的。因爲首先，蒯因雖然認爲唯名論綱領極爲困難，但是他又認爲，「我們並不知道它是不可能的」[86]。因而他從原則上並沒有放棄唯名論；其次，他雖然承認有類這樣的抽象物，但是他並不願意像實在論者那樣把它看作獨立自在的實體，而是像概念論者那樣把它當作是人的構造物。蒯因從來不是一位眞正的實在論者，因此，當後來他公開宣稱自己是「贊成共相的實在論的」，甚至說自己「現在和過去一樣是一個謂詞和類的實在論者；一個徹頭徹尾主張抽象共相的實在論者」，說從他「最早」發表著作時起就已「明白承認類和謂詞爲對象」[87]時，就不禁令人大惑不解，並在西方哲學家中引起譏評。

以上我們討論了蒯因在本體論上承認些什麼以及爲什麼承認它們，在本節以下各部分將討論蒯因在本體論上不承認些什麼，以及爲什麼不承認它們。

5.4.2　拒斥共相

嚴格說來，「拒斥共相」這一說法是不準確的。蒯因並不一般地拒斥共相，如上所述，他承認類這個共相，他所拒斥的是除類之外的其他共相，如屬性、關係、函項、數等等。

蒯因不承認屬性的存在。他在〈論有什麼〉一文中指出，有

---

[86] W. V. Quine: *Mathematical Logic*, New York: Norton, 1940, p. 121.

[87] *Theories and Things*, pp. 182～184.

些哲學家論證說，既然有紅的玫瑰、紅的晚霞、紅的房子等等，而它們又有某種共同的東西，即它們都有紅色這種屬性，因而屬性肯定是存在的。但蒯因指出，「這是一種形而上學的特徵」，可以「直接而平凡的被判定爲假」。他論述說，一個人可以承認有紅的房屋、玫瑰和落日，但否認它們有任何共同的東西，認爲這只不過是一種通俗而易引起誤解的說話方式。在蒯因看來，「紅的」或「紅的對象」只不過是一些謂語表達式，把它們用於某些對象時爲眞，用於另外一些對象時爲假，如此而已，此外再沒有什麼「紅性」(redness) 之類的抽象共相。蒯因也不同意這種觀點，即認爲既然我們把「紅色的」這樣的詞當謂詞使用，我們就有義務承認它是某種事物（例如「紅性」這種共相）的名稱。他認爲這個觀點仍舊是把名稱和意義混爲一談，即認爲一個普通名詞是一名稱，它必須命名某一個實體。但蒯因批駁了這一觀點，指出「一個單獨語詞不必給對象命名才有意義」，「意義必定有別於被命名的對象」。於是，蒯因作出結論說；「我們能夠使用一般語詞（例如謂詞）而無須承認它們是抽象的東西的名字。」

蒯因承認類，但不承認屬性，他在多處地方闡述了其中原因:

> 類之優越於屬性，就在於其明白的個體化：當且僅當它們具有相同的分子時，它們才是同一的。[88]

> 屬性與類相異之處只在於，當類含有相同分子時，它們是

[88] 《從邏輯的觀點看》，1980年版序，頁 6。

> 等同的，而對屬性來說，即使是出現在所有的而且僅僅是相同的事物中，屬性也可以不同。[89]

在《邏輯哲學》一書中，他也指出:

> 屬性在其不足以個體化上是與命題相同的。集合可以借助於外延性原則而很好地被個體化，外延性原則把元素相同的集合視為相同集合；而此原則對屬性不適用……[90]

概括起來，蒯因之所以承認類，是因爲有確認兩個類同一的標準，即外延性原則

$$(x \subset y) \wedge (y \subset x) \rightarrow (x = y)$$

意即若兩個類有同樣的元素，則它們就是同一的。但這一原則卻不適用於屬性：同一類的對象可以有兩個不同的屬性，例如，所有並且只有有心臟的動物是有腎臟的動物，但是有心臟的屬性不同於有腎臟的屬性。蒯因指出:

> 屬性的相同所進一步需要的是開語句在某種意思上的同義性，而……要使同義性具有令人滿意的意思是無指望的。[91]

因此，蒯因拒絕「屬性」的本體地位。

---

[89] 《從邏輯的觀點看》，1980年版序，頁99。

[90] 《邏輯哲學》，頁124。

[91] 同上。

蒯因只承認類，而不承認屬性、關係、數函項等等，還出於一個原因：所有這些東西都可以還原或化歸爲類。

> 如此設定的類是數學所需要的全部共相。如同弗雷格表明的，數可以定義為某些類的類。如所指出的，關係同樣可以定義為某些類的類。而函數，如同皮亚諾强调的，都是關係。(92)

> 大大小小的物理對象不是唯一的設定物。……作為數學內容的設定物——最終是類、類的類，如此等等——是同樣性質的另一設定物。……(93)

因此，屬性、關係、數、函項這些概念在理論上就是多餘的，更別說它們所代表的共相了。以信奉簡單性原則、高舉奧卡姆剃刀著稱的蒯因，自然會毫不留情地一律排斥它們。

5.4.3 躲避內涵

「躲避內涵」取自蒯因的《語詞和對象》一書第6章的標題「flight from intention」，意思是指蒯因不承認意義、概念、命題這樣一些內涵性實體。我們已在第3章3.2.1小節討論了蒯因不承認意義的問題，因此這裏著重討論蒯因拒斥命題的理由。

在《語詞和對象》第6章、《邏輯哲學》第1章等論著中，

(92) 《從邏輯的觀點看》，頁112～113。

(93) 同上書，頁42。

蒯因詳細分析和批駁了一些邏輯學家和哲學家假定命題的種種理由。他指出，這些理由歸納起來有以下四點:

(1) 命題是由兩種語言的不同句子所共同表達的，在語言翻譯過程中力求保留的東西，或者更明確地說，命題是語言翻譯的眞正對象。

(2) 在哲學分析過程中，我們要把一個句子精釋爲另一個句子，釋義的基礎和前提是這兩個句子同義，卽它們表達同樣的命題。

(3) 語句沒有眞假，只有命題才有眞假，因而唯有命題才是眞值載體，卽能夠爲眞爲假的東西。因爲同一語句在不同語境中可以表達不同命題。一語句在某種語境中表達某命題，與事實相符，因而爲眞；此語句又在另一語境中表達另一命題，與事實不符，因而爲假。如果語句有眞假，則同一個語句可以既眞又假，這是荒謬的，因此語句不可能有眞假，僅有命題才有眞假。

(4) 命題是相信、知道、懷疑、斷定這類命題態度詞的對象。例如，在「哥白尼相信地球圍繞太陽轉」這個句子中，哥白尼所相信的不是一個句子，而是該句子所表達的思想卽命題。

蒯因認爲，上述所有理由均不成立。他論述說，理由 (1) 之所以不成立，其原因在於翻譯是不確定的:

> 可以用不同的方式編纂一些把一種語言譯為另一種語言的翻譯手册，所有這些手册都與言語傾向的總體相容，但它

們彼此之間卻不相容。[94]

這就是說，關於同一語句不存在唯一正確的翻譯。根據蒯因的觀點，語言是社會的、主體間公共可觀察的活動，語言的意義則是這種言語活動的特性，因此必須根據行爲來解釋。但是，意義相對於觀察證據和言語行爲傾向總體是不確定的，並且，具有經驗意義的不是單個的觀察句，而是一個句子系統或理論體系。在同樣的行爲證據基礎上，關於單一語句可以提供不同的彼此不相容的翻譯，因此，翻譯是不確定的，作爲唯一正確的翻譯對象的命題也是不存在的。蒯因指出：

> 命題概念似乎有利於精確地談論翻譯，因為它錯誤地理解了翻譯的本性。它培育了一種有害的幻覺，即對於恒久語句有唯一正確的翻譯標準。[95]

理由 (2) 不成立，其原因在於它假定了被精釋項 (analysanda) 和精釋項 (analysantia) 之間的同義關係，即它們表示同一命題。但是根據蒯因的行爲主義意義理論，同義性是一個極其捉摸不定的概念，無論是用定義（其中包括詞典定義、精釋、約定定義）、保全眞値地可互相替換性，還是用人工語言的語義規則等來說明、刻劃同義性都是不成功的。由於在行爲證據上不足以精確地刻劃同義性，因而我們就缺乏將兩個語句視爲表達同一命題的標準，或者更明確地說，缺乏將兩個語句所表達的兩

[94] *Word and Object*, p. 27.

[95] 同上書，p. 208.

個命題視爲同一的標準。而在蒯因看來，「沒有同一性就沒有實體」，因此命題就不能個體化，不能作爲精神性的內涵實體而存在。蒯因說，這一點是他拒斥命題的主要理由：

> 導致我們……拒斥命題的原因，歸根到底，就是其不足以個體化。[96]

> 我反對承認命題主要並不是出於哲學上的儉省，即這樣一種願望：除了必需品之外，從不幻想天地間的任何東西；特別地，也不是出於具體主義（particularism，否定無形或抽象實體的主張）。我的拒斥是更為緊迫的。如果有命題的話，它們就會在語句自身中造成一種同義性或等值關係：那些表述同一個命題的語句是等值的。這就是我的拒斥所在。[97]

理由(3)之不能成立，其原因在於它所談論的語句只是場合句，而不是恒久句。場合句是與特定的言語情景相關的，同一句子（更確切地說是語句殊型[98]）如「這本書是我的」在不同的時

---

[96] 《邏輯哲學》，頁60。

[97] 同上書，頁4～5。

[98] 語句殊型（token）是相對於語句普型（type）而言的。語句殊型是指出現在一定時空場合的物理客體，表現爲說出的一串聲音或紙上的一串符號，是在一定語境中說出或寫出的具體句子。而語言普型有兩種意義：(1)由相似的語句殊型所體現的那個模式；(2)由相似的語句殊型組成的類。它是一種抽象的存在。二者之間具有一種例示關係，即可以把殊型看作是普型的一個個具體實例。不同的殊型是同一個普型的殊型，是因爲它們之間的相似以及它們與它們所例示的普型相一致。

間、地點，由不同的人指著不同的書說出來，確實會得到不同的眞假結果：在某種語境中它爲眞，而在另一語境中它爲假。但是，如果我們把此類語句的一切指示詞如我、你、他，這裏、那裏、過去、現在、未來等等，都代之以確定的名稱、時間、地點等等，使其變成眞值與語境無關的恒久句，那麼它就可以作爲眞值承擔者了，沒有必要再假定命題。蒯因指出：「被視爲眞與假的最好的東西不是命題，而是語句殊型，或是語句，如果它們是永久性的話。」[99]

蒯因還論證了理由 (4) 不成立。通常之所以引入命題作爲態度動詞的對象，是因爲按下述方式理解「Tom believes that Cicero denounced Catiline」（湯姆相信西塞羅告發了卡泰琳）：湯姆相信的對象是由「that Cicero denounced Catiline」表達的命題。蒯因不願承認有所謂的態度動詞的對象，無論這對象是命題還是其他，因而他把「believes that」看作是科學語言中的一個新的詞彙類型，他叫做「態度詞」(attitudinatives)，態度詞後面跟一語句，所形成的不是對象名稱即命題，而是形成謂詞。於是，在語句「Tom believes that Cicero denounced Catiline」中，單稱詞項「Tom」被直謂地附加給一普遍詞項「believes that Cicero denounced Catiline」，形成一個語句；該語句爲眞，當且僅當，個體 Tom 事實上包含於謂詞「believes that Cicero denounced Catiline」的外延之中。這樣一來，相信構造以及其他的態度構造並不指稱、命名任何類型的對象，它們只不過是對於某些對象爲眞，對於另外一些對象

---

[99] 《邏輯哲學》，頁26。

爲假的謂詞。

這樣，蒯因就駁斥了假定命題這個內涵性實體的種種理由，從而拒斥了命題。值得指出的是，蒯因拒斥意義、命題、概念等內涵性實體的主要理由就是不能爲它們提供同一性標準，因而不能使它們個體化。

5.4.4 不承認可能個體

可能個體是由可能世界語義學引入的，後者是模態邏輯的語義理論。所謂可能世界，就是我們能夠加以想像的任何世界，只要這個世界不包含矛盾。現實的東西顯然都是可能的；因此現實世界也是一個可能世界，當然還有非現實的可能世界。在非現實的可能世界中的個體就是這裏所說的可能個體。例如連任三屆美國總統的尼克森就是一可能個體 。蒯因絕對不承認此類可能個體，其原因與他拒斥屬性、關係、意義、命題等等的原因相同，就是不能爲其提供同一性標準，因而我們無法辨認和區分兩個可能個體是同一還是不同。他指出:

> 例如，考慮在那個門口的可能的胖子；另外，再考慮在那個門口的可能的禿子。他們是同一個可能的人還是兩個可能的人呢？我們怎樣判定呢？在那個門口有多少可能的人呢？可能的瘦子比可能的胖子多嗎？他們中有多少人是相似的？或者他們的相似會使他們變成一個人嗎？沒有任何兩個可能的事物是相似的嗎？這樣說和說兩個事物不可能是相似的，是一回事嗎？最後，是否同一性這個概念乾脆就不適合於未現實化的可能事物呢？但是談論那些不能夠

有意義地說它們和自身相同並彼此相異的東西究竟有什麼意義呢？……[100]

他因此對可能世界語義學深惡痛絕，曾經在一個哲學電視訪談節目這樣說到：「存在一種關於可能世界的時髦哲學，但它在我的哲學中連夢也算不上。」[101]

此外，蒯因也不承認所謂的事實。這是因爲，像性質、關係、命題等等一樣，事實沒有明確定義的同一性條件。對「扣動扳機與殺人是同一實體嗎？」這樣的問題，是沒有答案的，還可以根據其他的理由對事實提出異議。「事實」是一個風格上的拐棍，在某些語法構造如「他迴避這一事實是不明智的」中，它有助於支撐「that」這個詞[102]，並且「這個事實」這一詞組是一種典型的縮寫，它代表以前表達過的看法。事實既有這樣的性質，就可以用釋義的辦法來消除或完全避開它；它有助於活躍文體，如威廉・小斯特倫克（William Sterenk, Jr.）和懷特（E. B. White）《風格的要素》中所說的那樣。

5.4.5　物理主義

物理主義是與現象主義相對而言的。在現象主義的語彙中，「感覺材料」（sense data）這個詞具有重要意義。所謂感覺材料，是指呈現在人們的感覺中的事物及其性質，它們與直接的感覺經驗密切相關，因此亦稱「現象」。例如，在「目前我的視野

[100] 《從邏輯的觀點看》，頁4。

[101] 麥基編：《思想家》，頁256。

[102] 在英語中，「that」可以作爲表示某一事實的從句的引導詞。

裏有一個紅色的三角形」這個語句中，處於某人視野中的那個紅色三角形就是感覺材料。現象主義者認爲，感覺材料是最簡單並且是人們知道得最確切的對象，因而也是唯一眞實的對象，其他一切東西例如物理對象都是基於感覺材料之上的邏輯構造，關於物理對象的陳述之意義應完全歸結爲關於感覺材料的陳述，一切其他詞彙都必須通過指稱感覺材料的基本詞彙來定義。於是，關於感覺材料亦即直接經驗的知識就成爲整個知識體系的堅實基礎。物理語言則是物理主義的核心概念，它是指人們在日常生活中或者在物理學中關於物理事件所使用的語言。由於可以把物理事件表述爲處於一定時空座標中的事件，因此也可以把物理語言看作是對於物理事件的時空描述。所謂物理主義，就是主張把物理語言當作科學的通用的普遍語言，認爲作爲各門科學基礎的不是由個人直接的感覺經驗證實的原子命題，而是用一切人都能理解的、具有主體間性的物理語言表述的命題；各個專門學科的語言都可以在保存原意的條件下翻譯成物理語言，後者對於表述所有的自然科學命題是充分完備的；而且，就所有的自然規律都是物理規律的邏輯推論這一點而言，各門自然科學是一個統一的整體。總起來看，蒯因早期偏向現象主義，中後期則持有明顯的物理主義立場。因此，大體上可以說，蒯因是一位物理主義者。

在40年代晚期所寫的一些論文中，特別是在50年代初所發表的幾篇著名論文，例如〈論有什麼〉(1948)、〈同一、實指和實在化〉(1950)、〈經驗論的兩個教條〉(1951)中，蒯因曾與現象主義調情。他指出，在各式各樣的概念結構中「有一個概念結構，即現象主義的概念結構，要求認識論上的優先權」，它「在認識論上是更基本的」。因爲現象主義是

>「適合於一件接一件地報導直接經驗的諸概念的最經濟的集合」,「屬於這個結構的東西……是感覺或反省的個別的主觀事件。」[103]

這種個別的感覺事件就是所謂的感覺材料，亦即現象。它們是直接經驗的對象，是直接被給予的存在，而不是被設定、被引進的東西，因而在認識論上是在先的、更基本的。物理對象則不是在經驗中被直接給予的東西，而是作爲「方便的中介物」被「引進」的，是一種爲了理論簡化的需要而「不可簡約的設定物」，就認識論的立足點而言，物理對象與荷馬史詩中的諸神一樣，都是「神話」和「虛構」，不過「它作爲把一個易處理的結構嵌入經驗之流的手段，已證明是比其他神話更有效的。」[104]

不過，蒯因早期所堅持的只是一種溫和的現象主義，即認爲感覺材料是關於世界的實實在在的眞理，而物理對象因此只是設定和虛構。他從來不是相信「物理對象只不過是感覺材料的邏輯構造」的現象主義者。這有兩個表現：其一是，蒯因早期就堅決反對卡爾納普等人所持的「理性重構式」的還原論綱領，強調指出：「要把關於物理對象的每個語句不論通過多麼迂迴複雜的方式實際上翻譯爲現象主義語言，這是不可能的」，我們可以繼續研究這種還原有多大程度的可能性，但是「物理學整個說來是不可還原的」[105]。在〈經驗論的兩個教條〉一文中，他更是嚴厲批判了所謂還原論的教條。其二是，即使在早期，蒯因也沒有完全

[103] 《從邏輯的觀點看》，頁16～18。

[104] 同上書，頁41～42。

[105] 同上書，頁16。

否定物理主義，他承認物理主義的概念結構也有其優點，也有它自己特殊的簡單性，也應當得到發展，它「在物理學上是基本的」。這一概念結構的優點是:

> 對於簡化我們的全部報導，能提供很大的便利。由於把分散的感覺事件統一起來並把它們當作關於一個對象的知覺，我們便把我們的經驗之流的複雜性歸約為容易處理的概念的簡單性了。(106)

蒯因早期對物理主義的這樣一種態度，就爲他後來完全轉向物理主義埋下了伏筆。1953年，蒯因發表〈論精神實體〉一文，隨後又發表了〈科學的範圍和語言〉(1954)、〈設定物和實在〉(1960) 等文，並出版了《語詞和對象》(1960) 等著作。在這些論著中，蒯因明顯放棄了現象主義立場，而轉向了物理主義。例如，他在〈論精神實體〉一文中，斷然剝奪了直接的經驗現象或感覺材料在認識論上基本的、在先的地位，認爲「純粹的感覺材料這個概念是一個極其空洞的抽象」，「要尋找一個直接明顯的實在，一個比外部對象更直接的實在，乃是一個錯誤。」(107) 蒯因在《語詞和對象》一書中，特別是在該書第1章第1節中對物理主義作了比較詳細的闡述，但其基本思想仍與〈論精神實體〉一文相一致。

蒯因中後期放棄並批判了自己早年所持的溫和現象主義觀點，其批判的要點可以歸結爲一句話：感覺材料「既不足以取代

---

(106) 《從邏輯的觀點看》，頁16～18。

(107) *The Ways of Paradox and Other Essays*, p. 225.

物理現象，又在物理對象之外毫無助益。」[108] 蒯因論述說，就下述方面和下述理由而言，感覺材料不足以取代物理對象：

(1) 語言學習需要物理對象。「我們每一個人都是從他人那裏，根據在明顯主體間的境況下可觀察的說出詞語的行爲，來學會自己的語言的。」[109] 在這種對於語言學習的實在論說明中，感覺材料不足以取代物理現象。

(2) 關於主觀的感覺性質的談論在很大程度上是從關於物理對象的談論中派生出來的：「當一個人試圖描述一個特殊的感覺性質，他典型地要訴諸指稱公共的事物——把一種顏色描述爲橙色（orange）或紫紅色（heliotrope）[110]，把一種味道描述像臭蛋的味道似的。」[111] 更一般地說，「甚至我們已逐漸將其看作是嚴格和直接意義上的感覺的詞彙，像『紅的』，在指稱上也明顯是客觀的，如……我們通過面對一個我們父母叫做紅的外部對象，來學會『紅』這個詞。」[112]

(3) 對於感覺材料的要求，既由先已接受的物理對象所引起，又受後者的指導。

(4) 對於記憶的典型的感覺材料說明是不充分的，感覺材料

---

[108] *Word and Object*, p. 239.

[109] 同上書，p. 1.

[110] 在英文中，orange 和 heliotrope 都是先指一種植物或其果實，如 orange 指橙（樹）或柑（樹），heliotrope 指天芥菜屬植物；後指此種東西所體現的顏色，orange 指橙色，heliotrope 指紫紅色。

[111] *Word and Object*, p. 1.

[112] *The Ways of Paradox and Other Essays*, p. 225.

理論家把記憶看作是過去感覺材料的現存的忠實摹本。

但這樣一種說明並不一般地成立，因爲卽使它適合於解釋某些記憶，但並不適合於解釋絕大多數記憶。在蒯因看來，「記憶正像是斷定過去的感覺材料的證據一樣，它也在同等程度上是過去設定超感覺對象的產物。」(113)

(5) 更一般地說，直接經驗之流僅由轉瞬卽逝的感覺材料構成，這一說法是不成立的。正像一個人的記憶在很大程度上是過去概念化的產物一樣，他的直接經驗在很大程度上也是他當下目標和過去概念化的產物：「直接經驗本身明顯地不能結成爲一個自主的領域。對於物理事物的指稱在很大程度上才能把它連接在一起。」(114)

蒯因還論證說，感覺材料還因下述原因除開物理對象之外是無助益的：(1) 作爲物理對象之外的報導假象、錯覺、不確實性的手段，感覺材料是不需要的。蒯因在講物理對象的從句前加上「似乎」來解釋感覺材料，然後用將命題態度詞解釋掉的方法，將感覺材料解釋掉。(2) 對於說明我們的知識或關於物理對象本身的談論，感覺材料也是不需要的。總而言之，「通過設定先於物理對象……的作爲中介的主觀的理解對象，什麼也沒有闡明，除了額外的負擔外什麼也沒有增加」。(115) 這對於信奉系統的簡單性或對理論的有用性原則的蒯因來說，是不能容忍的。因此，他承認物理對象，而拒斥感覺材料。因爲物理對象對於理論有用，而感覺材料既不足以排除物理對象，並且除開物理對象之外也不

(113) *The Ways of Paradox and Other Essays,* p. 224.
(114) *Word and Object,* p. 2.
(115) 同上書，p. 235.

被需要，缺乏理論的有用性，理所當然地在知識理論中沒有它們的位置。

蒯因放棄溫和的現象主義之後，轉向了物理主義。在〈事實問題〉一文[116]（1977）中，蒯因提出了物理主義論題的四種表述:

T1 假如在物體（bodies）的位置或狀態方面沒有差別的話，那麼在世界上也沒有差別。

論題 T1 的意義在於不承認抽象實體如類、數、函項等等的存在，因爲後面這些東西不可能有位置或狀態方面的差別。但是，承認此類抽象實體就是放棄物理主義嗎？蒯因的回答是否定的。蒯因認爲，物理主義者並不執著於一個純粹物質的本體論；相反，他所要強調的只是物體在 T1 所斷言的意義上對於自然的基礎地位。

T2 假如在物體的位置或狀態方面沒有變化，那麼就沒有任何變化。

論題 T2 據認爲也適用於精神世界，因爲精神狀態也有變化。但蒯因指出，T2 關於精神生活所說的是：假如沒有物理差別，那麼就不存在精神差別。它只不過是說「物理對象是基本對象」的一種方式。假如 T2 成立的話，再承認心靈是身體之上和之外的實體，就是毫無意義的本體論上的奢侈；並且，如在日常用法中那樣，我們把心理主義謂詞直接用於作爲物體的人，也不會損失什麼東西。

---

[116] 載於 *Essays on the Philosophy of W. V. Quine*, edited by R. S. Shahan and Chris Swoyer, pp. 155~169. Norman: University of Oklahoma Press, 1979.

> 我們仍然有兩種類型的謂詞: 心理的和物理的。但兩類謂詞都適用於物體。這樣，物理主義者展示了一個包括合法的物理對象，加上數學的集合或其他抽象實體的本體論，根本沒有心靈作為附加實體。[117]

實際上，如果「物理差別」和「物體的狀態」不得到明確的解釋， 則論題 T1 和 T2 的意義就是不確定的。 在〈事實問題〉一文中，蒯因指出，幾個世紀以來，物理學發展的主要動機之一就是要限定什麼可以看做是物理的差別、物理的特徵、物理的狀態。例如，在最初的原子理論中，客觀物體讓位於微觀物體——原子。按照這一理論，任何物理差別都是作爲構成成分的原子在數目、排列或軌跡方面的差別。用這些術語表述的物理主義就是下面的論題 T3:

T3 假如在原子的數目、排列或軌跡方面沒有差別，則在世界上就沒有差別。

不過，論題 T3 不再是充分適用的，因爲原子論已讓位於現代核理論，齊一的原子讓位於各種各樣的基本粒子。並且，這還不是終點。有跡象表明，核理論有可能被場理論代替: 在後者之中，不同的物理狀態在不同程度上被直接歸諸於不同的時空區域，這就是論題 T4:

T4 假如用時空區域來塡充物理狀態謂詞沒有差別的話，那麼事實上也就不存在差別。

於是，物理學從宏觀物體開始，然後設定與之類似的微觀物

---

[117] "Facts of the Matter," in *Essays on Philosophy of W. V. Quine*, p. 163.

體，隨後將微觀物體分解爲各種基本粒子，最後用時空區域來消解這些基本粒子。蒯因指出，實際上，物理學本體論的演變並未就此止步：「通過把每一個時空點與一個相應於任一座標系統的實數或複數的四元組相等同，我們就可以把時空區域解釋爲數的四元組之集。」更進一步，由於數又可以根據集合論來精釋，並且是根據沒有具體對象的純粹集合論來精釋，於是，所需要的一切就是空集、空集之集、空集之集之集，如此等等。於是，物理主義者就拋掉了物理對象，而達到了一個純粹集合的本體論。蒯因把這一點稱之爲「本體論坍塌」(ontological debacle)。

關於本體論坍塌，蒯因指出：

> 我們的世界體系的本體論於是歸結為集合論的本體論，但我們的世界體系並不歸結為集合論；因為我們的包括謂詞和函子的詞典頑强地挺立於一旁。[118]

蒯因這裏談到的是科學的語言，即一階語言，其中

> 有真值函項、量詞及其變元，以及一個謂詞詞典。變元現在以純粹集合為值域，謂詞包括用於集合元素的二元數學謂詞「∈」，此外是物理謂詞。這些將用於把物理狀態歸於時空區域，每一個區域是一個數的四元組之集。[119]

[118] "Whither Physical Objects," in *Essays in Memory of Imre Lakatos*, edited by R. S. Cohen p. 503.

[119] "Facts of the Matter," in *Essays on Philosophy of W. V. Quine*, p. 165.

這些要素中，量詞及其變元與本體論相關，「存在就是成為約束變項的值」；但謂詞和函子卻與本體論無關，因此它們將不隨「本體論坍塌」而坍塌，而將「頑強地挺立於一旁」。蒯因還指出，對於這種本體論坍塌的正常反應是，

> 與我們過去通常所作的相反，給單純的本體論思考以較小的重要性。我們可能逐漸理所當然地把純數學當作本體論的場所，並因此認為，自然科學的詞典，而不是本體論，才是形而上活動之所在。[120]

5.5　簡要的回顧與評論

在本章中，我們首先指出，蒯因對於本體論問題的關注，在其整個學術生涯中是一貫的；在隨後三節中，我們詳細探討了蒯因的本體論學說及其特有的本體論立場。現在對本章內容作一簡要回顧與評論。

第一，關於蒯因的本體論觀。概而言之，從語言和邏輯角度審視本體論，這是蒯因本體論研究的一大特色。並且蒯因認為，本體論問題是任何科學理論或概念結構所固有的，因此本體論與自然科學具有同等的地位。由於蒯因在本體論方面的工作，從而把一度被逐出哲學研究範圍之外的本體論問題重新請回了哲學的殿堂，恢復了本體論在哲學研究中的重要地位，這是蒯因在現代分析哲學中所作出的重要貢獻。在蒯因之前，分析哲學中籠罩著

[120] "Whither Physical Object," in *Essays in Memory of Imre Lakatos*, pp. 503～504.

一股濃厚的反形而上學即反本體論的情緒。邏輯實證主義者明確提出了「拒斥形而上學」的口號，他們把形而上學問題歸於無意義的、沒有確定答案的、似是而非的僞問題，認爲哲學的任務就是用邏輯方法分析語言的形式或結構，以揭示其邏輯形式。日常語言哲學認爲哲學問題產生於對語言的誤用，因而哲學的任務就在於闡釋某些語詞的邏輯語法，收集有關這些語詞作用的提示，描述這些語詞所能完成的不同功能及其完成這些功能的條件。因此帶來的後果之一就是卡爾・波普 (Karl Popper, 1902～) 所批評的「哲學研究的瑣細化」:「批判確實是哲學的血液。然而我們應該避免吹毛求疵。不去理解有關宇宙論、人類知識、倫理學和政治哲學的大問題，而熱中於對瑣細之點作瑣細的批判，在我看來是致命的。」與討論瑣細問題的瑣細哲學家相反，波普認爲，

> 哲學的主要任務就是批判地思考宇宙以及我們在宇宙中的位置，包括我們的認識能力和行善作惡的能力。[121]

蒯因的本體論觀也是對瑣細哲學的一種反叛，它使曾經一蹶不振的本體論研究重新獲得了生機，幾乎可以這樣說，蒯因在本體論領域裏起了扭轉乾坤的作用。蒯因不去研究實際上有什麼東西存在這樣的本體論事實問題，而退回到語義學水準上，專門研究一個理論說有什麼東西存在這樣的本體論承諾問題。關於這一點的成敗得失，必須放到現代西方哲學的「語言轉向」(Linguistical

---

[121] Karl R. Popper: "How I See Philosophy," in *Philosophy in Britain Today*, edited by S. G. Shanker, Groom Helm, 1986, pp. 198～212.

turn）這個大背景去考察，不是這裏的三言兩語能夠說得清的。

第二，關於本體論承諾的識別、認可與還原。蒯因以量化理論或一階邏輯爲理論框架，提出了一個本體論承諾的識別標準：「存在就是成爲約束變項的值」，並且提出了一個本體論承諾的認可標準：「沒有同一性就沒有實體」，這裏的同一限於外延的同一，此外還討論了本體論承諾的識別方法——語義整編。根據蒯因，語義整編包括兩大任務：語法分析和釋義，其最後結果是得到一個用一階邏輯語言表述的理論。在這種理論中，只要按照「存在就是約束變項的值」的標準，很容易將其本體論承諾識別出來。蒯因還討論了本體論還原問題，即能否在不傷害一理論的規律的情況中，將它的較爲豐富的本體論簡化、歸約或還原爲較爲貧乏的本體論。

蒯因關於本體論承諾的討論，其最大特點是引入現代邏輯的工具，使對於一個理論的本體論承諾的識別、認可、還原嚴格化、精確化與程序化。這一套學說新穎別緻，具有很大的獨創性，幾乎可以說在哲學史上前無古人。僅憑這一點，就充分說明蒯因這一工作的重大學術價值。但是，我認爲，蒯因的這一學說存在一個嚴重的理論漏洞或者說錯誤。關於本體論承諾的整個學說，實際上是在假定：任何理論如一個心理學理論、或一個經濟學理論都能用一階邏輯的語言（簡稱一階語言）表達，都能表述成爲一個一階理論。這又等於假定：一階語言的表達能力是足夠的、無限制的。但熟悉現代邏輯的人都知道，這是一個錯誤的假定，因爲一階語言存在表達能力上的局限，有一些重要的問題或命題無法用它貼切地表達。例如，根據司寇倫（T. Skolem）定理，$\forall x\exists y A(x, y)$ 在消除量詞後所得到的公式 $A(x, f(x))$

僅與原公式同可滿足，但並不邏輯等價；$\forall x \exists y A(x, y)$ 與「存在 f 使得 $\forall x A(x, f(x))$」等價，但後者不能用一階語言表達，因爲一階語言中沒有函數變元，更沒有關於函數變元的量詞。又如數學歸納原理，原意爲「對任何性質P，若 P(0) 眞，並且對任意自然數 k，$P(k) \rightarrow P(k+1)$ 眞，那麼對任意自然數n有 P(n) 眞。」在建基於一階邏輯的形式數論中，沒有謂詞變元和有關謂詞變元的量詞，因而只能將這一原理表示爲模式：

$$P(0) \wedge \forall k \ (P(k) \rightarrow P(k+1)) \rightarrow \forall n P(n)$$

這裏P顯然是指一階語言中可表達的任意性質。但是，正是由於這一點，模式不能貼切地反映數學歸納原理，因爲在一階語言中可表達的性質至多可數多個（一階公式至多可數多個），而有關自然數的性質卻有不可數無窮多個（自然數集有不可數無窮多個子集）。並且，在一階語言中，僅有兩個量詞∀（所有的）和∃（有，有些），若加上等詞＝，可定義至少 n 個、至多n個、恰好n個這樣一些表示特定有窮數目的量詞，但不能表達「有窮」這個一般數學概念，由此導致的結果是：具有任意大的有窮模型的語句集也有無窮模型，這就是一階邏輯的緊致性定理的內容。並且，在一階邏輯中，也不能定義日常語言中常用的「多數」、「少數」、「個別」等量化概念。此外，自然語言中還有一類詞叫「副詞」，如「王剛眞心實意地給她幫忙」，「林娜非常漂亮」，而在一階語言中幾乎不能翻譯或表達副詞。因此，根據蒯因的觀點，要尋找一個理論的本體論承諾，必須先將其翻譯爲一階語言表達的形式，而後者在多數情況下是做不到的。王浩就曾指出：

我們並沒有關於物理學或心理學的一階理論，而蒯因認為這兩門學科是在哲學上有意義的領域。[122]

他還指出:

當在精確的意義對待（本體論）承諾及其標準時，它看起來並不適用於很多有意義的場合，而當它似乎適用於許多有意義場合時，標準本身卻變得模糊不清。[123]

因此，王浩對蒯因的整個本體論學說評價不高。我認爲，王浩的看法是有道理的。

第三，關於本體論的相對性及其選擇標準。蒯因認爲，本體論的相對性是釋義方法的多樣性和指稱的不可測知性的必然推論。它包括三層意意思：本體論

(1) 相對於背景語言，

(2) 相對於翻譯手册，

(3) 相對於指稱量化，即相對於量詞的指稱的（客觀的）解釋。

因此，本體論問題歸根結底是語言問題，通過由一種語言進到另一種語言，就可以由一種本體論進入另一種本體論，本體論的選擇最終被歸結爲概念結構、說話方式或語言形式的選擇。關於如何在不同的本體論之間進行選擇，蒯因指出，不應當從是否同實在相符合作爲取捨標準，而應當以是否方便和有用作爲標準。並

---

[122] Hao Wang: *Beyond Analytic Philosophy*, p. 140.

[123] 同上書，p. 141.

且在這個實用主義的總標準之下，他還提出了諸如保守主義、簡單性、寬容和實驗精神這樣一些子標準或子原則。

從這裏明顯可以看出，蒯因的基本立場是約定論和實用主義的工具論。他認爲，人們在作出本體論承諾時，承認某種事物如物理對象的存在，只不過是爲了便於說明問題而作出的一種理論假定，因此本質上是一種約定。科學理論也不是什麼客觀存在的反映，它也只不過是人們爲了便於預測未來經驗而創造出來的工具。因此，一個人選用那一種理論，完全取決他覺得使用那種理論較爲「方便」、「有用」，以及那一理論在邏輯結構上更爲簡單，與先前已接受的理論更爲相容等等實用主義的考慮。這種實用主義的考慮貫穿於蒯因的整個哲學體系之中。正是在這一點上可以看出，美國的實用主義哲學傳統在作爲美國哲學家的蒯因身上發生了多麼明顯的影響，他把美國牌的實用主義與邏輯實證主義傳統相結合，從而形成了邏輯經驗論的一種新變種——邏輯實用主義。

第四，關於蒯因的本體論立場。在本體論上，蒯因承認兩類東西的存在，即四維時空中的物理實體和數學中的類。他之所以承認它們，是因爲它們滿足下列要求：

(1) 能夠爲其提供外延同一性的標準；

(2) 在理論上有用，即它們爲自然科學特別是數學理論所需要；

(3) 能在經驗上被證實。

在這三條要求上，最重要的又是第一條，滿足此條要求的東西就能被個體化，就能成爲被認可的對象，否則就成爲被拒斥的對象。正是由於不能滿足上述三條要求特別是其中的第一條，蒯因拒絕承認像性質、關係、數、函項這樣的共相存在，也不承認如意義、概念、命題這樣的內涵性實體，更不承認所謂的可能個體、感覺材料以及事實等。蒯因還指出，他所承認的物理對象也不是「所與的」，卽不是先於感覺而獨立自在的客觀實在，而是在本性上與荷馬諸神同樣的設定物。在這一點上，又顯現了蒯因本體論的約定論和實用主義色彩。

蒯因早期偏向於一種溫和的現象主義，卽認爲感覺材料是關於世界的實實在在的眞理，而物理對象因此只是設定和虛構。他在中後期放棄批判了這一觀點，認爲感覺材料「既不足以取代物理對象，又在物理對象之外毫無助益。」他因此轉向下述意義上的物理主義：「假如用時空區域來塡充物理狀態謂詞沒有差別的話，那麼事實上也就不存在差別。」他最後達到了一種只包括集合的純淨本體論，由此造成「本體論坍塌」。

現在的問題是：蒯因是否持有兩個不同的本體論？至少從表面看來，答案是肯定的。蒯因從50年代到70年代，一直信仰一個包括物理實體和類的本體論（物理實在論），他在 BBC 電視訪談節目中明確地表達了這一點：

> 我的本體論包括廣義上的物質實體。空間和時間關係的任何部分的內容，不管多分散，在我看來都是物質實體。此外，我的本體論像我說過的，還包括基於那些物體之上的抽象的分等級的類別。[124]

但是，當蒯因在 70 年代中後期討論本體論還原時，最明顯地是

[124] 麥基編：《思想家》，1987年版，頁257。

在〈物理對象之何在？〉(1976) 一文中，由於受微觀物理學（相對論、量子力學、引力場論等）的成就的影響，而採取了一種「泛畢達哥拉斯主義」的本體論立場：他把心靈還原爲肉體，把物理對象還原爲時空區域，時空區域還原爲數的四元組之集，而數又還原爲集合、集合的集合，如此等等，由此他最後達到了一種只包括集合的純淨的本體論。這是否意味著蒯因放棄了多年堅持的物理實在論而轉向了泛畢達哥拉斯主義？或者更明確地說，這兩種本體論是否邏輯上不相容，以至於只能用一個取代另一個？結論似乎並不如此簡單。實際上，這兩個本體論屬於不同的話語層次，或者說是從不同視角看問題所得的結果。物理實在論是蒯因從我們關於世界的科學體系內部所達到的本體論，而泛畢達哥拉斯主義則是蒯因從認識論角度觀看本體論，即考慮證據理論和指稱理論時所達到的結果。因此，這裏的差別是對本體論的不同研究方式之間的差別，而不是兩種不同的本體論之間的差別。這一點得到下述事實的印證：當考慮本體論的相對性是否會取消「有什麼東西存在」這一問題的現實性時，蒯因作出了否定的回答：

> 我認為，事實並非如此，因為有什麼東西存在的問題實質上是我們的世界體系內部的科學問題，而關於代理函項的問題則只是證據問題，不是本體論問題，而是本體論的認識論問題。[125]

---

[125] W. V. Quine: "Ontology and Ideology Revisited," *The Journal of Philosophy LXXX*, p. 500.

如前所述，代理函項是在討論本體論還原時所使用的概念，蒯因正是通過它達到了只包括集合的純淨本體論，因此泛畢達哥拉斯主義只是從認識論角度觀照本體論所得到的結果。並且，在上述兩種本體論中，蒯因給物理實在論以優先地位。他多次強調指出：哲學家也是漂泊在大海中的水手，只能從航行中的船上整修這艘船。同樣，只有從我們的科學信念之「網」或「力場」內部提出的本體論問題，才是合法的，才具有內在的眞理性；本體論只有成爲科學的一部分才能得到拯救。而從我們關於世界的科學體系外部所提出的本體論問題及其所達到的結果（泛畢達哥拉斯主義）則只具有相對的意義，具有相對性。

第6章　蒯因哲學的總體評價

在前面各章中，我們相繼討論和評述了蒯因的邏輯理論及邏輯哲學、語言哲學、認識論和本體論等方面的學說。本章所要回答的是：以上各種學說是鬆散地連接在一起的，還是在一個統一的哲學體系中各有自己的位置？或者更明確地說，蒯因哲學有沒有一個前後相貫的統一體系？從總體上看，蒯因哲學有那些顯著特徵？蒯因哲學與它以前的各種哲學特別是邏輯實證主義和美國本土哲學有什麼關係？它對當時或以後的哲學已造成或者會造成什麼樣的影響？也就是說，蒯因哲學在現代哲學史上佔有什麼樣的地位？如此等等。總而言之，我們在本章中要對蒯因哲學作出一總體性評價。

6.1　蒯因哲學的體系結構

存不存在一個蒯因哲學體系？ 關於這一問題是有很大爭議的。蒯因十分經常地被描述爲一個論文作家，即是說，他經常圍繞一些單獨的論題（這些論題可能相互聯繫，也可能沒有聯繫）寫作，發表了一些獨創性意見，提出了一些很有影響的觀點或學說，但不存在「蒯因的哲學體系」這樣的東西。但也有一少部分人認爲，蒯因哲學有一個完整的體系，例如漢普謝爾稱蒯因是當今在世的「最傑出的體系哲學家」；吉布森 (R. F. Gibson, Jr.)

在《蒯因哲學》(1982)一書中，把蒯因哲學描述爲一個前後相貫的體系；王浩在《超越分析哲學》(1986)一書中，也不十分明確地把蒯因哲學刻劃爲一個體系，並且認爲其總特徵是「邏輯否定主義」。通過對蒯因哲學的研究，我贊同蒯因哲學有統一體系的看法，並認爲蒯因哲學實際上包括兩大塊：一是基礎部分，包括理論框架、理論基礎、中心論題及其研究方法；二是推論部分，即由理論基礎和中心論題所展開的一系列邏輯推論，如翻譯的不確定性、指稱的不可測知性、本體論的相對性等等。下面就依次展示蒯因哲學的體系結構。

6.1.1 邏輯框架

蒯因對量化理論或謂詞演算（即一階邏輯）情有獨鍾，將其作爲表述已被整編過的科學理論的標準框架。蒯因的興趣中心當然是科學，在他那裏，科學是被作爲科學的理論即相互關聯的句子之網來加以研究的；並且作爲哲學家，他通常喜歡使科學的理論具有形式上精確的統一形式。他所偏愛的統一形式只不過是邏輯和數學文獻中所說的一階理論。例如，他指出：

> 科學語言的基本結構，已經以一種熟知的形式被離析出來，並得到了系統化。這就是謂詞演算：量化和真值函項的邏輯。❶

---

❶ "Facts of the Matter," in *Essays on the Philosophy of W. V. Quine*, ed. by R. S. Shahan et al., Univ. of Oklahoma Press, 1979, p. 160.

> 我們所面臨的這個作為世界體系的構架，就是今天邏輯學家們十分熟悉的結構，卽量化理論或謂詞演算。❷

謂詞演算的語言是簡單的，它包括謂詞、變項、量詞以及少許幾個基本構造：謂述、全稱量化（或存在量化）和眞值函項（可歸約爲一個）；其終極構成要素是變項和普遍詞項（謂詞），它們在謂述中結合起來形成原子開語句。蒯因常把這種語言叫做「標準記法」，稱它有助於我們「理解語言的指稱作用並且闡明我們的概念框架」❸。

蒯因之所以對他所謂的「標準記法」情有獨鍾，主要出於下述原因：首先，標準記法是一種外延性語言，即是說，它只考慮其符號或表達式所指稱的對象，或所具有的眞值，而根本不管其所表達的涵義。在蒯因看來，指稱或眞值是確定的、易於把握的，而涵義卻是一個極其捉摸不定的東西。其次，當用標準記法對我們用日常語言表述的理論進行整編後，(1) 我們獲得了普遍性，因爲變項的値域並沒有特別的限定，它可以適合於任何對象域；(2) 我們使已整編理論的語句之間的關係一目了然，從而使演繹推理可順利進行；(3) 我們揭示了該理論的本體論承諾，因爲存在被看作是處於已整編理論的約束變項的値域之內；(4) 唯有相對於這種已整編的語言，研究本體論問題卽「有什麼東西存在」才有意義：一個人的

> 本體論是不確定的，除非相對於某些先已同意的將他的記

❷ *Word and Object*, p. 228.

❸ 同上書，p. 158.

法譯為我們的整編形式的譯文。❹

最後，並且也是最重要的原因之一，是因爲在謂詞演算中，量詞只能作用於個體變項，而不能作用於謂詞變項和命題變項，因此按照「存在就是成爲約束變項的值」的本體論承諾標準，謂詞演算就沒有承諾意義、命題、性質、關係、函項、數等內涵性實體或抽象共相的存在，而這恰好符合蒯因的本體論立場。

6.1.2 理論基礎

在蒯因的哲學體系中，自然主義和行爲主義的語言觀處於基礎地位。蒯因從批判傳統的意義理論入手，他反對把意義等同於指稱的指稱論語義學，以及把意義視爲人心中的觀念的觀念論語義學，而主張與杜威一道轉向自然主義，即認爲語言是一種社會的、主體間公共可觀察的活動，意義則是這種言語活動的特性，因此必須根據行爲標準來闡明，並且只有在行爲基礎上才能習得。例如，在蒯因最重要的著作《語詞和對象》的序言中，開宗明義第一句話就是:

> 語言是一種社會的技藝。在習得語言時，關於說什麼和何時說，我們必須完全依賴於主體間可資利用的暗示。因此，除非根據人們的與社會可觀察的刺激相應的外在傾向，去核實語言的意義就是毫無道理的。

---

❹ "Facts of the Matter," in *Essays on the Philosophy of W. V. Quine*, p. 161.

對於這同一思想，蒯因後來在《本體論的相對性及其他論文》一書中有一個更簡明的表述:

> 語言是一種社會的技藝。我們大家都只是根據他人在公共可認識的環境下的外部行為，來習得這種技藝的。

這些話充分表現了蒯因關於語言的自然主義和行爲主義觀點，因此被簡記爲 NB 論題 (英語「the naturalistic-behavioristic thesis」之縮寫)。NB 論題的第一部分，即「語言是一種社會的技藝」表明，蒯因首先把語言看做是一種社會活動，即人們用言語進行的活動。蒯因強調這一點，旨在拒斥一種較古老的心理主義語言觀，在它看來，學習語言歸根結底要憑藉內省的中介。蒯因其次認爲，語言是可以用爲一般自然科學所特有的主體間有效的研究技巧來學習的對象。NB 論體的第二部分，即我們都只是根據他人在公共可認識的環境下的外部行爲來習得語言的，表明蒯因的語言觀包括兩部分，一是行爲主義的意義理論，一是行爲主義的語言學習理論，後者與蒯因的「自然化認識論」綱領密切相關。

蒯因是根據行爲主義的刺激—反應模式，來闡述他的語言意義理論的。他提出，人們在面對感覺證據的情況下，是通過詢問—同意—反對的語言遊戲，來習得語言和理解意義的。刺激意義是蒯因哲學的關鍵性概念，它包括肯定的刺激意義和否定的刺激意義，是後兩者的有序偶。刺激意義是一個句子相對於一個特定的說話者在特定時刻的意義，它可以形式定義如下: 語句 s 對於一說話者 a 在時間 t 的刺激意義，是兩個集合的有序偶<Σ,

Σ'>，其中Σ是促使 a 在 t 時贊同 s 的刺激的集合，Σ' 是促使 a 在 t 時反對 s 的刺激的集合。適用刺激意義概念，蒯因對語句作了分類並討論它們之間的意義關係。根據對於當下的感覺刺激的依賴程度，他將語句分爲場合句和固定句兩大類，並在各類中分別區分出觀察句和恒久句這樣特殊的小類。場合句是這樣的一類語句，「它僅僅在一次適當的刺激之後被詢問時才會得到同意或反對」❺。而固定句已經超出了當下刺激的範圍，它是屬於記憶性知識的一種，雖然人們對它的同意或反對也可以是由刺激引起的，「當我們在後來的場合再次詢問主體時，主體可以重複他原來的由當下刺激所做出的同意或反對。」❻ 在討論語句的意義關係時，他提出並闡述了認知等價性、認知同義性、刺激分析性、刺激矛盾性、刺激同義性等重要的語義概念，並且由此可導致拒斥分析命題和綜合命題的截然二分。

蒯因論述說，當我們與杜威一道，轉向自然主義的語言觀和行爲主義的意義論時，(1) 我們放棄了關於語言的博物館圖像，即不再把語言看作是一種博物館，其中展品是意義，詞是標籤，改變語言就是更換標籤；(2) 我們放棄了對於確定性的追求，後者是西方哲學特別是笛卡爾之後哲學的主要目標；(3) 我們承認，在暗含於人們的言語傾向的東西之外，不存在任何的意義以及意義的相似或差別。由這些觀點出發，又可派生出蒯因哲學的其他重要論題，如翻譯的不確定性、指稱的不可測知性、本體論的相對性、經驗決定理論的不充分性、理論內各陳述的可任意修

---

❺ *Word and Object*, pp. 35～36.

❻ 同上書，p. 36.

正性等等。由此可知，自然主義的語言觀和行爲主義的意義論爲蒯因哲學體系提供了基礎和框架，是完整理解蒯因哲學體系的前提。也正是在這個意義上，可以把 NB 論題看作是蒯因哲學體系的關鍵性公理。

6.1.3　中心論題

蒯因所謂「自然化認識論」的主題也就是整個蒯因哲學的中心論題，即實際地說明我們關於世界的理論是如何從觀察中產生的。蒯因認爲，任何有意義的概念化都是與語言不可分的，包括我們總的世界理論在內的各種不同理論都可以看作是語句體系。於是，上述論題就變成了說明觀察與我們的理論話語之間的關係。蒯因主張退回到語義學水準上討論問題（亦稱「語義上溯」），因而主張用觀察句取代觀察，於是問題進一步變成實際地說明我們的理論語句和觀察語句的關係，或者說，我們是如何在「貧乏的」感覺刺激的基礎上產生出「洶湧的」輸出即我們關於世界的科學理論的。這一問題又可以分爲兩個方面：其一，我們的感覺證據是如何支持我們關於世界的科學理論的，簡稱證據支持關係；其二，我們關於世界的科學理論是如何從感覺證據中生長出來的？或者說，我們的理論語言是如何從經驗證據中獲得意義的，後者簡稱語義關係。蒯因認爲，這兩種關係實際上是同構的：

在已學會觀察語句之後，我們習得理論語言的途徑，正是

觀察給科學理論提供證據支持的途徑。❼

蒯因由此得到了兩個理論：一是語言學習理論，它回答中心問題所派生的第二方面的問題，即語義關係問題；一是整體主義知識觀，它回答第一方面的問題，即證據支持關係問題。並且，這兩個理論在蒯因的自然主義語言觀和行爲主義意義論的基礎上得到了統一。

6.1.4　發生學方法

當用觀察語句取代觀察之後，蒯因哲學的中心論題變成了說明我們的理論語句和觀察語句之間的關係，它包括兩大經驗性任務：首先，對於從感覺輸入到觀察語句的學習的機制，提供詳盡的神經生理學和心理學的解釋；其次，對於從觀察句到理論語言習得的許多不同的類比步驟給予詳盡的說明。觀察語句無論是在證據支持關係中還是語義關係中都發揮著至關重要的作用，這就是蒯因所說的：「科學的一切證據都是感覺證據」，「關於詞語意義的一切傳授最終都依賴於感覺證據」❽。這樣一來，觀察語句既是通向語言的入口處，也是通向科學的入口處，並且語言又是通向蒯因哲學中心問題解決的入口處：

❼ "The Nature of Natural Knowledge," in *Mind and Language*, ed. by S. Guttenplan, Oxford, 1975, p. 74.

❽ *Ontological Relativity and Other Essays*, New York, 1969, p. 75、80.

於是，我們看到了研究觀察與科學理論之間的證據支持關係的一種方法。我們可以採用發生學的研究方式，去研究理論語言是如何被學習的。因為看起來，證據關係實際上是體現在學習行為中的。由於語言學習在世界上持續發生並且可供科學研究，因此這種發生學方法就是具有吸引力的。它是對於科學方法和證據進行科學研究的一種方法，我們這裏有充分的理由認為，語言理論對於知識理論是至關重要的。❾

蒯因也經常指出，人掌握科學理論的過程就是學習理論語言的過程。因此，人認識和學習的機制就是學習和掌握語言的機制。他指出，「爲了說明人對於科學理論的掌握，我們應該看看他是如何習得理論語言的。」❿ 這樣一來，認識論在相當程度上就被自然化了，即被歸結爲對於語言學習過程的經驗研究，因而成爲神經生理學和心理學的一章，成爲自然科學的一章。

6.1.5　語言學習理論

蒯因的語言學習理論是以行爲主義心理學爲基礎的，他先發展了一個一般性的行爲主義學習理論，再在此基礎上發展了他的語言學習理論。蒯因主要考慮的是兒童的母語習得。他認爲，兒童習得母語有兩種基本的方法：實指學習和類比綜合。兒童學會

❾ "The Nature of Natural Knowledge," in *Mind and Language,* pp. 74～75.

❿ *The Roots of Reference,* La Salle, 1974, p. 37.

的第一批語句就是實指地學會的，即是在它們所描述的情形下，或在它們所描述的東西在場時學會它們的。他通過在公共可認識的環境下觀察成年人的外部行為，學會把作為無結構整體的語句與適當的非言語刺激關聯起來。簡而言之，他歸納地獲悉了支配特定表達式的正確用法的刺激條件的範圍。這種學習語句的方法類似於直接條件反射的心理圖式。實指地學習要求可觀察性，因此觀察句是實指學會的第一批語句，它是語言學習的立足點和出發點。除觀察句外，兒童用實指法還能學會許多其他的語言成分或語言技巧。但實指學習並不能使兒童在母語習得方面走得太遠，因為他所學會的大多數句子並不甚至不以派生方式與任何確定範圍的非言語刺激相關聯的。相反，大多數句子都是通過類比綜合而學會的，這就是說，兒童在已經習得某些語句、並已經習得某些詞彙之後，可以用已習得的另外某個語詞去替換已習得的語句中的某個語詞，從而生成他先前沒有實際接觸過的新句子。憑藉類比跳躍，兒童接觸並掌握了他的母語中的指稱部分，後者包括關係從句和直言語句，並集中體現在量化短語「每一」、「有些」以及對象化變元之中。我們關於世界的科學理論就是用語言的指稱部分或者說理論語言表述的。因此，當我們學會了理論語言，我們也就可以達到我們關於世界的理論。

6.1.6　翻譯的不確定性

翻譯的不確定性亦稱「譯不準」，它是指:

> 可以用不同方式編纂一些把一種語言翻譯為另一種語言的翻譯手册，所有這些手册都與言語傾向的整體相容，但它

們彼此之間卻不相容。⓫

蒯因所考慮的是原始翻譯，即對迄今從未接觸過的某個土著部落的語言的翻譯，這裏沒有任何先已存在的翻譯手册可供依憑。這種原始翻譯至少包括三步：

(1) 現場記錄並初步猜測，此時翻譯家基本上是以純粹觀察者的身分出現的。

(2) 確定土人表示同意或反對的詞語，此時翻譯家要使用實驗方法和假說演繹法。

(3) 語言匹配，即建立翻譯家的母語和土語的對應關係，這一步要利用分析假設，即語言學家在先前經驗的基礎上所編成的土語詞彙表，及其與翻譯家母語的詞彙與短語的等價關係。

而行為證據對分析假設的決定是不充分的，即是說，有可能存在幾組相互競爭的分析假設，它們與言語行為傾向的總體相容，而彼此卻不相容。更重要的是，關於它們誰對誰錯，不存在事實問題，即不能在行為證據的基礎上加以判定。正是具有這種性質的分析假設把不確定性帶進了翻譯過程，導致了「意義」的不確定性和指稱的不可測知，由此造成「譯不準」。

6.1.7　指稱的不可測知性

指稱的不可測知性是翻譯不確定性的一個方面，即外延、指稱方面的譯不準。具體是指：可以表述與所有可能相關的行為傾

⓫ *Word and Object*, p. 27.

向相容的不同分析假設系統，它們把土語表達式的同一用法，或者譯爲詞項，或者不譯爲詞項；如果譯爲詞項，或者譯爲單稱詞項，或者譯爲普遍詞項；進一步地，或者譯爲抽象的單稱詞項或普遍詞項，或者譯爲具體的單稱詞項或普遍詞項；並且更進一步，如果該土語表達式被譯爲具有離散指稱的詞項，那麼將會有不同的分析假設系統，給這個詞項確定不同的指稱，由此把不同的本體論賦予該土語說話者。並且，在詞項身份以及指稱問題上，問有沒有唯一正確的翻譯是沒有意義的。舉例來說，土語表達式「gavagai」究竟是指稱兎子，還是指稱兎子的一個未分離部分，或兎子的一個時間段，或兎性等等，在單純的行爲證據的基礎上是無法判定的，指稱不可能絕對地被測知。但假如訴諸分析假設系統和翻譯手册，則詞項的指稱可相對地測知，因而具有相對性。

6.1.8 本體論的相對性

本體論的相對性是自然語言的釋義方法的多樣性和指稱的不可測知性的必然推論。由於對用自然語言表述的理論進行語義整編的方法不是唯一的，於是可以得到許多不同的概念系統，僅僅面對非語詞的刺激條件，我們又無法說清這些系統中的指稱裝置是用來指稱什麼的，「指稱除非相對於一個協調的體系，否則就是沒有意義的。」[12] 這樣一來，一個表達所含名稱在不同的概念系統中有不同的指稱，因而沒有孤立的、絕對不變的指稱。因此，一個理論的本體論就具有相對性，具體來說，首先它相對於

---

[12] *Ontological Relativity and Other Essays*, p. 48.

背景語言，其次相對於翻譯手册，再次相對於指稱量化，即相對於量詞的指稱解釋（或客觀解釋）。因此，本體論問題歸根結底是語言問題，本體論的選擇最後被歸結爲概念結構、說話方式或語言形式的選擇。並且，選擇不應以是否與實在相符合作爲取捨標準，而應當以是否方便和有用作爲標準。本體論相對性的一個驚人後果是使不同本體論之間的差別平凡化，或成爲不足道的。例如，通過在時空點和實數的四元組之間建立一一映射，我們就可以從物理實在論的本體論（承認物理對象和類）進入到泛畢達哥拉斯主義（只承認集合爲唯一實體）的本體論。當然，並非所有的本體論選擇都可以通過建立一一映射而相互轉換。例如，其基數爲 $\mathfrak{S}_0$ 的本體論與其基數爲 $2^{\mathfrak{S}_0}$ 的本體論之間就不能任意轉換，當然也就不能任意選擇。

6.1.9　經驗決定理論的不充分性

蒯因所說的經驗決定理論的不充分性，包含三層意思:

(1) 物理理論不被過去的觀察所充分決定，因爲未來的觀察可能與之相衝突;

(2) 它也不被過去和未來的觀察一起所充分決定，因爲某些與之相衝突的觀察可能碰巧未被注意到;

(3) 它甚至不被所有可能的觀察所充分決定，因爲理論詞項的觀察標準是如此靈活和不完整。

關於這最後一點，蒯因論述說，觀察語言和理論語言的複雜性表明，觀察證據不足以決定理論必須採取的形式，理論詞項的觀察標準是可變通的、不充分的。這種可變通性、不充分性告訴人們: 相對於所有可能的觀察而言，理論所採取的形式是多種多樣的。在觀察階段，人們根本不可能預見到理論的形式，這裏「沒有必然性的暗示」，後者是通過一系列不可還原的類比跳躍而達到的。應該指出的是，上面談到的（1）和（2）是事實上的不充分決定性，而(3)則是原則上的不充分決定性，並且它不是針對某一個別理論，而是針對我們關於世界的總體理論而言的。只有(3) 才是蒯因的「經驗決定理論的不充分性論題」的本義。不過，蒯因對（3）作了一些修正，使其更加溫和。經修正的不充分決定論題的內容是：有些理論形式注定有經驗上等價但邏輯上不相容的選擇，並且如果我們碰巧發現了它們，我們將找不到任何途徑通過謂詞的重新解釋來使得它們邏輯上等價。

6.1.10 整體論和可修正性原則

蒯因從對基礎論或還原論的批判中，引出了整體主義知識觀，它包括下述要點：

（1）我們的信念或知識是作爲一個整體面對感覺經驗法庭的，接受經驗檢驗的是知識總體，而不僅是整體邊緣或離邊緣較近的陳述，如直接觀察陳述、各門具體科學的陳述等。

（2）對整體內部的某些陳述的再評價必將引起整體內部的重新調整，對其眞值的重新分配。因爲它們在邏輯上是相互聯繫的，而邏輯規律也不過是系統內的另外某些陳述。

（3）在任何情況下整體內部的陳述都可以免受修正，假如在其他部分作出足夠劇烈的調整的話。

（4）基於同樣的原因，在頑強不屈的經驗面前，整體內的任何陳述都可以被修正，甚至邏輯和數學規律也不例外。

(5) 之所以如此，是因爲經驗證據對於理論整體的決定是不充分的。

(6) 所以，在理論的評價和選擇上，不存在唯一確定的眞理性標準，而是受是否方便和有效這樣一些實用主義考慮所支配，同時還要顧及該理論是否具有保守性、溫和性、簡單性、普遍性、可反駁性、精確性這樣一些特性。

這裏，(1)—(2) 點可概括爲「整體論論題」，亦稱「迪昂—蒯因論題」；(3)—(4) 點可概括爲「理論內陳述的可任意修正性原則」；(5) 即是經驗決定理論的不充分性論題，它在這裏成爲支持整體論論題和可修正性論題的邏輯依據；第 (6) 點充分展現了蒯因哲學的實用主義傾向。

6.1.11　拒斥「經驗論的兩個教條」

整體主義知識觀必然導致拒斥「經驗論的兩個教條」，即還原論和分析陳述與綜合陳述的截然二分。還原論企圖確立感覺經驗命題的無可辯駁的基本原理地位，並描述由這些命題構造（或演繹）科學知識的其他命題的方法和途徑。它包含兩個方面的任務：一是從感覺證據演繹出關於自然的眞理，一是根據觀察術語和邏輯—數學的輔助詞項來翻譯或定義這些眞理。蒯因論述說，還原論在上述兩個方面都已經遭致並且必定遭致慘重的失敗，這是因爲它的一個基本假定 —— 科學理論內的每一個別陳述都有自己唯一不變的經驗意義和經驗蘊涵 —— 是錯誤的：「我們關於外在世界的陳述不是個別地、而是僅僅作爲一個整體來面對感覺經驗的法庭的」,「具有經驗意義的是整個科學」⑬。這就是說，蒯因是用整體論來批判還原論的。駁倒了還原論教條，也就去掉了分析—綜合教條的基礎，因爲後者是與前者密切聯繫並受到前者支持的。此外，蒯因還論述說，要說清分析性必須先說淸同義性，但是根據定義(包括詞典定義、精釋、約定定義)、保全眞値地可相互替換性、人工語言的語義規則等等去說明同義性的種種嘗試都是不成功的，並且也不可能成功，因爲在行爲證據的基礎上不能判定兩個表達式是否同義，「同義性」是個極其捉摸不定的概念。於是，蒯因作出結論說，一直被視爲理所當然的分析陳述和綜合陳述的界限，實際上一直沒有劃出來；認爲有這樣一條界限可劃，是經驗論的一個非經驗的教條、一個形而上學的信條。

6.1.12　本體論學說與本體世界

從邏輯和語言角度審視本體論，這是蒯因本體論研究的一大特色。蒯因把本體論問題區分爲不同的兩類：一是本體論事實問題，即實際上有什麼東西存在？二是本體論承諾問題，即一個理論說有什麼東西存在？蒯因認爲，本體論所應研究的不是前者，而是後者，它本質上是一個語言問題。關於本體論承諾，蒯因分別提出了兩個標準：一是識別標準，即「存在就是作爲約束變項的值」；一是認可標準，即「沒有同一性就沒有實體」，這裏的同一限於外延的同一。蒯因還發展了一套識別一個用自然語言表述的理論的本體論承諾的方法——語義整編，它包括語法分析和釋

⑬　《從邏輯的觀點看》，頁38～40。

義兩大步。此外，蒯因還討論了本體論還原問題，即如何將一個較爲豐富的本體論簡化、歸約爲較爲貧乏的本體論。

在蒯因的本體世界中，包容著兩類東西：四維時空中的物理客體和數學中的類。蒯因之所以承認它們，是因爲它們滿足下列要求：

(1) 能夠爲其提供外延同一性的標準，它們因而就能夠個體化，成爲獨立自在的實體；

(2) 在理論上有用，即它們爲自然科學特別是數學理論所需要；

(3) 能在經驗上被證實。

正是由於不能滿足這三條要求特別是其中的第一條，蒯因拒絕承認像性質、關係、數、函項這樣的共相存在，也不承認如意義、概念、命題這樣的內涵性實體，更不承認所謂的可能個體、感覺材料以及事實等等的存在。蒯因還認爲，物理對象不是所與的，而是在本性上與荷馬史詩中的諸神同樣的設定物，即是一種理論假定。正是在這裏表現出蒯因哲學的約定論色彩。

6.1.13　邏輯哲學

蒯因把向學生灌輸一種對於邏輯的健全的哲學態度，作爲其教學和著述活動的主要目的。他認爲，邏輯是對於邏輯眞的系統研究，它是語法和眞這兩部分的合成物。從蒯因關於邏輯的全部討論中，可以概括出他所理解的邏輯的八大特徵：

(1) 邏輯眞理是淸楚明白或潛在淸楚明白的；

(2) 邏輯是題材中立的，它並不偏向於任何特殊的課題和領域；

(3) 邏輯是普遍適用的，它是包括數學在內的一切科學的工具；

(4) 邏輯只能是外延的，它允許指稱同一對象的單稱詞項相互替換，允許適用於同樣對象的謂詞相互替換，允許在一複合句中具有同樣眞值的子句相互替換；在所有這些情況下，主句的眞值不受影響；

(5) 邏輯是本體論上中立的，它並沒有作出任何本體論承諾；

(6) 邏輯是可完全的，即能把在一定範圍內有效的命題作爲定理全部推演出來；

(7) 邏輯是一元的，即能夠採用某種方式爲全部邏輯眞語句劃界，劃界方式的不同並不是邏輯的不同；

(8) 邏輯眞理是可錯的，邏輯本身是可被修正的，但讓邏輯不受傷害始終是一個合理的策略。

從這種邏輯觀出發，蒯因認爲，等詞不屬於邏輯詞彙，等詞理論不是邏輯理論，但它與邏輯有親緣關係；集合論與邏輯之間有一條明確的界限；不承認高階邏輯，主張停留在標準語法即一階邏輯的範圍內；邏輯學與語言學有密切關係，但邏輯不是關於語言的。

如上所述，蒯因所承認的邏輯僅限於一階邏輯。關於異常邏輯如多值邏輯、直覺主義邏輯、量子邏輯等，蒯因持有一種保守主義立場，認爲它們與標準邏輯即一階邏輯不構成競爭關係，而是不可比較的；根據最小代價最大收益原則，最好不承認它們是邏輯。蒯因還從動機、來源、解釋諸方面對模態邏輯進行了全面的攻擊，其要點如下：

(1) 模態邏輯產生於混淆表達式的使用與提及，因而從其來源看就是不合法的;

(2) 在模態語境中，同一性替換原理和存在概括規則失效;

(3) 若要排除模態語境的指稱曖昧性，則要承認像意義、命題、屬性之類的抽象實體和可能個體，而根據蒯因的本體論標準，這些東西是不能承認的，並且即使承認它們，也依然擺脫不了困境;

(4) 模態邏輯導致亞里士多德的本質主義，而在蒯因看來，本質主義是一種說不清楚的哲學。

蒯因的上述批評激起了強烈的反響和廣泛的討論，從而促使在模態邏輯方面產生了像可能世界語義學之類的建設性成果。蒯因還從哲學上討論了時態邏輯、命題態度詞等。

6.1.14 簡短的評論

綜上所述，蒯因哲學以一階邏輯爲標準框架，以自然主義的語言觀和行爲主義的意義論爲理論基礎，運用發生學的經驗研究方法，試圖去回答下述中心問題：我們是如何在「貧乏的」感覺刺激的基礎上產生出「洶湧的」輸出即我們關於世界的科學理論的？由此派生出一系列其他學說。在蒯因的各種學說之間，存在著內在的邏輯關聯和先後的邏輯秩序。

在蒯因的各種學說中，最重要的且佔有基礎地位的是他的 NB 論題。蒯因指出，當我們與杜威一道，轉向自然主義的語言觀和行爲主義的意義論時，(1) 我們放棄了語言的博物館形象，(2) 我們放棄了確定性的追求，(3) 我們承認，在暗含於人們的言語行爲傾向的東西之外，不存在任何的意義以及意義的相似與差別。蒯因在行爲主義基礎上，發展了語言意義理論與語言學習理論。在他看來，語言是通過實指和類比跳躍這兩種方法學會的，但用實指法只能學會觀察句及相關部分，語言的指稱裝置即理論部分則需借助於類比跳躍才能習得，而類比跳躍超越了現實的感覺刺激和行爲證據。正因如此，經驗對於理論的決定是不充分的，於是在經驗證據面前，不僅詞項的「意義」是不確定的，而且其指稱也是不可測知的，這樣一來，就不存在唯一正確的翻譯，邏輯上不相容的譯文有可能面對同樣的經驗證據。並且，我們的知識不是個別地、而是作爲整體面對感覺經驗的法庭的，理論內的任何陳述都可以被修正或免受修正。因此，認爲理論內的單個陳述分別地具有自己的經驗證據或意義的還原論，以及以此爲基礎的分析—綜合教條都是不成立的。由於本體論問題歸根結底也是語言問題，因此本體論也具有相對性，本體論的選擇歸根到底是語言形式的選擇；並且，由於不能在行爲證據的基礎上爲其提供外延性同一的標準，因而不能承認意義、命題、屬性、關係、函項、數、可能個體、感覺材料、事實等等作爲實體存在，而只能承認四維時空中的物理實體和數學中的類。此外，根據整體論學說和經驗決定理論的不充分性論題，我們在進行理論評價與選擇時，就不應以是否與實在相符合爲標準，而應以是否方便和有用這樣一些實用考慮爲標準，此外也要考慮諸如簡單性、溫和性、精確性、可反駁性這樣一些要求。同樣根據整體論和不充分決定性論題，邏輯和數學的規律也是可錯的、可以修正的，如此等等。

我們還要指出，蒯因的其他各種哲學學說也是相互支持的。例如，翻譯的不確定性論題至少受到了語言學習理論、不充分決定論題、整體論等等的支持，蒯因在〈論翻譯不確定性的理由〉(1970) 一文中就指出了這一點。指稱的不可測知性只是翻譯不確定性的一個方面；本體論的相對性則又是指稱不可測知的邏輯推論。邏輯可修正論也是整體論論題和陳述可任意修正論題的必然後果。

因此，我們總的結論是：蒯因哲學是以一階邏輯爲框架，以自然主義語言觀和行爲主義意義論爲基礎，有統一問題和主旨以及一以貫之脈絡的嚴整體系。那種認爲蒯因哲學無體系、蒯因只是論文作家的觀點是不正確的。

6.2 蒯因哲學的顯著特徵

關於蒯因哲學的特徵，存在著一些不同的概括。例如，王浩在《超越分析哲學》一書討論蒯因哲學的章節（第 4 章）中，曾指出了貫穿於蒯因著作中的四個特徵：

(1) 「它是『科學的』，而且不存在先於自然科學的第一哲學（自然主義和自然經驗論）。」關於這一點，王浩解釋說：蒯因哲學在許多方面都是科學的，特別是依據他自己關於何謂科學的看法；它在很大程度上構成了以科學爲典範且作爲專門學科的哲學目前所關注的一部分。不僅如此，它的目的還在於獲得確定的累積性進步。它也被說成是科學的一個組成部分。確實，「重新裝扮的認識論」被說成是「心理學的一章」。與當代大多數哲學不同，蒯因哲學在是體系的這個意義上也是科學的。他的體系甚至提示了科學的一個新分支，其專門任務是要發現：在理想化個人的歷史上，科學是如何得到發展和被學習的。對於他的特殊探索來說，神經生理學、學習心理學、語言和邏輯具有特殊意義。

(2) 哲學的基本方法論原則就是將注意力集中於語言（從觀念到字，從詞到句子，再到句子系統）。關於這一點，王浩解釋說：蒯因哲學興趣的中心在於「自然化認識論」，即實際地說明我們是如何在貧乏的感覺刺激（觀察）的基礎上，達到關於世界的豐富的科學理論的。蒯因認爲，對於這一問題，我們可以採用發生學研究方法，去研究理論語言是如何被學習的，因爲觀察和科學理論之間的證據關係實際上是體現在學習行爲中的。因此，「我們這裏有充分的根據認爲，語言理論對於知識理論是至關重要的。」⓮ 王浩還指出：蒯因偏愛語言而不重視其他材料，這一點還得到了他將私人經驗統一地翻譯爲公共語言的證實。在蒯因看來，擺脫觀察主觀性的途徑「在於既不談論感覺也不談論環境，而是談論語言」，「我提議，我們不再談論觀察，而代之以談論觀察語句」，並且「觀察句恰好用來挑選出見證人能夠一致同意的東西」。⓯

(3)「運用邏輯（首先是一階邏輯）有助於深入底蘊並使問題及其解決方案鮮明突出。」王浩指出，初等邏輯是蒯因用於表述整編過的科學理論的標準框架。蒯因的興趣

⓮ "The Nature of Natural Knowledge," in *Mind and Language*, pp. 74～75.

⓯ *The Roots of Reference*, p. 39.

中心當然是科學，在他那裏，科學是被作爲科學的理論（即相互關聯的句子之網）而加以研究的；並且作爲哲學家，他通常喜歡使科學的理論具有形式上精確的統一形式。他所偏愛的統一形式只不過是專門文獻中所理解的一階理論。例如，蒯因指出：「科學語言的基本結構已經在一種熟知的形式中離析出來並被模式化，這就是謂詞演算。」⑯ 王浩因此認爲，根據蒯因對他所理解的邏輯的特殊強調，與其說蒯因哲學是「科學的」，不如說它是「邏輯的」，因此他選定將蒯因哲學稱之爲「邏輯否定主義」。

(4)「無論什麼地方，只要可能，蒯因都喜歡使用最少最清楚又足以應付手邊工作的假設（經濟，奧卡姆剃刀）。」王浩指出，蒯因對於經濟的忠實，不僅在他的邏輯著作中顯而易見，而且在他對本體論承諾及其還原的強調中也鮮明突出；此外，這種忠實也反映在他著作的寫作風格中。

王浩還用其他一些詞句談到了蒯因哲學的偏好及其方法論特徵。例如，他指出：蒯因的偏好包括行爲主義、物理主義、邏輯和整編，理論（特別是指稱）的心理發生學，作爲「句子之網」的科學理論。認識論變成了學習心理學的一個分支；本體論則以一階邏輯（特別是量詞）爲中心；語言（特別是語言學習和語義整編）成爲實現上述想法的工具或媒介。他還指出，蒯因把力求形式的精確性與偏愛漸進主義結合起來，後者傾向於模糊界限，

⑯ "Facts of the Matter," in *Essays on the Philosophy of W. V. Quine*, p. 160.

並強調相對性和漸進的差別。力求精確要求偏愛指稱而不重視意義，偏愛外延對象而不重視內涵對象，偏愛語言而不重視思想和概念。儘管蒯因極力否認自己是一位唯名論者（在他本人所理解的此概念唯一眞實且確實的意義上），但王浩認為，在唯名論的某些更為傳統的意義上，還是應該把他劃為唯名論者。對於漸進主義和相對主義的偏愛，不僅可以在蒯因的整體論及其相關的「方法論一元論」中看到，而且也可以從大量引人注目的字句中概括出來：翻譯的不確定性、本體論的相對性、相對經驗論、指稱和本體論的不可測知性，以及用處不大的二值原則。王浩還指出，蒯因追求純粹，採取了暗中偏向可觸知物（the tangible）的形式。而在蒯因看來，口頭或書面語言比思想更可觸知，形式的東西比直觀的東西更可觸知，行為比內省更可觸知，眞理比意義更可觸知，指稱（外延）比內涵更可觸知，個體比社會更可觸知，事實比價值更可觸知，自然科學比其他的理智探索更可觸知，如此等等⓱。

我認為，王浩對蒯因哲學特徵的概括和陳述大都是中肯的、可以成立的，但又未必是全面的。例如，對蒯因哲學的實用主義傾向，王浩就未予提及。實際上，王浩是側重於從方法論角度作出上述概括的，所指出的大都是蒯因哲學的方法論特徵。我這裏將換一個角度作出概括。我認為，就其理論傾向或其基本的理論立場而言，蒯因哲學具有下述特徵：

(1) 邏輯研究中的外延主義；

(2) 語言哲學中的行為主義；

⓱ 關於王浩上述觀點的轉述，請參看 Hao Wang: *Beyond Analytic Philosophy,* The M. I. T. Press, 1986, pp. 158～177.

(3) 本體論上的唯名論傾向和物理主義;

(4) 認識論上的自然主義和整體論;

(5) 實用主義的總體傾向或落腳點。

6.2.1 外延主義

從弗雷格、羅素等人那裏，蒯因繼承了外延主義立場。如第1章所指出的，蒯因極其尊崇弗雷格，其辦公室掛的唯一一幅照片就是弗雷格的，而弗雷格就是外延主義的倡導者和實踐家。例如，他明確指出，任一表達式都有涵義和所指，語句也不能例外：語句的涵義就是它所表達的具有主體間性的思想，與該語句在說話者或聽話者的那裏所引起的任何特殊的心理過程無關；語句的所指就是語句的眞值，當某個語句或複合語句中的一個表達式用具有同樣指稱但有不同涵義的另一表達式替換時，語句的眞值保持不變。後者就是著名的外延論題。後來，羅素、維特根斯坦等人又發展出眞值函項理論，即認爲分子命體（複合命題）是原子命題（基本命題）的眞值函項，前者的眞值取決於後者的眞值。在這些論題或理論的基礎上，弗雷格、羅素等人發展了一種外延邏輯，在其中函項性原則、等值置換原則和同一性替換原則成立。不過，弗雷格、羅素等人的外延主義是比較溫和的，例如弗雷格就注意到外延論題在某些語境中就不成立，因此在這些特殊語境中有修改外延論題以適應新情況之必要。

但蒯因卻是一位極端的外延主義者。蒯因找出了外延性的三條要求：允許指稱同一對象（共指）的單稱詞項相互替代，允許對於同樣對象爲眞（共外延）的普遍詞項相互替代，允許有同樣眞值的語句替換一複合句中的成分句；在所有這些情形下，主句的眞值必須不受影響⑱。這些要求僅爲謂詞演算或一階邏輯所滿足，因此他只承認謂詞演算是邏輯，主張把邏輯局限在謂詞演算的範圍內 。 由於他把一階邏輯作爲他的整個哲學體系的理論框架，因此他把日常語言的指稱裝置中不滿足外延性要求的部分，都當作「異常和衝突」而清理掉。蒯因把他的主要著作《語詞和對象》的一半（第4～6章）用於揭示這些不規則性，以及處理它的各種措施。用蒯因自己的話說，這些措施包括：虛擬條件句和「命題態度被撇在一邊了，模態和內涵抽象去掉了（第41、44節），引文被歸結爲拼法（第30節），直陳條件句得到了清理（第46節），這全都是因爲「它們超出了初等邏輯的範圍」。蒯因還把這種極端外延主義的觀點帶到了本體論學說中：他所提出的本體論承諾的認可標準「沒有同一性就沒有實體」，所講的同一只是外延性同一，因而此標準實質上只是一外延性標準；只有滿足此標準的物理對象和數學中的類才是可承認的，所有不滿足此標準的對象，如性質、關係、函項、數這樣的共相，意義、命題這樣的內涵性實體以及可能個體，蒯因一概加以拒斥。因此，嚴格說來，外延主義不僅是蒯因邏輯研究的特徵，也是整個蒯因哲學的一大特徵。

6.2.2 行爲主義

行爲主義是20世紀初在美國形成的一個心理學流派。它反對用內省方法研究意識，主張用客觀方法研究動物和人的行爲，認爲查明了環境刺激和行爲反應之間的規律性關係，才能根據刺激預知反應，或根據反應預知刺激，達到控制動物和人的行爲的目

⑱ 參見 *Word and Object*, p. 151.

的。刺激—反應論是行爲主義的理論基礎，條件反射是它的主要研究方法。蒯因從杜威、斯金納等人那裏接受了行爲主義心理學的影響，在語言哲學以至整個認識論中表現出強烈的行爲主義色彩，具體體現在他對語言意義、語言學習、翻譯的不確定性、指稱的不可測知性、經驗決定理論的不充分性等問題或論題所給予的行爲主義說明和論證。

蒯因明確承認，他所奉行的是：「自然主義語言觀和行爲主義意義論」⑲。在後者看來，語言是一種可以經驗地加以學習的社會技藝，而意義則是行爲的性質，需要根據人們的言語行爲傾向來解釋。正是從這種觀點出發，蒯因根據行爲主義心理學的刺激—反應模式和條件反射方法來說明語言意義和語言學習。刺激意義是其行爲主義意義理論的核心概念，它是根據感覺刺激和言語反應來定義的；語句依據對當下的感覺刺激的依賴程度，而被劃分爲場合句和固定句兩類，並且後兩者又各被分出觀察句和恒久類兩個子類；僅從認知同義性、認知等價性、刺激分析性、刺激矛盾性、刺激同義性這些字眼上，就可看出對語句之間意義關係的說明是行爲主義的。此外，在蒯因看來，學習就是通過條件反射獲得習慣的過程，語言學習則有兩個基本的途徑或方法：實指學習和類比綜合。實指學習依賴於當下的感覺刺激，所學會的只能是語言中與感覺經驗相聯的觀察部分；而類比綜合則超出當下的感覺刺激甚至所有的感覺刺激的範圍，使學習者有可能掌握語言的指稱部分。由子類比綜合中存在對感覺刺激的超越，因此亦稱「類比跳躍」。正是由於它，才造成了經驗決定理論的不充分性，並把翻譯的不確定性、指稱的不可測知性帶進了翻譯過程，

⑲　參見 *Ontological Relativity and Other Essays*, pp. 28～29.

並最終造成了本體論的相對性、整體論和可修正性、理論評價和選擇的實用主義標準等重要結果。因此，同樣可以說，行爲主義傾向不僅體現在蒯因的語言哲學中，而且滲透其整個哲學體系的各個部分之中。

6.2.3 自然主義和經驗論

這主要是針對蒯因的認識論而言的，同時也是針對整個蒯因哲學而言的。以自然化和整體論爲特徵的經驗論，是對蒯因的認識論學說的最好概括。應強調指出的是，儘管蒯因對「經驗論的兩個教條」進行了衆所周知的激烈批判，但他仍然是一名經驗論者，這突出地表現在：他堅持認爲，從休謨到卡爾納普的《世界的邏輯構造》一書（1928）的經驗論的下述主要信條，仍然是不容辯駁的：「科學的一切證據都是感覺證據」，「我們與皮爾士一樣承認，句子的意義純粹取決於何者將被視爲它真的證據」，因此「關於詞之意義的所有傳授最終都必定依賴於感覺證據」[20]。並且，在〈經驗論的五個里程碑〉一文中，蒯因實際上把其中的三個里程碑與他自己的工作聯繫在一起，以此暗示：他屬於經驗論傳統，並且是這一傳統中貢獻卓著的哲學家。此外，還應注意的是，蒯因是在對基礎論和懷疑論的批判中闡發自己的認識論思想的。他用整體論對付基礎論，並指出懷疑論的挑戰源自於科學內部，因而可以用科學自身的成果來回擊它。他認爲，認識論的中心問題是：我們是如何在「貧乏的」感覺刺激的基礎上產生出「洶湧的」輸出即我們關於世界的理論的？對於這一問題的研究

[20] *Ontological Relativity and Other Essays*, p. 75、80.

可以採用發生學方法，即經驗地實證地研究語言特別是理論語言的習得過程，而這需要大量利用神經生理學、學習心理學等專門學科的成果，並要在自然科學的總體框架內進行。這樣一來，認識論就被「自然化」了，變成爲心理學的一章，因而是自然科學的一章。正是在這裏，蒯因認識論以至整個哲學的自然主義特徵表露無遺。對於這一點蒯因是明確承認並廣泛宣傳的，他的一篇著名論文就是以「自然化的認識論」(Epistemology Naturalized) 爲題的。

此外，還應指出的是，在知識論方面堅持整體主義立場，這也是蒯因認識論的一大特徵。由於經驗對於理論的決定是不充分的，因此我們的知識或信念是作爲一個整體來面對感覺經驗法庭的，具有經驗意義的是整個科學；並且，在遇到頑強不屈的經驗時，理論整體內的任何陳述都可以被修正，同樣也可以免予修正。這種極端整體主義的觀點在哲學家中是不多見的，因此也成爲蒯因哲學的一大特色。

6.2.4　唯名論傾向與物理主義

這是就蒯因的本體論學說和本體論立場而言的。如前所述，蒯因是一位具有強烈唯名論傾向的哲學家，這表現在：他早年只承認個別的物理對象（個體）的存在，而堅決拒斥象類、關係、性質這樣的共相；即使後來他承認有類這樣的抽象物，但他並不願像實在論者那樣把它看作是獨立自在的實體，而是象概念論者那樣把它當作是人的構造物。蒯因從來不是一位眞正意義的實在論者。

物理主義本來是一種認識論學說，即主張把物理語言作爲整個科學的通用語言，認為其他各門科學的語言都可以在保存原意的情況下翻譯成物理語言，從而實現在物理語言的基礎上整個科學的統一。但是，在蒯因那裏，物理主義卻具有某種本體論的意謂。蒯因所贊同的關於物理主義的表述是:「假如用時空區域來塡充物理狀態謂詞沒有差別的話，那麼事實上也就不存在差別。」他通過把心靈還原為肉體，把物理對象還原為時空區域，把時空區域還原為數的四元組之集，而數又可以還原為集合、集合的集合等，最後達到了一種只包括集合的純淨的本體論，後者亦被稱為「泛畢達哥拉斯主義」。這是從外部亦卽從認識論角度透視本體論所達到的結果。

6.2.5 實用主義的總體傾向

實用主義是蒯因哲學的最後落脚點和必然歸宿。由於經驗決定理論的不充分性，理論本身包含對經驗證據的超越和突破，在行為證據的基礎上我們無法唯一地確定理論整體的經驗意謂和經驗蘊涵，因此，我們在評價與選擇理論時，就不應以是否與實在相一致或符合為標準，而應以是否方便和有用為標準:

> 每個人都被給予一份科學遺產，加上感官刺激的不斷的襲擊；在修改他的科學遺產以便適合於他的不斷的感覺提示時，給他以指導的那些考慮凡屬合理的，都是實用的。[21]

之所以如此，是因為科學的概念系統

> 根本上是根據過去經驗來預測未來經驗的工具。物理對象

[21] 《從邏輯的觀點看》，頁43。

> 是作為方便的中介物被概念地引入這局面的——不是用根據經驗的定義，而只是作為在認識論上可同荷馬史詩中的諸神相比的一些不可簡約的設定物。[22]

蒯因後來展開了他關於理論（包括本體論）評價與選擇的實用主義標準，提出了諸如理論的保守性、溫和性、簡單性、普遍性、可反駁性、精確性以及寬容和實驗精神這樣一些參考要素或子標準。就這樣，蒯因把邏輯實證主義與美國牌的實用主義結合起來，產生了邏輯經驗論的一個新變種——邏輯實用主義，並導致了實用主義在美國哲學界的重新復興[23]。

還應補充的是，上節論證了蒯因哲學不是一些個別觀點的堆砌，而是一個有內在脈絡的嚴整體系，這是蒯因哲學最大的特徵，也是最重要的特徵。

6.3　蒯因哲學的內在缺陷

6.3.1　蒯因哲學的某些內在矛盾

在蒯因哲學內部，潛藏著一些矛盾、衝突與不一致。有些已在前面的相應章節中指出，有些尚未在前面章節中論及。為了獲得對蒯因哲學的系統說明，這裏將這些矛盾、衝突與不一致概述如下：

第一，在邏輯學領域，蒯因的邏輯可修正論與不可比較論題

---

[22] 《從邏輯的觀點看》，頁41。

[23] 參見理查德·羅蒂（Richard Rorty）著：《後哲學文化》，黃勇編譯，上海譯文出版社，1992年版。

之間隱藏著衝突與不一致。蒯因從其整體主義知識觀出發，得出了邏輯眞理可錯、邏輯本身可被修正的結論。但在討論異常邏輯與標準邏輯的關係時，蒯因又得出結論說：異常邏輯改變了邏輯詞彙或記法的通常意義，因而改變了論題，所以與標準邏輯是不可比較的。假如不可比較論題眞的成立的話，它將以兩種方式把邏輯可修正論置於危險的境地：按一種解釋，可以說修正過的邏輯與原有邏輯並無實質性區別，而只有記法的不同。這樣一來，邏輯的修正就成爲一件無足輕重的事情，實際上並沒有什麼意義。按另一種更可接受的解釋，可以眞正地改變邏輯而不只是改變記法，但是經修改得到的新邏輯與舊邏輯是不可比較的。因爲如果人們改變了邏輯規律，那麼他們也就相應地改變了邏輯常項的意義，從而改變了論題。於是，在新邏輯與舊邏輯之間就沒有接觸之點，所以也就沒有衝突之點。這同樣使邏輯的修正成爲一句空話。因此，如果要一貫地堅持邏輯可修正論，就要全部或至少部分地放棄不可比較論題。

第二，在語言哲學領域，喬姆斯基發現了蒯因-I和蒯因-II之間的衝突與不相容㉔。根據喬姆斯基的研究，蒯因-I 即蒯因在其《語詞和對象》一書（1960）中體現出的立場，包括下述三個斷言：(1) 語言是句子之網，以不同的方式相互關聯，並且通過條件反射機制與非言語刺激相聯繫；(2) 語言是憑藉三種方法學會的：把句子與句子相關聯，把句子與非言語刺激相關聯，以及類比綜合；(3)語言學習還涉及到性質空間（quality space,

---

㉔ 參看 Noam Chomsky: *Reflections on Language*, New York: Pantheon Books, Randon House, Inc., 1975, pp. 198～199.

即某種內在的能力結構），其內在的距離尺度可以實驗地加以確定。蒯因 -II 則是蒯因在其1969年的論著中所發揮的觀點，包括下述四個斷言：

(1) 條件反射機制不足以解釋語言學習的全部；
(2) 生成語法的主要作用在於將語言與亞人類交際系統區別開來；
(3) 除開單純的性質空間之外，還存在迄今未知的先天結構，需要用它們去說明在語言學習中，兒童是如何跨越超出實指學習或條件反射之外的障礙的；
(4) 任何先天的語言能力機制，無論是多麼複雜微妙，只要它們能成爲可理解的和合理的，都是值得歡迎的。

喬姆斯基指出，沒有任何辦法能夠協調這兩個蒯因：

> 如果條件反射不足以解釋語言學習 (1969)，那麼語言就不是由條件反射連接的句子和刺激之網 (1960)，並且句子也不是憑藉1960年的三個機制「學會的」。如果生成語法是為人類語言特有的本質規定，那麼，既然生成語法不能被描述為……由條件反射連接的句子和刺激之網，早先的説明再一次可被拒斥。……如果具有任意複雜性的先天機制都是可允許的，只要這些猜想最終能夠根據外在的觀察成為有意義的，那麼就沒有任何理由給像「性質空間」這樣的量綱結構 (dimensional structures) 以及由不同的條件反射和消失試驗所決定的結構以任何特殊的地位。㉕

㉕ *Reflections on Language*, pp. 199~200.

當然，喬姆斯基的上述說明和分析究竟是否反映了蒯因哲學的實際情況？能不能站住脚？對於這一問題是有爭議的。例如，吉布森在《W. V. 蒯因的哲學》一書（1982）的最後一章中，就專門用來駁斥喬姆斯基的解釋及其有關語言學觀點，以捍衞蒯因的自然主義語言觀和行爲主義意義論。有興趣的讀者可以直接參看該書。

第三，在認識論領域，蒯因所持的極端整體主義知識觀與其隱含的某種基礎論立場之間存在矛盾與衝突。一方面，蒯因持有極端整體論的立場。在他看來，科學雙重地依賴語言和經驗，但這個兩重性不是可以有意義地追溯到每一個單獨陳述的；我們關於外在世界的陳述不是個別的，而是作爲一個整體來面對感覺經驗的法庭的，具有經驗意義的是整個科學，其中的單個語句並不具有自己唯一確定的經驗意義或經驗蘊涵，也就是說不能被單獨地證實或證僞。另一方面，儘管蒯因對基礎論進行了嚴厲的批判，但他本質上仍然是一名基礎論者。這是因爲基礎論者有一個雙層結構的理論模型：無需證明或自我證明的基本信念，和需要由基本信念來證明其自身的眞或有效性的非基本信念，這裏證明關係是單向的、非對稱的。在蒯因哲學中，觀察語句就扮演了無需證明或自我證明的基本信念的角色。蒯因認爲，觀察語句的證據是主體間可觀察的，並且是主體間一致同意的，因而具有公共的和確定的經驗意義，並且是單個地具有這種意義的。正是具有此種意義的觀察句，才成爲兒童或專業語言學家學習語言的出發點。否則的話，如果整體論是對的，並且每個句子的意義依賴於其他句子的意義，那麼我們的語言學習似乎沒有出發點，似乎沒有一個句子的意義好像是自我包含和可學習的，因而可以作爲學習其他句了的第一步。但是，必須有某種出發點，學習者（不管是兒童還是語言學家）能夠在他以往的經驗中獲得，並把它作爲檢驗關於下面一些句子的意義是什麼的假設的有力證據。因此，在意義論的某些方面，我們必須是原子論者，因爲不如此，我們就會使基本的語言學習成爲不可能的事情。這樣一來，整體論就必須考慮語言學習者的需要而有所緩和。蒯因後來也確實這樣做了，說他所奉行的只是一種「相對的或溫和的整體論」。但不管相對、溫和到何種地步，只要還是整體論，就是與語言學習的基礎論要求相矛盾的。並且，如第 4 章末尾所指出的，整體論必定導致認識上的相對主義和融貫眞理說，並且導致方法論上的實用主義或工具主義，而後兩者是不能令人滿意的，至少需要進一步發展和完善。

第四，在本體論方面，蒯因似乎持有兩套明顯不同的本體論：一種是包括四維時空中的物理對象和數學中的類的本體論，另一種只包括集合的純淨的本體論，前者亦被稱爲「物理實在論」或「物理一元論」，後者則被稱爲「泛畢達哥拉斯主義」。這兩種本體論至少表面看來是相互衝突的。蒯因試圖這樣來消解這種表面的衝突與矛盾：物理實在論是從我們關於世界的科學體系內部考察所達到的本體論，而泛畢達哥拉斯主義則是從我們的世界體系的外部，亦即從認識論角度考察所達到的本體論，並且第一種本體論具有優先地位。蒯因的解釋和說明能否令人信服，是需要進一步探討的。

6.3.2　蒯因哲學的迷誤與疑難

關於蒯因哲學的迷誤與疑難，我想指出以下幾點：

第一，蒯因持有過於偏狹的邏輯觀，對於邏輯本性的說明是不太成功的。如前所述，蒯因仍然是一位經驗論者，對於經驗論來說，難題在於如何充分適當地說明邏輯和數學的確實性、清晰性、可應用性及其範圍；特別是對於蒯因來說，邏輯是他的整個哲學體系的理論框架，因此，成功地刻劃邏輯的性質和範圍就更顯重要。但是，總起來看，蒯因的說明和論證不能說是成功的、令人信服的。他僅把邏輯等同於量化理論或一階邏輯，除此之外的其他一切理論都不屬於邏輯的範圍。於是他把集合論、高階邏輯甚至等詞理論都排斥在邏輯之外，同時也不把異常邏輯如多值邏輯、直覺主義邏輯、量子邏輯等包括在他的邏輯範圍內，此外也拒絕承認有可能發展模態邏輯、時態邏輯、命題態度詞的邏輯等。由於他對邏輯持有如此偏狹的理解，因此他就無法始終如一地堅持他早期信奉的邏輯主義綱領，而不得不加以放棄。

從總體上看，蒯因既想給邏輯以經驗論的說明，這表現在他所持的整體論和邏輯可修正論；又想維護邏輯在科學整體中的特殊地位。兩者之間的平衡最後只能求助於方法論的實用主義，即所謂的「最小代價最大收益原則」。因此，經驗論加實用主義，這就是對蒯因邏輯觀的哲學概括。實際上，蒯因並沒有眞正說淸楚邏輯究竟是研究什麼的，因而也就沒有從邏輯的特殊研究對象引出它的特殊本性， 他所說的那些特性因而缺乏深刻的理論根據，其中有些似乎屬於他個人的偏好，並且這種偏好與絕大多數邏輯學家的觀點以及當代邏輯發展的現實不符。還應指出的，蒯因的邏輯觀與其本體論學說及本體論立場有密切關係，例如他不承認高階邏輯和集合論屬於邏輯，在很大程度上是出於他特有的本體論考慮。

第二，蒯因語言哲學的行爲主義基礎是不堅實的，受到了嚴重的挑戰。如前所述，蒯因試圖借用行爲主義心理學的研究成果，利用刺激—反應論和條件反射的研究方法，在經驗論的基礎上說明語言意義以及語言學習的內在機制。但是，他的這些理論的行爲主義基礎本身已受到威脅，更確切地說是已被動搖了。例如行爲主義心理學已受到下述指控：它實際上把人徹底的機械化、生物化了，從而抹殺了人與動物的根本性差異；它不能正確解釋心理現象、語言現象以及物質和意識之間的關係，例如，這種心理學極端輕視中樞神經尤其是腦對人的行爲的支配作用，它只研究完全不受腦支配的行爲；並且，當用刺激—反應論去解釋語言的意義時，會遇到極大的理論困難，即刺激與反應的聯繫很少是簡單的與固定的，同一個刺激在不同場合甚至同一場合往往會引起不同的反應。一個語句，特別是命令句，在實際生活中往往會引起許多完全不同的反應。例如命令句「快來！」引起的反應可以是各式各樣的：(1) 沒有反應；(2) 明確地加以拒絕；(3) 要求發令者加以解釋；(4) 批評發令者發出這樣的命令；(5) 對不服從命令加以辯解；(6) 請求發令者憐憫或諒解；(7) 環顧左右而言他；(8) 向相反的方向跑；(9) 答應來，但無行動；(10)執行命令，如此等等。這麼多的反應，究竟以那一種反應作爲「快來」這句話的意義呢？因此，行爲主義意義論將是極其不確定的東西，無法有效地解釋各種語義現象。如前所述，行爲主義的語言學習理論受到了喬姆斯基等人的嚴厲抨擊。喬姆斯基認爲，行爲主義的條件反射和歸納概括的觀點說明不了個體語言能力的由來，他強調語言能力的先天性和語言普遍現象，試圖以具有先天語言普遍性的深層系統來解釋人類語言能力的巨大生成潛力。此外，行爲主義語言學習理論還受到了皮亞傑所代表的認知相互作用觀點以及此後出現的社會相互作用觀點的挑戰，已經百孔千瘡，窮於應付，退居次要地位。

第三，蒯因用自然主義拯救認識論的方案在理論上存在很大問題，在實踐上很難取得成功。可以這樣說，自然科學認識論就是要力圖說明自然科學何以會取得成功，以及它的研究規範與研究方法的合理性。但蒯因認爲，這種說明或辯護不能從自然科學的外部，而應從自然科學的內部去進行，即研究和說明我們在貧乏的感覺刺激的基礎上產生出關於世界的豐富理論的實際過程和內在機制，這需要大量利用神經生理學和學習心理學等專門學科的成果，因而認識論就被自然化了，成爲自然科學的一部分。這種自然化的認識論具有下述嚴重問題：(1)走向循環論證：認識論本來要爲自然科學的眞理性和其研究規範與方法的合理性提供辯護，但它本身又要求助於自然科學的成果，甚至本身也成了自然科學的一部分，這樣辯護的對象又成爲辯護的根據，由此造成循環論證。(2)導致認識論上的相對主義和約定論：本來，認識論的實質部分，是應該從有關科學研究過程的經驗描述中，提煉出今後研究所應遵守的規範、所應遵循的過程和可資利用的方法，以便於在未來的研究中進行正確的推理，得到普遍的知識。因爲我們不僅僅要知道科學家事實上採納什麼標準或使用了什麼方法，而且還要知道那種標準是正確的，那種方法是有效的。但蒯因的自然化認識論只能提供對於理論產生的內在機制和現實過程的經驗描述，而對理論的眞僞優劣的鑒別沒有絲毫幫助，因而它不得不把上帝創世說與進化論視爲等同，認爲兩者無優劣之分。在蒯因那裏，科學的一切概念系統都是根據過去經驗來預測未來經驗的工具，物理對象在本性上是與荷馬諸神同樣的設定物，本質上都是一種約定。(3) 走向方法論上的實用主義：既然一切理論都是工具或約定，因而也就沒有判別其眞假對錯的標準，甚至根本不存在眞假對錯的問題，剩下的只是關於工具或約定是否方便有效的實用主義考慮。這樣一來，自然化認識論就取消了理論的眞理性問題，而只談它的有效性。問題是：爲什麼有的理論在實踐中能取得成功即有效，而有些理論卻不能呢？或者說，理論有效性的原因和根據是什麼？自然化認識論是無法也不能提供答案的。(4) 完全忽視認識的社會、歷史和文化的因素：認識不僅是一個自然化的過程，而且也是一個社會化的過程，科學本質上就是一件社會的事業。因此，認識論不僅應從科學內部中尋找認識發生發展的原因或合理性說明，而且應從科學外的社會、歷史、文化、道德等方面去進行研究。近來，科學社會學、社會化認識論的勃興就充分說明了這一點。但蒯因的自然化認識論卻完全忽視科學發生發展的社會、歷史、文化諸因素，因而它很難對認識發生發展的過程及其機制作出完整而又正確的說明。因此，自然化認識論是一個具有嚴重理論缺陷的綱領，實踐上很難取得成功。

第四，蒯因的本體論學說建立在一個錯誤的理論假定之上，並且具有濃厚的約定論色彩。蒯因的本體論研究採取了「退回到語義學水準」的策略，即不去研究實際上有什麼東西存在這樣的本體論事實問題，而去研究一個理論說有什麼東西存在這樣的本體論承諾問題。而他的本體論承諾學說是以一階邏輯作爲框架的，更明確地說，是建立在下述假定之上的：一切理論都可以通過語義整編翻譯爲用一階邏輯表述的形式，然後根據「存在就是成爲約束變項的値」的識別標準，就能找出該理論的本體論承諾。而這又等於在假定：一階邏輯的表達能力是完全的、無限的，以致一切理論都可以用它作框架來表述。但熟悉現代邏輯並對其有足夠研究的讀者知道：這一假定是錯誤的、不能成立的，因而蒯因的整個本體論承諾學說也是不現實的、無法實施的。

同時還應指出的，蒯因的本體論學說具有濃厚的約定論色彩。在蒯因看來，本體論是相對於一定的語言框架而言的，歸根到底是與語言例如我們的說話方式、科學理論系統或概念結構等等相關的，本質上是語言問題。所謂本體論承諾，用通俗易懂的方式說，就是一個理論在本體論上所作出的假定，即它假定了什麼樣的本體存在，因而後者在本性上與我們日常所作出的其他假定如鬼神、上帝等沒有區別，與自然科學中所作出的那些假定沒有區別。正是在這個意義上，蒯因說「本體論與自然科學具有同等地位」。既然本體論本質上是假定或約定，因此其選擇也同樣沒有客觀的標準，只有看其是否方便有效的實用主義標準。

由此看來，蒯因哲學並沒有留下多少可以站得住腳的建設性成果，他的大部分學說在其根本理論基礎上都存在幾乎是致命的缺陷。也許正是在這個意義上，我們就可以理解王浩關於蒯因哲學具有否定性特徵、可以把它概括爲「邏輯否定主義」的看法的合理性。但是，並不能因此看輕蒯因哲學，相反，它是當代哲學領域內一個有廣泛而又重要影響的哲學理論。

6.4 蒯因哲學的歷史方位

考察蒯因哲學的歷史方位，至少要考慮兩個問題：第一，他從哲學史繼承了一些什麼，與那個或那些學派和哲學家有特別密切的關係；第二，他通過什麼人或什麼學派在多大範圍內造成了何種歷史影響，並且可能會對未來哲學走向產生什麼影響。本節將討論和回答上述問題。

6.4.1　蒯因哲學的歷史淵源

6.4.1.1　與邏輯實證主義的關係

如所周知，蒯因在〈經驗論的兩個教條〉(1951) 一文中，掘掉了邏輯實證主義的一塊重要理論基石，即分析陳述與綜合命題的二重區分；在〈論有什麼〉(1951) 一文中，他論證了本體論問題是任何科學理論或概念結構所迴避不了的，本體論甚至與自然科學具有同等地位，從而拒斥了邏輯實證主義的主要哲學口號 ──「拒斥形而上學」，把本體論重新作爲哲學的一個重要研究領域；……。儘管如此，蒯因與邏輯實證主義者仍然屬於同一哲學傳統 ── 經驗論傳統，蒯因哲學的目標不是要摧毀這一傳統，而是試圖通過給它重新定向來拯救這一傳統；並且，蒯因哲學甚至分有邏輯實證主義哲學的某些基本精神，並從後者那裏吸取了不少有益的思想，隨後將其發展爲一些極具影響力的學說。我們這裏僅限於從蒯因哲學與邏輯實證主義的兩位代表人物卡爾納普和紐拉特的思想的關係，來揭示這一點。

關於蒯因與卡爾納普的關係，蒯因自己對此曾作過中肯的說明。他把自己最主要的著作《語詞和對象》題獻給卡爾納普，稱後者爲「我的老師和朋友」，並說：

> 我在 6 年時間內一直是他的門生……，甚至在我們之間出

> 現意見紛歧的情況下，主題仍然是由他確定的；我的思路主要是由在我看來他曾對之發表過見解的那些問題決定的。㉖

蒯因是通過卡爾納普接受邏輯實證主義影響的，40年代後期他反過來駁斥邏輯實證主義的主要信條時，也是以卡爾納普爲主要論敵的。但是，蒯因在其基本哲學立場上卻是與卡爾納普相一致或接近的。例如，他們倆人都認爲，**第一，經驗論是唯一正確的哲學，感覺經驗或者說感覺證據是整個科學知識體系的基礎**。在卡爾納普哲學中，一切關於世界的概念和知識最終都來源於直接的感覺經驗，並且其合理性也要通過它們與感覺經驗的依賴關係來說明。而在蒯因看來，「科學的一切證據都是感覺證據」，

> 我們與皮爾士一樣承認，句子的意義純粹取決於何者將被視為它真的證據；因此，關於詞語意義的所有傳授最終都必定依賴於感覺證據。㉗

蒯因認爲，上述就是經驗論從休謨到卡爾納普的《世界的邏輯構造》一書（1928）的主要信條，並且仍然是不容辯駁的。**第二，邏輯對於哲學是極端重要的，並且分析性乃至必然性只是意謂著依據約定爲眞**。無論是在卡爾納普那裏還是在蒯因那裏，其哲學

㉖ *Rudolf Carnap, Logical Empericalist*, J. Hintikka, ed. 1975, p. xxv.

㉗ *Ontological Relativity and other Esasys*, p. 75、80.

都是以邏輯爲中心的，邏輯既爲其哲學體系提供了理論框架，又是他們據以進行哲學研究的主要工具與方法，同時還是其哲學研究的重要對象。自從穆勒和休謨以來，經驗論哲學所共同面對的一個難題是：如何充分地說明了邏輯和數學的確實性、清晰性、可應用性及其範圍？由於卡爾納普和蒯因的哲學都是經驗論哲學，因此他們倆人也面臨這一共同難題。總起來看，他們倆人都沒有成功地說明邏輯和數學的必然性，最後都不得不求助於約定論或實用主義。卡爾納普認爲，分析命題都是根據語言約定爲眞的，因而是空無內容的。他還提出了語言選擇的寬容原則，卽人們可以自由地選擇不同的規則系統，從而選擇不同的語言和邏輯。而蒯因認爲，在邏輯、數學與科學的其他部分之間並不存在明顯的分界，它們一起構成一個知識總體，這個總體是被經驗所不充分決定的，其中包括了許多約定的因素，甚至是以後者爲基礎的；在建立一門科學時，我們實際上是在作出許多約定，而這些約定是根據其實用性來選擇的，關於它們的一切考慮，凡屬合理的，都是實用的。

此外，尙需特別指出的是，卽使是蒯因的自然主義認識論綱領，也是對卡爾納普的理性重構或邏輯重構綱領的批判繼承。羅素在《我們關於外部世界的知識》一書（1914）及其別處，提出了一種將外部世界解釋爲感覺材料的邏輯構造的方案。卡爾納普在他的《世界的邏輯構造》（1928）一書中，作出了極大的努力去實施這一方案。這部著作可以看作是休謨的《人類理解研究》各部分的現代版，而後者則是對於笛卡爾追求確實性方案的經驗主義修正。卡爾納普所尋求的是依據觀察和邏輯（包括集合論）的「理性重構」。這一努力不僅在進行所想要的命題的演繹方面失敗了，而且在給出詞項的定義以將其翻譯爲初始記法方面也失敗了。後來在1936年，卡爾納普放棄了翻譯的要求。正是在這一背景下，蒯因提出了他的認識論的自然化綱領：

> 如果我們所希望的一切就是重構，它在不借助於翻譯的條件下以明顯的方式將科學與經驗連接起來，那麼滿足於心理學似乎是更為合理的。最好是去發現科學實際上是怎樣發展和如何被學習的，而不是去編織具有類似效果的非真實結構。㉘

> 於是，我們看到了研究觀察與科學理論之間的證據支持關係的一種方法。我們可以採取發生學的研究方式，去研究理論語言是如何被學習的。……我們這裏有充分的理由認為，語言理論對於知識理論是至關重要的。㉙

因此，蒯因所進行的也是某種形式的重構，即發生學重構，也就是用發生學的方法去研究和回答下述問題：我們是如何在「貧乏的」感覺刺激的基礎上產生出「洶湧的」輸出，即我們關於世界的總體理論的？正是從這裏可以看出，蒯因哲學在基本精神上是與邏輯實證主義相一致的。

現在我們轉到蒯因與邏輯實證主義者紐拉特的關係 。 早在

㉘ *Ontological Relativity and Other Essays*, p. 78.

㉙ "The Nature of Natural Knowledge," in *Mind and Language*, pp. 74～75.

1932～1933 年在歐洲遊學期間，蒯因就結識了紐拉特 (Otto Neurath, 1882～1945)。有大量證據表明：蒯因所提出的許多有廣泛影響力的學說和論證，已經由紐拉特以一種未充分展開的形式先行提出；蒯因的整體主義經驗論，首先不是對維也納學派的主要目標的批判，而是以紐拉特的自然主義精神對後者的修正。我們下面著手證明這一點。

在維也納學派內部，正是紐拉特反對追求知識的絕對確實性的認識論理想，強調指出我們所達到的一切知識的可錯性；並且，正是紐拉特說服卡爾納普，承認了物理語言對於處理科學和哲學問題的理論有用性：

> 只存在一種物理主義。它包含能夠科學地加以系統闡述的一切東西。㉚

正像對於蒯因一樣，對於紐拉特來說，我們的日常語言已經是物理主義的：

> 物理主義的語言並不是什麼新東西，它就是已經為「素樸天真的」兒童和人們所熟悉的那個語言。㉛

為了從事科學工作，我們的日常語言需要加以精製和修正；

㉚ O. Neurath: "Sociology in the Framework of Physicalism," in his *Philosophical Papers 1913～1946*, ed. by R. S. Cohen and M. Neurath, Dordrecht, Reidel, 1983, p. 65.

㉛ 同上書，p. 66.

但是紐拉特認爲，我們不能指望科學的語言去掉一切不精確的言語贅物。我們必須贊同一種漸近主義學說。「科學是自我意識到的常識。」㉜ 紐拉特和蒯因兩人的一個主要信條是：相信科學（或者說理論）是與語言不可分離的，他們都把科學描述爲一個複雜的語句體系。下面引自紐拉特的〈物理主義框架中的社會學〉一文（1931）中的一段話，充分說明紐拉特是蒯因的重要思想先驅：

> 科學是……被作為陳述的體系來討論的。陳述是與陳述相比較的，而不是與「經驗」、不是與「世界」，也不是與任何其他的東西相比較的。所有這些無意義的複製品都屬於一個或多或少精製的形而上學，所以必須加以拒斥。每一個新的陳述所面對的是先前已經彼此協調的現存陳述的總體。如果一個陳述能夠納入這個總體，則說它是正確的；凡不能納入這個總體的陳述則作為不正確的加以拒斥。人們也可以不拒斥這個新陳述，而去改變整個現存的陳述體系，直到該新陳述能夠納入這個體系為止；不過，一般而言，很難作出此種抉擇。在統一的科學內，有許多重要的轉換（transformation）任務。這裏所提出的關於「正確」和「不正確」的定義，拋棄了在維也納學派內通常所接受的、求助於「意義」和「證實」的那個定義。在目前的描述中，人們總是處於言語—思維(speech-thinking)的範圍內。陳述的體系被改變了。㉝

㉜ *Philosophical Papers 1913～1946*, p. 66.

㉝ 同上。

從紐拉特的上面這一段話中，我們可以引出以下幾個看法:

第一，紐拉特概述了關於知識和眞理的融貫論的主要思想: 既然陳述只能與陳述相比較而不能與「實在」相比較，那麼接受或拒絕一個陳述的根本標準是陳述系統內部的融貫性或一致性。而這又使他走向了整體主義的科學觀:

> 在我們看來，根本不存在任何白板，我們可以把它用作可靠的基礎，在它上面一層一層地疊加（知識）。科學的整體基本上總是處於討論中。㉞

無需任何確證的觀察陳述是沒有的，追求絕對確實性的理想是根本不可能實現的。蒯因後來在〈經驗論的兩個教條〉一文及其他哲學著述中，詳細發揮和系統展開了紐拉特的上述見解，因此蒯因的整論體學說亦被稱爲「迪昂—紐拉特—蒯因論題」。

第二，紐拉特十分懷疑，像「意義」、「同義性」這樣的哲學概念。 在〈記錄陳述〉一文（1932）中，紐拉特假定:

> 「同義陳述」必須定義為刺激，它在確定的反應試驗中，總是產生同樣的反應。㉟

他的「言語—思維」一詞也標明他的方法論上的行爲主義，後者是他與蒯因共有的。在一個總括性的物理主義內，沒有私人語言的位置；出發點只能是言語行爲。紐拉特再次指出:

㉞ *Philosophical Papers 1913~1946*, p. 118.

㉟ 同上書，p. 95.

> 我們的建議導致……要强調語言的社會蘊涵。這特別是與皮爾士、米德、約翰·杜威及其他人的主導意圖相一致的。㊱

在紐拉特和蒯因看來，語言是一種社會的技藝。

最後，我們還應注意的是，紐拉特以綱要的形式預示了蒯因的自然化認識論:

> 由所有這些之中可以清楚看出：不可能存在任何「知識論」，至少沒有傳統形式的知識論……。知識論的某些問題也許會轉換成在統一科學內有其位置的經驗問題。㊲

在紐拉特看來，對於科學的認識論辯護是不必要的：「科學的可能性在科學自身中已成爲顯然的」㊳；並且，這種辯護也是不可能的:「可以說，作爲陳述的作出者，我們不可能採取一種外在於作出陳述的立場，因而不可能同時成爲原告、被告和法官。」㊴正如蒯因多次強調指出的，不存在任何知識的阿基米德點。

紐拉特的兩個最重要的學說，即他的整體論和物理主義，成爲他的統一科學方案的基礎。科學的統一將通過一相容或者說融貫的句子集合來實現，集合中的物理狀態謂詞將由時空區域來塡充。當然，紐拉特並沒有指望這種科學的統一最後能達到一確定

㊱ *Philosophical Papers 1913～1946*, p. 229.

㊲ 同上書，p. 67.

㊳ 同上書，p. 61.

㊴ 同上。

的終點；相反，只要科學還在發展著，科學統一的事業也永遠沒有完結。紐拉特用著名的水手比喻形象說明了這一點：

> 沒有任何辦法來建立完全可靠的純淨的記錄陳述以作為科學的起點。沒有文字的白板根本不存在。我們就像那些被迫在無邊無際的大海上重新組裝他們船隻的水手，永遠無法停靠在陸港中拆卸開它，而後選用最優良的零件來重新建造。只有形而上學可以不留痕跡地消失。不精確的「詞語串」永遠會是船隻的一部分。在一個地方減少的不精確性，會在另一個地方以更強的程度再次出現。㊵

紐拉特使用水手比喻去對付有關先驗哲學的傳統看法。蒯因十分欣賞紐拉特的這個比喻，經常不斷地用它去闡述他的自然主義哲學觀和自然主義認識論，蒯因特別強調指出：「哲學家和科學家是在同一條船上。」㊶

通過以上片斷的歷史考察，我們大概可以作出結論：在蒯因和紐拉特的自然主義態度和論證之間，有著系統的並且是很大程度的類似，蒯因的自然主義認識論的根源，可以追溯到維也納學派的一條重要支脈，它以紐拉特的思想爲代表。因此，不論從那方面看，蒯因哲學都與邏輯實證主義有密切關係。

6.4.1.2　與美國本土哲學的結合

按照美國《哲學百科全書》的論述，美國哲學的發展大約經

㊵ *Philosophical Papers 1913~1946*, p. 92.

㊶ *Word and Object*, p. 5.

過了「殖民地時期」、「理性的革命時代」、「南北戰爭前的哲學」、「19世紀末期」、「美國哲學的黃金時代」、「當代哲學」這樣一些階段。可以列入美國本土哲學的，大約有早期的清教主義、自然神論、先驗主義，以及「黃金時代」的實用主義、實在論、過程哲學、自然主義等等。但是，其中最具美國特色的要數實用主義。美國前國務卿基辛格博士就認爲，實用主義是「美國精神」，美國人的求實精神和進取心是實用主義培養起來的，而美國的領導是「官僚—實用主義型領導集團」。基辛格的看法是有道理的。當我們這裏考察蒯因哲學與美國本土哲學的關係時，將著重考察它與實用主義的關係。

實用主義是產生並流行於美國的一種哲學思潮或哲學運動，皮爾士（C. S. Peirce, 1839～1914）爲其奠定了理論基礎。其重要代表人物還有：威廉・詹姆士（William James, 1842～1910）、約翰•杜威(1859～1952)、西德尼•胡克（Sidney Hook, 1902～）、米德（G. H. Mead, 1863～1931）、劉易斯(1883～1964)、莫里斯(C. W. Morris, 1919～1979)、布里奇曼（P. W. Bridgman, 1882～1961)，以及我們正在談論的蒯因。在以上這些人物中，蒯因受杜威的影響比較大。因此，我們主要通過他與杜威的思想關係，來透視他與實用主義哲學的聯繫。

1931年，當蒯因正在哈佛念邏輯研究生期間，他聆聽了杜威在哈佛所作的第一個詹姆士講座。而在1968年，他於哥倫比亞大學擔任了第一任杜威講座教授；在此期間，他發現與杜威有許多一致之處：他們倆人都是自然主義哲學家，都反對私人語言，並且都認爲意義不是一種精神的存在物，它首先是行爲的一種屬性。在根據此次講演稿整理出版的《本體論的相對性及其他論文》一書中，蒯因明確指出：

> 在哲學上，我受惠於杜威的是支配他後三十年的自然主義。我與杜威一樣認為：知識、心智、意義是它們不得不與之打交道的同一個世界的部分，並且必須按使自然科學充滿生氣的同樣的經驗精神對它們加以研究。沒有先驗哲學的任何地盤。
>
> 當一位自然主義哲學家論及心智哲學時，他傾向於談論語言。意義，首先並且首要的是語言的意義。語言是一種社會的技藝，我們大家都只是根據他人在公共可認知的環境下的外顯行為來習得此種技藝的。因此，意義，那些精神實體的典範形式，作為行為主義者磨坊裏的穀物碾碎完蛋了。杜威在這一點上是明確的：「意義……不是物理的存在物；它首先是行為的屬性。」㊷

蒯因還論述說，當我們與杜威一道轉向自然主義的語言觀和行爲主義的意義論時，(1) 我們放棄了語言的博物館圖像，(2) 我們放棄對於意義和指稱的確定性的追求，(3) 我們承認，除開暗含於人們的外部行爲傾向中的東西之外，不存在任何意義以及意義的相似和區別。正是從這些思想出發，蒯因才導出了諸如翻譯的不確定性、指稱的不可測知性、本體論的相對性等重要論題。因此幾乎可以說，杜威的思想在蒯因哲學中發揮了關鍵性作用。

㊷ *Ontological Relativity and Other Essays*, pp. 26～27.

除了自然主義之外，杜威哲學中的工具主義因素也對蒯因哲學產生了重要影響。杜威認爲，思維是人這種高級有機體對有問題的境遇作有選擇的合目的反應，知識則是對環境作出良好反應的行動，而

> 所有概念、學說、系統，不管它們怎樣精緻、怎樣堅實，必須視為假設，……它們應該被看作證驗行動的根據，而非行動的結局……它們是工具，和一切工具同樣，它們的價值不在於它本身，而在於它們所能造就的結果中顯現出來的功效。[43]

這裏，杜威明確表述了工具主義原理，它包含以下一些特徵:

(1) 認知配置方面的「脈絡主義」，這是說: 必須把認知放到其實際發生出來的探究的配置中去考察，也就是說，要把認知的每一個活動，當作在一個特定境遇中解決一個特定問題的努力。據此，杜威認爲，所有一切不在認知所由以實際地產生出來的生物學和心理學的配置中去考察認知的理論，都是徒勞地試圖討論「一般的思維同一般的實在的關係」。他抨擊這些理論破壞了認知與所知的自然連續性，在主體和客體、精神和物質之間造成了人爲的裂縫。

(2) 認知過程方面的「實際主義」，這是指: 既然認知的過程不僅僅是消極地接受某種所與的東西，也不限於對材料的選擇和重新安排，而是一種把令人不滿意的境遇變

[43] 杜威:《哲學的改造》,許崇淸譯，商務印書館，1958年版,頁78。

成令人滿意的境遇的努力，那麼對於它來說，必不可少的東西就是實行某種爲認知探究所要求的操作，去解脫或緩和某種令人不滿的境遇的壓力，並把它轉變成一個令人滿意的境遇。所以，杜威認爲，認識某種東西，主要地不是去發現它以前怎麼樣，而是要去認識操作活動所具有的存在性後果。

(3) 眞理本質方面的「功能主義」，這是指：任何判斷、觀念，在認知探究中要成爲眞實的，就必須在滿足認知探究的條件方面是有效的。杜威認爲，可以把眞理說成是一個正在其境遇中工作著的觀念。所謂眞實的觀念，就是在引導人們達到觀念所意想的東西時起作用的觀念：

> 它的正誤真偽都包括在它的活動的性質裏面。能起作用的假設是「真的」，所謂「真理」是一個抽象名詞，適用於因其作用和效果而得著確證的、現實的、事先預想和所期望的諸事件的滙集。㊹

杜威實用主義的上述工具主義因素在蒯因哲學中也得到了充分的體現，這突出表現在他明確地把科學理論系統看作是工具，因而把是否方便、有用等實用主義的考慮作爲理論評價與選擇的標準。他在〈經濟論的兩個教條〉一文中指出：

> 作為一個經驗論者，我繼續把科學的概念系統看作根本上是根據過去經驗去預測未來經驗的工具。物理對象作為方

㊹ 杜威：《哲學的改造》，頁84。

> 便的中介物被概念地引進這局面中來——不是用根據經驗的定義，而只是作為在認識論上可同荷馬史詩中的諸神相比的一些不可簡約的設定物。就我自己而言，作為非專業的物理學家，我確實相信物理對象而不相信荷馬的諸神；而且我認為不那樣相信，便是科學上的錯誤。但就認識論的立足點而言，物理對象和諸神只是程度上、而非種類的不同。這兩種東西只作為文化的設定物進入我們的概念的。物理對象的神話所以在認識論上優於大多數其他的神話，原因在於：它作為把一個易處理的結構嵌入經驗之流的手段，已證明是比其他神話更有效的。㊺

在〈論有什麼〉一文中，蒯因在談到本體論選擇問題時，也說：「我所提出的明顯的忠告就是寬容和實驗精神。」㊻

還應提到的是，蒯因哲學也從美國行爲主義心理學中吸取了不少東西。早在奥伯林學院就讀期間，蒯因就聽過心理學課程，並因此閱讀了華生關於行爲主義的著作。在哈佛期間，與斯金納曾是同學，並在 1933 年下半年倆人同被選爲哈佛大學初級研究員，獲得了三年自由研究的機會，當時獲此機會的只有 6 人。1958～1959年，蒯因曾任史丹福大學行爲科學中心高級研究員。這些也許只是偶然的巧合，更重要的是下述事實：行爲主義心理學的刺激—反應模式和條件反射方法在蒯因的語言哲學中獲得了重要應用；他的語言學習理論就是基於語言習得的行爲主義理論之上的，他的語言意義理論也是行爲主義的，整個蒯因哲學都表

㊺ 《從邏輯的觀點看》，頁41～42。

㊻ 同上書，頁18。

現出濃厚的行爲主義色彩。

這裏還應談一談蒯因與其碩士和博士學位導師懷特海(A. N. Whitehead, 1861~1947) 的關係。懷特海大概很欣賞蒯因這個學生，例如提議他提前完成博士論文，並推薦遴選他爲「謝爾登訪問學者」，隨後是三年無教學任務的哈佛大學初級研究員。他們師生倆關係融洽。但蒯因在文獻中幾乎沒有提到懷特海在思想上對他的影響，以至有這樣的說法：蒯因與懷特海是具有不同氣質的哲學家，其研究哲學的方式迥然有別，因此懷特海對蒯因的實際影響並不大。如果看一看懷特海的主要哲學著作《過程與實在》開頭的一段話，幾乎就會不遲疑地承認上述說法的正確性：

> 要更好地理解本書，須注意如下流行的思想習慣。就其對哲學的影響而論，應當拋棄它們。
>
> i 對思辨哲學的懷疑；
>
> ii 信任語言能够充分表達命題；
>
> iii 哲學思維的方式包涵了或被包涵於感官心理學；
>
> iv 來自表達式的主一謂結構；
>
> v 知覺的感官論；
>
> vi 空洞現實性的理論；
>
> vii 客觀世界作為純粹來自主觀經驗的理論構造的康德式理論；
>
> viii 以無謬誤論證而作的武斷推理；
>
> ix 相信除了某種前提的荒謬以外，邏輯的一致能表明任何事物。㊼

㊼ A.N. Whitehead: *Process and Reality*, Cambridge, 1929, p. viii.

在懷特海所要拋棄的思維習慣中，有許多正是蒯因所具有或所要做的。並且，在懷特海的過程哲學與蒯因哲學之間，確實存在著明顯可見的巨大差異與分歧。懷特海的過程哲學認爲，世界並不是由物質實體構成，而是由性質和關係組成的機體（organism）構成，機體有內在的聯繫和結構，具有生命和活動能力，並處於不斷的演化和創進中。機體的演化和創進表現爲過程。過程是宇宙各因子之間有內在聯繫的、持續的創造活動，是各種機體的共生和轉化。過程哲學就是研究機體的結構、特徵、相互關係以及它們存在和變化條件的學說。就其本質而言，懷特海的過程哲學試圖在推理與常識之間，在邏輯和直覺之間，在永恒和歷史之間，在科學與人生之間，在理智與感情之間，在事實與價值之間取得某種平衡，從而調和分析哲學與大陸哲學的巨大分歧。而蒯因則是屬於分析哲學傳統的哲學家，他發現了邏輯經驗論哲學的某些嚴重缺陷，因而從這種哲學內部揭竿而起，對它造反，其目的並不是要摧毀這種哲學，而是要用某種方式拯救這種哲學。看不到懷特海哲學與蒯因哲學之間的巨大差異與分歧，當然是不對的；但是，若無視這兩者之間存在的某些並非無足輕重的聯繫，也是不客觀公正的。美籍華裔哲學家成中英指出：「蒯因哲學有三個來源：一是懷特海的過程哲學，二是羅素的邏輯主義，三是皮爾士的實用主義。」[48] 我認爲，下述說法是更可接受的：

有不少證據表明，曾作為懷特海研究生的蒯因，固然在後

[48] 成中英：《世紀之交的抉擇——論中西哲學的會通與融合》，上海知識出版社，1991年版，頁41。

來受了羅素尤其是卡爾納普更為强烈的影響，但是在其引起重大反響的著作中，仍然可以找到潛伏著的早年訓練的師承因素。㊾

具體來說，這種師承因素主要體現在以下幾個方面：

第一，從揭示「完善辭典的謬誤」到拒斥語言的「博物館神話」。在其《思想方式》一書的最後一章，懷特海明確指出：

> 有一個頑固的先定假設，　它繼續把哲學思想變成不毛之地。它就是這樣一種非常自然的信念，即人類有意識地相信可應用於經驗中的所有基本觀念。甚至更進一步，它堅持人類語言能用單詞或短語來解釋和表達這些觀念。我要用如下的術語稱這種先定的假設為「完善辭典的謬誤」。㊿

他認爲，完善辭典的謬誤把哲學家分裂爲兩個陣營：一是思辨學派，主要指大陸哲學；一是批判學派，主要指以維也納學派爲代表的分析哲學運動。懷特海把主要的批判矛頭對準後者。

在他看來，批判學派的研究至少有三大缺陷：是靜態的，缺乏歷史感，忽略了進化論；是個體的，缺乏整體感，忽略了機體論；是否定的，缺乏建設感，忽略了創造性。因而，批判學派在

㊾ 陳奎德：《懷特海哲學演化概論》，上海人民出版社，1988年，頁18。本節關於蒯因與懷特海關係的闡述，基本上參考此書寫成。謹向陳奎德先生致謝。

㊿ 懷特海：《思想方式》，英文版，1956年，頁236。

哲學上所起的作用是片面的，它僅僅有助於去除哲學園地中「無益的雜草」，卻無助於新的哲學幼苗的出現。此外，懷特海還抨擊了批判學派的實證主義觀點。在他看來，實證主義的根本缺陷在於：它把對事物的孤立的、分離的、片斷的直接觀察當作了人類知識的最基本的要素，甚至唯一的要素，而且認定人類語言能用單詞、短語或句子準確完滿地表述上述觀察結果。懷特海由上述批判所得出的正面結論是：事實上並不存在這種能相互準確對應的「完善辭典」，可應用於人類經驗的觀念是不完善和不準確的，也不能用語言加以準確地表達。若把自己囿於「辭典」範圍之內進行語義分析，更是偏離了哲學的主要任務。任何根本觀念，只要是用於闡釋同一理論體系的，一定是互為前提、相互依賴的，倘若把它們孤立出來加以分析，它們就立即失去意義。科學僅僅是人類對自然某一方面的抽象，而只要是抽象，總是要遺漏未進入它的視野的東西。只有哲學，才可能把因為科學的抽象和選擇所忽略了的整體恢復過來；也只有哲學，才能夠去剖析科學的前提、原則和基本概念，並決定其取捨。總之，在懷特海哲學中，沒有任何自己支持自己的獨立的事實，人類知識因而也就沒有堅如磐石的經驗支撐點。從這裏我們感悟到懷特海思想的反基礎主義意味。懷特海早在20世紀40年代就對基礎主義產生懷疑，而蒯因則在70年代對基礎主義作了系統清算。

與懷特海對「完善辭典的謬誤」的批評相類似，蒯因也對他所謂的語言的「博物館神話」進行了嚴厲抨擊，並從中引出了一些重要結論。蒯因認為，語言是一種社會的技藝，我們都只是根據他人在公共可認知的環境下的外在行為傾向來習得這種技藝的，並且也只有在這個基礎上才能獲悉和核實語言的意義。他指出，一旦轉向這種自然主義的語言觀和行爲主義的意義論，就必然造成下述後果：(1) 放棄語言的博物館圖像，其中展品是作爲精神實體的意義，詞是標簽，改變語言就是更換標簽。根據這種語言的博物館神話，一個語言的詞和句子有其確定的意義，即使我們不能在行爲證據的基礎上發現它們。但是蒯因堅決反對這種觀點，他認爲：在內含於人們的外部行爲傾向的東西之外，既不存在意義，也不存在意義的相似或差別。對於自然主義來說，兩個表達式是否在意義上相似，這個問題沒有任何已知或未知的答案，除非這些答案在原則上由人們的已知或未知的語言傾向所決定。(2) 放棄對於確定性的追求。這是因爲行爲證據對於語言學習和語言意義的確定來說都是不充分的：語言學習除了依據實指學習之外，還要憑藉超越行爲證據的類比跳躍；行爲證據（即經驗）對於語言一理論的決定是不充分的，以致兩個邏輯上不相容的理論可以面對同樣的經驗證據。因此在行爲證據的基礎上，不僅意義是不確定的，而且指稱也是不可測知的。對於兩個邏輯上不相容的翻譯手册之誰對誰錯，不存在確實無疑的事實問題。

第二，從整體論傾向到蒯因的整體論論題。懷特海哲學表現出強烈的整體主義傾向，這從兩個方面可以看出來：一是他的本體論，一是他的認識論。本體論上的整體主義表現於懷特海的自然機體論。他認爲，哲學的關鍵是在存在的個體性與存在的相關性之間保持平衡。即是說，既不能泯滅每個獨特的個性，又要淸醒地看到，這一個性與存在的整體密切相關，不可能孤立地被考察。他說：

沒有一個實有只是由其個別特徵，或者只是由它與其他實

> 有的關係來表徵的。每一個實有本質上具有一個個別特徵，同時本質上也是潛在的或現實的關係的一極。個別特徵的一些因素，成為關係的一部分。換言之，沒有一個實有能被視為脫離了大千宇宙的；同時，沒有一個實有能被剝奪其自身的個性。[51]

因此，在懷特海哲學中，事實世界與價值世界相互聯繫，密不可分；在事實世界中，空、時相互聯繫，並且時—空連續體與實有相互關聯；實有與生命相互關聯，生命與心靈相互關聯，就是在心理方面亦是如此。於是，整個世界層層相應、環環相扣，環境一直滲入到事物的根本特性之中。這就是懷特海的本體論意義上的整體論。

懷特海哲學的整體主義傾向也在認識論上表現出來。對批判學派只強調個體化，強調單個語詞或單個命題能完整地表達事物的觀點，懷特海表示了強烈的異議：

> 事實上，沒有一句話或一個詞是離開它得以表達出來的場景而獨立地具有意義的，無見識的思想的本質就存在於對這一真理的漠視之中。……我的觀點是我們不能依賴於任何充分明晰的分析。[52]

他認爲，自希臘以降，哲學思想有一個深廣的錯誤傳統，這一傳統預先假定了「孤立的存在」（如理念），這一假設蘊涵著對有限

[51] 希爾普編：《在世哲學家文庫：懷特海的哲學》，英文版，1941年，頁678。
[52] 同上書，頁699。

事實進行充分描述的可能性。但他指出:

> 不存在一個充分地表達其自身意義的句子，總是存在著預先假定的背景，由於該背景是無限的這一理由，因而使分析無效。[53]

這就是說，懷特海不僅主張必須聯繫句子的前後背景才能理解該句子，並且他還進一步指出，由於背景的無限連鎖，完全充分的表達或理解是不可能的。可以看出，懷特海的本體論意義上的整體論是其認識論意義上的整體論的基礎和前提，而後者則是前者的必然結論。

幾乎可以這樣說，蒯因只是以精確化、具體化的形式，發展了尚屬籠統的懷特海哲學的整體主義，並加進了約定論和實用主義的成分。蒯因從對經驗論的兩個教條，特別是還原論教條的批判中，提出了整體主義知識觀，構築了一個人類知識的等級化的金字塔系統，其中從經驗的觀察報告到理論陳述，進而到本體論和邏輯、數學的規律，形成了一個分等級的連續統一體。當遇到頑強不屈的經驗時，這個統一體中沒有什麼是絕對不能修改的，當然也沒有什麼東西必然要被修改。我們既可以修改其中的某些命題來保持理論與經驗的一致，也可以保存這些命題而代之以修改這個統一體內的其他命題，包括邏輯數學規律，而仍然達到這種一致。因此，這實際上是一個選擇方便的語言形式和概念體系的問題，這裏的考慮凡屬合理的，都是實用的。

---

[53] 希爾普編:《在世哲學家文庫: 懷特海的哲學》英文版，頁699。

第三，從對邏輯在哲學中地位的重新估價到邏輯可修正論。懷特海指出，批判學派之所以發生如前所述的三個偏頗，卽靜態的、個體的、否定的，在根本上是「由於在前提方面和確定性方面對邏輯程序的地位作了錯誤的估價造成的。」[54] 他說：

> 在運用這一「科學抽象」的技巧方面有一個危險，那就是片面地使用邏輯，因而，這裏要拋棄的僅是一個錯誤的命題。然而，如果一切命題不涉及我們所經驗的、未加任何有意識分析的背景來解釋，那麼，它們就全都是錯誤的。[55]

這是因爲，邏輯分析按其本性而言，不可能把命題所涉及的無限的背景表達出來。當然，當背景的區別與直接的目的無關時，常識要求我們，對這些背景的區別可以忽略不計。但這裏已經隱藏著在嚴密邏輯與常識之間，取後者而捨前者了。這種態度業已表明，人類知識不能最終依賴於邏輯。正如懷特海在《不朽》的最後一節所總結的：

> 結論是，被視作是使思想進展而作的一種充分分析的邏輯，是虛妄的。它是一種極妙的工具，但要以常識作背景。我的觀點是，哲學思想的最終世界觀不可能奠基於形成我們的特殊科學基礎的精確陳述之上。[56]

---

[54] A. N. Whitehead: *Process and Reality,* p. 9.

[55] 希爾普編：《在世哲學家文庫：懷特海的哲學》，英文版，頁680。

[56] 同上。

精確性是虛妄的。[57]

這是一位參與奠定了現代邏輯基礎的數理邏輯學家晚年所得出的悲劇性結論。

實際上，蒯因從其整體主義知識觀出發，也得出了類似的結論：就其本質而言，邏輯眞理是可錯的，邏輯本身是可修正的。實際上很少有對邏輯的修正提出，這只是因爲人們在實踐中遵循以最小代價獲最大收益的行爲準則。

蒯因對懷特海思想成果的繼承關係當然不止這些，但卽使由此也可看出，這種繼承關係是明顯存在的：

> 對邏輯具有絶對中心地位和不可變易性的質疑，對博物館神話與完善辭典謬誤的抨擊，在意義問題上對整體化語境的强調，對絶對事實命題的拋棄，對實證主義的批判，總之，對本體論問題的重新强調以及對整體主義的推崇，有充分的證據表明，蒯因對邏輯實證主義的劃時代批判是潛在地接受了懷特海影響的，雖然所採用的方法迥然不同，前者是語言的、邏輯的分析，後者主要是思辯式的洞見和推理，然而在結論上，在精神上，則是頗爲相似的。[58]

6.4.2　蒯因哲學的歷史影響

評價一位哲學家的標準，與評價一位科學家的標準是不太一

[57] 希爾普編：《在世哲學家文庫：懷特海的哲學》，英文版，頁700。
[58] 陳奎德，《懷特海哲學演化概論》，頁253。

樣的。看一位科學家是優秀還是不優秀，主要看他給我們提供了多少他所發現的眞理，並且發現這些眞理的難度有多大，其理論意義或實用價值有多高。但哲學的本性在於愛智慧，哲學家本質上不是眞理的佔有者，甚至不是眞理的發現者。一個哲學家是偉大還是不偉大，主要不是看他提供了多少亘古不變的眞理（實際上也沒有這樣的眞理），而是看他提出了多少從哲學史上看來新穎、獨特而又意義重大的問題，或者對哲學史上的老問題或者新問題提供了何種富有獨創性的解答，並且他所提出的這些問題或者解答，在他的同時代人特別是後人中激起了什麼樣的反響，並由此又啓發他人提出了多少有意義的思想。洪漢鼎在其德文專著《斯賓諾莎和德國哲學》中曾表達了此種觀點。他指出:

> 斯賓諾莎哲學的影響史正是斯賓諾莎自身的存在表現；斯賓諾莎主義的本質，並不存在於17世紀的著作和理解中，而是不斷存在於後世對它的理解和解釋中。正是它對於後世的不斷影響和作用，它的生命力才得到真正的表現。[59]

如果從上述角度去看，蒯因毫無疑問屬於偉大哲學家的行列，特別是當代最重要或者說最有影響的哲學家之一。這主要基於以下理由:

第一，分析命題和綜合命題的區分，在近現代哲學中，幾乎被一致看作是毋庸置疑的公理，更是當代邏輯實證主義哲學的一塊重要理論基石。但蒯因把這一區分稱爲「教條」，並對它作了

[59] 參見《世界哲學年鑒1988～1990》，上海人民出版社，1991年版，頁184。

內行的、充滿智慧的批判。他的這一工作在當代哲學中激起了強烈的反響，其具體後果之一是導致邏輯實證主義轉向邏輯實用主義，並最終逐漸衰落。正因如此，施太格繆勒 (W. Stegmüller) 稱蒯因的〈經驗論的兩個教條〉這篇不長的論文樹立了一塊哲學史上的里程碑(60)。

在批判〈經驗論的兩個教條〉時，蒯因是以卡爾納普爲主要論敵的。如第1章所述，〈兩個教條〉一文就是卡爾納普、羅素、塔斯基、蒯因等人哈佛討論班的產物。卡爾納普試圖在邏輯眞理與事實眞理之間作出嚴格區分，蒯因等人表示強烈反對，蒯因將此次討論中形成的思想寫成了〈兩個教條〉一文。卡爾納普認眞考慮了討論中提出的反對意見，後來寫了〈經驗論、語義學和本體論〉(1951) 一文預以答辯。蒯因的〈兩個教條〉一文的發表後，斯特勞森和格賴斯合寫了〈捍衛一個教條〉一文，對蒯因進行反批評，認爲分析陳述和綜合陳述的區分是有根據的，蒯因在批評時關於這種區分的條件與要求過於嚴格和苛刻，並且也不合理。費格爾 (H. Feigl, 1903～) 也著文〈分析陳述和綜合陳述的區分是邏輯經驗主義的基石〉(1955)，與蒯因展開論戰。但是多數人還是接受了蒯因的觀點，有人如普特南 (Hilary Putnam) 還對其作了進一步修正與發揮，作出了「一個確實新穎而有益的貢獻」(61)。

第二，在當代分析哲學中，本體論不佔重要地位，維也納學派更是明確提出了「拒斥形而上學」的哲學口號，本體論研究一

---

(60) 施太格繆勒：《當代哲學主流》下卷，王炳文等譯，商務印書館，1992年版，頁203。

(61) 同上書，頁216～221。

度陷入低谷。但蒯因以〈論有什麼〉（1951）開頭的一系列論著，相當令人信服地證明：本體論問題是任何科學理論所固有的，本體論甚至與自然科學具有同等地位，他自己還提出了一套新穎、獨特的本體論學說，採取了一種明確的本體論立場，從而恢復了本體論研究在哲學中應有的重要地位。正如本書前面所指出的，僅就本體論研究方面而言，蒯因在分析哲學中起了扭轉乾坤的重要作用。這一說法毫不誇張。

由於蒯因爲本體論研究正名，本體論研究此後又堂而皇之地登上了哲學的殿堂，其明證就是科學哲學領域後來爆發了一場實在論與反實在論的論戰。1969年，在美國伊利諾斯召開了一次科學哲學討論會，以理論的結構爲主題，有些與會者對邏輯經驗論的絕對主義與庫恩（T. Kuhn, 1922～）、費耶阿本德（P. K. Feyerabend, 1924～）的相對主義大加撻伐。從此，便形成了以普特南、夏皮爾（D. Shapere, 1928～）、麥克馬林（E. Mac Mullin）和波依德（R. Boyd）等人爲代表的科學實在論，與以勞丹(L. Laudan, 1941～)、范・弗拉森(B.C. Van Fraassen)等人的新爭論。這場爭論主要圍繞兩個問題：其一是本體論承諾問題，即是否承認理論實體(原子、電子、光子等等)存在；其二是眞理問題，例如科學實在論就有兩個信念：（1）科學以其理論向人們訴說關於實在世界的眞實故事；（2）科學理論是眞的，人們接受一個科學理論就意味著相信這一點。在爭論中，實在論與反實在論雙方都得求助於形而上學或認識論的分析。爭論最後導致形成了既反對科學實在論又拋棄反實在論的後現代科學哲學。

蒯因在促成上述論戰中的作用是得到廣泛承認的。例如麥克金倫（E. Mackinnon）在〈科學實在論：新的爭論〉（1979）

一文開頭就指出:

> 蒯因和塞拉斯 (Wilflid Sellars) 都提出了一種很有影響的實在論觀點以取代早先對科學的工具主義和現象主義的解釋。這種實在論的中心論點是: 承認一個理論是有説服力的和不可還原的, 就合理地蘊涵著承認這個理論所假定的那些實體。基於蒯因和塞拉斯學説的一些被發現了的缺陷, 更主要地是基於一種對科學説明的不包含本體論承諾的重建, 對這種實在論的反對逐漸增長起來了。[62]

第三, 自蒯因1969年發表著名論文〈自然化的認識論〉以來, 西方科學哲學中出現了一股自然主義思潮, 它分別表現在使科學哲學自然化和使認識論自然化。自然化科學哲學側重研究主體羣體的認識活動, 自然化認識論則側重研究主體個體的認識活動。兩者的共識在於: 把科學認識作爲一種自然現象置於自然之中, 把科學認識論置於科學本體論之中, 並以此作爲拯救科學哲學的一種出路。具體就自然化認識論來說, 許多科學哲學家主張在哲學認識論的研究中, 從探討各門具體科學入手, 用實證科學的研究手段和方法來研究認識論問題, 比如從經驗心理學、人工智能、生物學和認知科學等等角度使認識論自然化、科學化和經驗化。這種自然主義的代表人物有吉爾 (R. N. Giere)、勞丹、羅森伯格 (A. Rosenberg)、列普林 (J. Leplin)、胡克 (C. Hooker)、瑪麗·赫斯 (Mary Hesse) 等人, 並大致分爲進

[62] 江天驥主編: 《科學哲學和科學方法論》, 華夏出版社, 1990年版, 頁135。

化自然主義、規範自然主義等派別。這股自然主義思潮有方興未艾之勢。

第四，在語言哲學領域，蒯因奉行自然主義語言觀和行爲主義意義論，提出了許多哲學史上新穎獨特的論題與學說，如翻譯的不確定性、指稱的不可測知性、本體論的相對性、經驗決定理論的不充分性等等，表現出極強的思維穿透力和理論創新能力。施太格繆勒把蒯因討論語言哲學和認識論的《語詞和對象》一書，與維特根斯坦的《哲學研究》並列，稱它們也許是本世紀影響最大的兩部著作[63]。

這裏可以通過戴維森(D.H. Davidson, 1917～)和喬姆斯基(A.N. Chomsky, 1928～)的工作來說明蒯因在語言哲學領域的影響，前者是蒯因的追隨者，而後者則是蒯因學說的持異議者。

戴維森，美國語言哲學家。1967年，他發表著名論文〈眞理和意義〉，文中提出了所謂的「戴維森綱領」，即把眞理概念作爲意義理論的基本概念，要根據眞理概念闡釋意義，根據語句的眞值條件規定語句的意義，而他的眞理概念是實在論的眞理概念。英國哲學家達米特(M. A. E. Dummett)是一位反實在論者，他不同意戴維森的觀點，從而引發了一場在意義和眞理問題上實在論與反實在論的論戰，造成很大影響。戴維森還繼蒯因拒斥經驗論的兩個教條之後，診斷出經驗論的第三個而且在他看來也是最後一個教條，即模式與內容的二元論。戴維森是蒯因的學生，他在哈佛當研究生期間受教於蒯因等人門下，在哲學思想特

---

[63] 《當代哲學主流》下卷，頁204。

別是整體論的經驗檢驗理論上，深受蒯因影響。他曾指出:「如果按照我所提出的那種方式從眞理論中引出形而上學結論，那末對語言的看法必須是整體論的。」[64]

喬姆斯基，美國語言學家、哲學家。他從笛卡爾唯理主義的天賦觀念出發，運用數理邏輯工具，圍繞語言的語形方面進行研究，創立了「轉換生成語法」，在現代語言學領域掀起一場「喬姆斯基革命」。但據喬姆斯基自稱，他早年也受到了蒯因的影響。喬姆斯基在其老師海里斯 (Z. S. Harris) 的影響下，於1947年開始邁進語言學領域。海里斯建議他進修邏輯學、哲學和數學原理，大概在此時受到了邏輯學家兼哲學家古德曼、蒯因的影響。因此，他在其成名作《句法結構》一書的序言中說:「我的這項研究的進程還受到納爾遜·古德曼和蒯因的研究工作的強烈影響，也許影響的方式不像海里斯那樣明顯。」[65] 當然，如4.5 中所述，喬姆斯基後來又對蒯因的語言哲學觀點提出了嚴厲的批評，兩人之間進行過論戰。

第五，蒯因在從內部批評邏輯經驗論時，對美國實用主義哲學的利用與彰顯，導致了實用主義在美國哲學中的復興，並最後導致了分析哲學的自行消亡與後分析哲學（即理查德·羅蒂所代表的新實用主義哲學）的誕生。

蒯因試圖用實用主義的靈感去改造分析哲學，實用主義成爲他整個哲學的顯著特徵與最後落腳點。蒯因的工作導致實用主義

---

[64] 轉引自涂紀亮:《分析哲學及其在美國的發展》下册，中國社會科學出版社，1987年版，頁722。

[65] 喬姆斯基:《句法結構》，刑公畹等譯，中國社會科學出版社，1979年版，頁2。

在美國哲學中得到了某種程度的復興，其迹象之一是：許多今日最重要的美國哲學家往往不那麼猶豫地樂於接受對他們的實用主義稱呼，即使他們自己可能更情願被稱爲別的什麼主義，而且即使事實上他們的思想可能與實用主義還有一段距離。在當代美國哲學家中，實用主義者有戴維森、普特南、理查德・伯恩斯基 (Richard Bernstein) 等，當然其中最自覺、最有影響的是理查德・羅蒂 (Richard Rorty, 1931～)，他要消解分析哲學甚至是一切哲學，倡導一種後哲學文化。

普特南和羅蒂早年都曾受到過蒯因思想的影響。普特南是70年代出名的美國邏輯學家和科學哲學家，「科學實在論」的代表之一。在青年時期，他在科學哲學方面受教於賴欣巴赫，在邏輯方面受教於蒯因。蒯因對他發生了比較大的影響，他曾說：「蒯因的思想對我的著作的影響是長遠的。」[66] 羅蒂在50年代，興趣主要在歷史和形而上學方面，60年代轉向分析哲學。他說：

> 我攻讀了當時風行的牛津哲學家們（奥斯汀 (J. L. Austin)、賴爾 (Gilbert Ryle)、斯特勞森）的著作。在這之前，我讀過邏輯實證主義哲學家的著作，但不怎麼喜歡。在我第一次讀維特根斯坦的《哲學研究》時，給我的印象就大不相同了。這樣，我就從一個舊派的哲學家變成了一個新派的分析哲學家。[67]

後來，他又從蒯因和塞拉斯那裏接受影響：

---

[66] 轉引自涂紀亮：《分析哲學及其在美國的發展》下册，頁701。

[67] 同上。

稍後一段時期，我開始閱讀塞拉斯的著作。在我看來，塞拉斯對「所與神話」的抨擊似乎使近代大部分哲學所依據的假說受到懷疑。再後一些，我開始認真考慮蒯因對語言和事實之間的區別所持的懷疑態度，並試圖把蒯因的觀點與塞拉斯的觀點結合在一起。[68]

由於羅蒂曾是一位分析哲學家，對分析哲學的問題、爭論和理論演變有著深刻的了解。他這樣描述了分析哲學的歷史，把分析哲學家相互批判而找不到出路的混戰看做是一個自殺的過程。他說:

「邏輯分析」的觀念推翻了自己，在維特根斯坦哲學、「日常語言哲學」、蒯因和塞拉斯對所謂「科學詞彙」的批判中正經歷著慢性自殺。[69]

在促使分析哲學自我消亡的過程中，羅蒂高度評價了美國哲學家所起的作用，如蒯因強調語言和理論的體系性的整體論，取消分析—綜合區別的一元方法論，以及否認哲學先於和高於科學的自然化認識論；此外他還提到了塞拉斯、戴維森、普特南、古德曼、庫恩 (T. S. Kuhn)、費耶阿本德 (M. Feyerabend) 等美國哲學家所起的作用。按羅蒂的解釋，這些哲學家一方面信奉分析哲學，但另一方面又有意無意地以美國所特有的實用主義精神來處理分析哲學的問題，而這兩者的結合卻從內部動搖了分析

[68] 轉引自涂紀亮:《分析哲學及其在美國的發展》下册，頁783。

[69] Richard Rorty: *Consequences of Pragmatism*, 1982, p. 227.

哲學的基礎。羅蒂本人的新實用主義哲學就是在吸收這些人的思想成果的基礎上發展起來，例如他在爲其代表作《哲學和自然之鏡》中譯本所寫的序言中指出:

> 本書是企圖貫徹杜威和海德格爾某些共同的思想路線的一次努力，……本書大部分內容都是重述和發展由一些分析哲學家所提出的論點，如W. 塞拉斯，W. V. O. 蒯因、D. 戴維森、H. 普特南、G. 賴爾，以及特別是維特根斯坦。[70]

歷史就是這樣無情地提供了一幅諷刺畫: 蒯因本來想用實用主義去拯救分析哲學，不料卻由此導致了分析哲學的消亡，導致了後分析哲學的誕生。

第六，在科學哲學從邏輯主義向歷史主義的轉變中，蒯因也起了重要作用。江天驥在《當代西方科學哲學》一書中指出:

> 當代西方科學哲學主要學派或主要代表人物的思想，表明科學哲學的一個顯著的發展趨勢: 從邏輯主義到歷史主義的轉變，由科學結構的邏輯模型到科學發展的歷史模型的轉變。邏輯經驗主義者和波普學派都是邏輯主義者，庫恩、拉卡托斯 (I. Lakatos)、費耶阿本德和夏皮爾 (D.

---

[70] 理查德·羅蒂:《哲學和自然之鏡》，李幼蒸譯，三聯書店，1987年版，頁14。

Shapere）都是歷史主義者。[71]

盡管江天驥沒有提到蒯因在促成這一轉變中的作用，但我通過研究發現：蒯因在其中是起了重要作用的，這主要是通過他對庫恩、夏皮爾、漢森 (N. R. Hanson)、波拉尼 (M. Polanyi) 等人的影響實現的。

庫恩，美國著名的科學哲學家和科學史家。他開始攻讀理論物理學，後轉向科學史研究，於 1949 年獲哈佛大學哲學博士學位。在哲學方面他接受過洛夫喬伊 (A.O. Lovejoy)、蒯因、皮亞傑等人的影響，他特別接受了蒯因的「整體論」以及關於理論評價與選擇學說的影響，他所提出的「范式」、「科學家共同體」、「不可通約論題」等等，在思想上與蒯因有相通之處，有些甚至可以說是蒯因學說的邏輯發展。但是，庫恩和波拉尼、漢森、費耶阿本德等人的極端歷史主義立場，卻是蒯因所不能贊同的，他將其稱之為「認識論虛無主義」和「文化相對主義」，始終注意與其明確劃清界限[72]。

如上所述，蒯因在當代哲學中造成了廣泛而又深遠的影響，發揮了十分重要的作用。正因如此，他生前就得到了他的哲學同行們的極力推崇和高度評價。正如本書開頭所指出的，艾耶爾稱他是繼羅素和維特根斯坦之後影響最大的在世哲學家；漢普謝爾稱他是在世的最傑出的體系哲學家；布萊恩·麥基稱蒯因處於當代最重要的哲學家的首位，是處於世界名望之巔的哲學家。施太

---

[71] 江天驥：《當代西方科學哲學》，中國社會科學出版社，1984 年版，頁260。

[72] 參見 *Ontological Relativity and Other Essays*, pp. 87～88.

格繆勒也指出，蒯因是當代最重要的邏輯學家和哲學家之一。我們深信，蒯因不僅已經對當代哲學產生了重要影響，而且他那極富穿透力和獨創性的思想和學說也會對未來哲學發展產生不可忽視的影響。蒯因作爲偉大哲學家的地位，將不會隨著時間的流逝、歷史的演變而受到威脅。

年　表

1908年　6月25日生於美國俄亥俄州阿克朗郡。母親是一位中學教師，父親是一位商人。有一位哥哥。

1914年　隨家人到過尼加拉瓜瀑布，並橫穿加拿大。旅遊的興趣保持終身。

1917年　爲上帝與永生的荒誕性所困擾。編輯手寫體周刊 *Grove Gazette*，直至1921年。

1923年　編輯月刊《O. K. 集郵訊息》，並在18個州和7個國家有訂戶。直至1924年。

1926年　元月高中畢業。中學時期愛好數學，選擇了科學課程，而未選擇經典的、技術的或商業課程。愛倫・坡是他所喜愛的作家。讀了兩本哲學著作：麥克斯・奧托的《事物與理念》（1924）以及威廉・詹姆士的《實用主義》（1907）。中學最後一年對語言學特別是詞源學產生興趣。整個童年期都愛好地理學，對地圖有特別興趣，曾繪製並出售家鄉地圖。

9月進入奧伯林學院，主修數學。

1930年　以平均成績 A^- 從奧伯林學院畢業。大學期間經人指點，對數理邏輯和數學哲學產生興趣。廣讀羅素的著作以及其他數理邏輯書籍。寫有兩篇邏輯論文，分別於1930和1932年發表。對語言學興趣不減，學過希臘語、德語和法語。聽過心理學課程，並閱讀 J. B. 華生關於行爲主義的著作。

秋季，入哈佛大學哲學系當研究生，受教於 A. N. 懷特海、C. I. 劉易斯、H. M. 謝弗和 O. W. 普拉爾門下。

與諾密・克萊頓結婚。

1931年 春季，獲碩士學位。羅素到哈佛講學。當蒯因看到羅素與懷特海坐在一起時，深深感受到什麼叫「偉大」。此間曾與羅素討論。

1932年 完成博士論文《序列的邏輯：〈數學原理〉的一個推廣》，6月前獲博士學位。

當選爲「哈佛謝爾登訪問學者」，偕妻諾密赴歐洲留學，訪問了維也納、布拉格、華沙等地，並到過亞洲和非洲的一些國家。在維也納，結識了 M. 石里克、O. 紐拉特、H. 賴欣巴赫、K. 哥德爾、K. 門格爾・H. 哈恩、C. F. 魏斯曼、A. J. 艾耶爾等維也納學派成員。在布拉格，結識卡爾納普並深受其影響，「在以後6年內一直是卡氏信徒」。在華沙，與 A. 塔斯基、S. 萊斯涅夫斯基、J. 盧卡西維茨等人過從甚密。蒯因把此次留學看作他個人思想上的一次「文藝復興」。

1933年 下半年回到哈佛，任初級研究員，獲三年自由研究機會。同時獲此榮譽的有 B. F. 斯金納、G. 伯克霍夫等6人。

1934年 博士論文修訂本出版，名爲《一個邏輯斯蒂系統》。在哈佛發表關於卡爾納普的系列講演。

1936年 任哈佛大學講師，歷時5年。

1937年 發表《數理邏輯的新基礎》一文。

1939年 當選爲美國符號邏輯學會副會長。

1940年 出版第一部主要著作《數理邏輯》。下半年，羅素、卡爾納普、塔斯基、N. 古德曼、蒯因在哈佛組成邏輯問題討論小組。

1941年 任哈佛大學副教授。出版教科書《初等邏輯》。

1942年 5～9月，在巴西聖保羅大學作訪問教授，其講演稿以《新邏輯綱要》爲名用葡萄牙語於1944年出版。
10月，入美國海軍服役，從事軍事密碼的譯解與分析工作。

1945年 7月，與諾密·克萊頓離婚，倆人生有二女。年底從美國海軍退役，時爲少校。隨卽回哈佛任教。

1948年 7月升哈佛大學正教授。9月與瑪喬麗·博因頓結婚，後生有一子一女。發表著名論文〈論有什麼〉。

1950年 出版教科書《邏輯方法》，開始考慮寫作「語詞和對象」。

1951年 發表著名論文〈經驗論的兩個教條〉。

1952年 任哈佛大學哲學系主任。

1953年 在牛津大學作訪問教授，直至1954年。當選爲美國符號邏輯協會會長，直至1956年。出版第一本論文集《從邏輯的觀點看》。

1954年 接任 C. I. 劉易斯的埃德加·皮爾士講座教授，直至1978年。

1956年 任普林斯頓大學高級研究中心研究員，直至1957年。

1957年 當選爲美國哲學學會東部分會主席。

1958年 任史丹福大學行爲科學高級研究中心研究員，直至1959年。

1959年 6月寫完最重要的哲學著作《語詞和對象》。此書寫作歷時9年，翌年出版。隨後赴澳大利亞阿德萊德大學作 G. D. Young 講演人。同年在日本東京大學作訪問教授。

1963年 出版專著《集合論及其邏輯》。

1965年 任 Weslyan 大學高級研究中心研究員。

1966年 出版兩本論文集：《悖論的方式及其他論文》和《邏輯論文選》。

1968年 在洛克菲勒大學作訪問教授。

在哥倫比亞大學作第一任約翰·杜威講座教授，發表題爲「本體論的相對性」的講演；被邀赴維也納參加第14次國際哲學會議，在會上發表題爲「自然化的認識論」的著名講演。兩次講演稿與其他論文結集爲《本體論的相對性及其他論文》於1969年出版。

1969年 在法蘭西學院作訪問教授。

1970年 出版專著《邏輯哲學》以及與 J. S. 馬利安合著的《信念之網》。

1971年 在保爾·卡洛斯講座發表三次講演，後在這些講演稿基礎上，寫成《指稱之根》一書，於1974年出版。

1973～74年 在牛津大學作訪問教授。

1978年 從哈佛大學退休，獲榮譽教授頭銜。仍正常地去他在哈佛大學的辦公室上班。

1981年　出版論文集《理論與事物》。

1982年　寫完長篇自傳《我生命的歷程》。出版 *Saggi Filosofici 1970~1981* 一書。

1985年　自傳出版。

1986年　「在世哲學家文庫」出版《W. V. 蒯因哲學》一書，蒯因對其中每篇論文都寫有答辯。並出版*Quiddities: An Intermittently Philosophical Dictionary* 一書。

1990年　出版帶有總結性質的新著《眞理的追求》，時年82歲。蒯因一生獲得至少18個名譽博士學位。

參考文獻

I. 蒯因的著作

1. 1934: *A System of Logistic*. Cambridge: Harvard, xii+204pp.
2. 1940: *Mathematical Logic*. New York: Norton, xii+344pp.
   Emended 2nd printing: Harvard, 1947.
   Revised edition: 1951.
   Paperback: New York: Harper, 1962; Harvard, 1981.
3. 1941: *Elementary Logic*. Boston: Ginn, vi+170pp.
   Revised edition: Harvard, 1966.
   Paperback: Harper, 1965; Harvard, 1980.
4. 1944: *O Sentido da Nova Lógica*. São Paulo: Martins, xii+190 pp.
5. 1950: *Methods of Logic*. New York: Holt, xxii+272 pp.
   Revised edition: 1959 and London: Routledge, 1962.
   3rd edition, revised and enlarged: Holt,

1972, and Routledge, 1974.
Paperback: Routledge, 1974.
4th edition, revised and enlarged: Harvard, 1982. Also paperback.

6. 1953: *From a Logical Point of View*. Harvard, vii+184pp.
Revised edition: 1961.
Paperback: Harper, 1963; Harvard, 1980.
《從邏輯的觀點看》，江天驥、宋文淦、張家龍、陳啓偉譯，上海譯文出版社，1987年版。

7. 1960: *Word and Object*. Cambridge: M. I. T., xvi+294pp.
Paperback: 1964.

8. 1963: *Set Theory and Its Logic*. Harvard, xvi+359pp.
Revised edition: 1969 and Taipeh: Mei Ya, 1969.
Paperback: Harvard, 1971.

9. 1966: *The Ways of Paradox and Other Essays*. New York: Random House, x+257 pp.
Paperback: 1968.

10. 1966: *Selected Logic Papers*. Random House, x+250 pp.
Paperback: 1968.

11. 1969: *Ontological Relativity and Other Essays*.

New York: Columbia, x+165pp.

Paperback: 1977.

12. 1970: *The Web of Belief* (with J. S. Ullian). Random House. v+95pp.

Revised edition: 1978.

13. 1970: *Philosophy of Logic*. Englewood: Prentice Hall, xv+109pp.

Paperback: 1970.

Revised edition: Harvard, 1986.

《邏輯哲學》，鄧生慶譯，三聯書店，1991。

14. 1974: *The Roots of Reference*. La Salle, Ill.: Open Court, xii+151 pp.

15. 1981: *Theories and Things*. Harvard, xii+219pp.

16. 1982: *Saggi Filosofici 1970～1981*. M. Leonelli, ed., Rome: Armando, 238 pp.

17. 1985: *The Time of My Life: An Autobiography*. M. I. T., xiii+40+499 pp.

18. 1987: *Quiddities: An Intermittently Philosophical Dictionary*. Harvard University Press,

19. 1990: *Pursuit of Truth*. Harvard University Press, xii+113 pp.

II. 研究蒯因哲學的論著

(I) 外文部分(只列論文集和專著)

1. Davidson, D., and Hintikka, J., eds.: *Words and Objections, Essays on the Work of W. V. Quine,* Dordrecht-Holland: D. Reidel Publishing Company, 1969.
2. Orenstein, Alex.: *Willard Van Orman Quine.* Boston: Twayne Publishers, 1977.
3. Shahan, Robert S., and Swoyer, Chris, eds.: *Essays on the Philosophy of W. V. Quine,* Norman: University of Oklahoma Press, 1978.
4. Gibson, R.: *The Philosophy of W. V. Quine: An Expository Essay,* Tampa: University of South Florida Press, 1982.
5. Romanos, George D.: *Quine and Analytic Philosophy,* Massachusetts: The M. I. T. Press, 1983.
6. Dilman, Ilham: *Quine on Ontology, Necessity, and Experience: A Philosophical Critique,* London: MacMillan Press, 1984.
7. Hahn, L., and P. Schilpp, eds.: *The Philosophy of W. V. Quine,* La Salle, Illinois: Open Court, 1986.
8. Hao Wang: *Beyond Analytic Philosophy: Doing*

Justice to What We Know, Massachussetts: The M. I. T. Press, 1986.

9. Gochet, Paul: *Ascent to Truth: A Critical Examination of Quine's Philosophy,* München, 1986.

10. Gibson, R.: *Enlightened Empericism: An Examination of W. V. Quine's Theory of Knowledge,* Tampa: University of South Florida Press, 1988.

11. Hookway, C.: *Quine: Language, Experience and Reality,* Cambridge: Polity Press, 1988.

12. Heal, Jane: *Fact and Meaning: Quine and Wittgenstein on Philosophy of Language,* Oxford: Basil Blackwell, 1989.

13. Munitz, Milton K.: *Contemporary Analytic Philosophy,* New York: Macmillan Publishing Co. Inc., 1981.
吳牟人等譯:《當代分析哲學》,復旦大學出版社,1986.

14. Gosselin, Mia: *Nominalism and Contemporary Nominalism: Ontological and Epistemological Implications of the Work of W. V. Quine and of N. Goodman,* Dordrecht: Kluwer Academic Pub., 1990.

15. Kirk, Robert: *Translation Determined,* Oxford: Clarendon Press, 1986.

16. Bonevac, D. A.: *Ontological Reduction and Ab-*

stract Entities, Ph. D. dissertation: Univ. of Pittsburg, 1980. Univ. Microfilms International.

17. Glotzbach, Ph. A.: *Behavior, Meaning and Reference in the Philosophy of Quine*, Ph. D. dissertation: Yale University, 1979.
18. Gottlieb, D.: *Ontological Economy*, Oxford: Clarendon Press, 1980.
19. Chihara, Ch. S.: *Ontology and the Vicious Circle Principle*, Ithaca: Cornell University Press, 1973.
20. 施太格繆勒:《當代哲學主流》下卷，王炳文等譯，商務印書館，1992年。

(II) 中文部分

1. 陳啓偉著:《〈從邏輯的觀點看〉譯者序》，載《從邏輯的觀點看》中譯本，上海譯文出版社，1987年。
2. 涂紀亮著:《分析哲學及其在美國的發展》(上、下册)，中國社會科學出版社，1987年。
3. 曹秋華著:〈蒯因〉，載《現代西方著名哲學家評傳》下卷，袁澍涓主編，四川人民出版社，1988年。
4. 洪漢鼎、苑利均、張祥龍、李小兵著:《當代西方分析哲學》，遼寧教育出版社，1989年。
5. 王守昌、蘇玉昆著:《現代美國哲學》，人民出版社，1990年。
6. 杜任之、涂紀亮主編:《當代英美哲學》，中國社會科學出版社，1988年。

7. 車銘洲主編:《現代西方語言哲學》，四川人民出版社，1989年。

8. 周昌忠著：《西方現代語言哲學》，上海人民出版社，1992年。

9. 陳波著:《邏輯哲學引論》，人民出版社，1990年。

10. 彭信娥著:〈蒯因的本體論學說〉，載《現代外國哲學》第11期，人民出版社，1988年。

11. 陳奎德著:《懷特海哲學演化概論》，上海人民出版社，1988年。

12. 《中國大百科全書・哲學卷》，中國大百科全書出版社，1987年。

英中名詞對照

A

Abstract entity	抽象實體
Abstract object	抽象對象
Abstraction	抽象；抽象化
Accent	重音號
Accidents of substance	實體的偶性
Adverb	副詞
Agreement	一致；同意
Ajdukiewicz, K.	愛裘凱維茨
Ajken, Henry	亨利·艾肯
Alphabet	字母表
Alternation	析取；析取式
Ambiguity (lexical)	歧義性（詞彙的）
Analogy	類比；類推
Analogic synthesis	類比綜合
Analogic leap	類比跳躍
Analytic hypothesis	分析假設
Analytical statement	分析陳述
Analyticity	分析性

A priori knowledge	先驗知識
Argument	主目；論證
Aristotle	亞里士多德
Arithemetic	算術
Ascent	上溯；躍遷
Assent	贊成；同意
Assertion	斷定
Assignment	指派
Assumption	假定
Atomic sentence	原子語句
Attitude	態度
Attitudinatives	態度詞
Attribute	屬性；性質
Attributive composition	歸屬性合成
Axiom	公理
～of choice	選擇公理
～of continuum	連續統公理
～of extensionality	外延性公理
Ayer, A. J.	艾耶爾

B

Background language	背景語言
Background theory	背景理論
Bearer of truth versus meaning	眞和意義的負載者
Behavioural	行爲的
～coordinates	行爲參數

~criterion	行爲標準
~definition	行爲定義
~semantics	行爲語義學
~similarity	行爲相似性
Behaviorism	行爲主義
Behavioristic recontruction	行爲主義重構
Being	存在；有
mode of~	存在的樣式
Belief	信念
Bentham, J.	J. 邊沁
Bentham, Van	范邊沁
Berkeley, B. G.	貝克萊
Biconditional	雙條件句
Bilingual	雙語的
Birkhoff, G.	伯克霍夫
Bivalence	二值
Body	身；物體
Boole, G.	布爾
Boolean algebra	布爾代數
Boolean operation	布爾運算
Boundary condition	邊界條件

C

Cairns, W. D.	凱爾恩斯
Calculus	演算
Cononical notation	標準記法

Cantor, G. 康托爾
Cardinality 基數性
Carnap, R. 卡爾納普
Cartesian coordinate 笛卡爾座標
Categoricals 直陳句；直言語句
Categorematic 範疇詞；自足詞
Category 範疇；類型
  grammatical～ 語法範疇
  ontological～ 本體論範疇
Cause 原因；起因
Change of meaning 意義的變化
Charity 寬容
Chomsky, N. 喬姆斯基
Circularity 循環
Class 類
  null-～ 空類
  universal-～ 全類
  virtual versus real～ 虛類和實類
Closed sentence 閉語句
Coextensive 共外延的
Cognitive eguivalence 認知等價
Cognitive language 認知語言
Cognitive meaning 認知意義
Cognitive synonymy 認知同義性
Coherence theory 融貫論；一致說
Collateral information 附屬信息；儲存信息
Commitment 承諾

ontic～	本體論承諾
ontological～	本體論承諾
Communication	交際；通訊
Completeness	完全性
Comte, A.	孔德
Concatenation	連接
Concept	概念
reconstruction of～	概念的重構
Conceptual scheme	概念框架；概念結構
Conceptualistic theory	概念論
Conceptualization	概念化
Concretion	具體化
Conditional	條件句
Conditioning	條件反射
Confirmation	確證
Conflict	衝突；矛盾
Conjunction	合取；合取式
Connectives	聯結詞
Consequence	後承；推論
logical～	邏輯後承
Conservatism	保守主義
Consistency	一致性；相容性
Constants	常項
logical～	邏輯常項
Constituents	構成成分
Construction	構造
Constructionalism	構造主義

Context	語境；上下文
Contextual definition	語境定義
Contradiction	矛盾
Convention	約定
truth by～	依約定爲眞
Conventionalism	約定論
Coordinate	參數；座標
Copula	系詞
Correction	校正；修改
Correlational information	相關信息
Correspondence	符合；對應
～theory of truth	眞的符合論
Count-noun	可數名詞
Counterfactual	反事實條件句
Couturat, L.	古杜拉

D

Davidson, D.	戴維森
Decision	決定；抉擇
Deduction	演繹
Definite description	有定摹狀詞
Definition	定義
conventional～	約定定義
explicational～	精釋定義
lexical～	詞典定義
Descartes, R.	笛卡爾

Deviant logic	異常邏輯
Dewey, John	杜威
Disposition	傾向
Dispositional term	傾向詞語
Dissent	反對；不同意
Doctrinal versus conceptual studies	學說研究與概念研究
Dogma	教條
Domain	論域
denumerable～	可數論域
indenumerable～	不可數論域
Duhem, Pierre	迪昂
Duhem-Quine thesis	迪昂—蒯因論題

E

Economy	經濟
Einstein, A.	愛因斯坦
Empirical content	經驗內容
Empirical equivalence of theories	理論的經驗等價
Empiricism	經驗論
enlightened～	開明經驗論
Entity	實體
mental～	精神實體
physical～	物理實體
Episode	片斷
Epistemology	認識論
Equivalence	等價；等值；等勢

Essentialism 本質主義
Ethnocentric predicament 種族中心困境
Evidence 證據
Excluded middle, law of 排中律
Explanation 解釋
Explanatory power 解釋力
Explication 精釋
Existential generalization 存在概括
Experimental method 實驗方法
Exportation 輸出
Extention versus intention 外延和內涵

F

Fact of the matter 事實問題
Fallacy 謬誤
Fiavouritism 偏愛；偏好
Field of force 力場
Feld theory 場論
Finitist constraint 有窮主義限制
First Philosophy 第一哲學
Formalism 形式主義
Foundationalism 基礎論；基礎主義
Framework 框架
extensionalistic～ 外延主義框架
lingistic～ 語言框架
logical～ 邏輯框架

Frege, G.	弗雷格
Frequency information	頻率信息
Friedman, M.	弗里德曼
Function	函項
proxy～	代理函項

G

「Gavagai」	「嘎瓦蓋」
Geach, P. T.	吉奇
General term	普遍詞項
Generative grammar	生成語法
Genetic approach	發生學方法
Genetic reconstruction	發生學重構
Gentzen, G.	根岑
Geography	地理學
Gibson, R. F.	吉布森
Gödel, K.	哥德爾
Goodman, N.	古德曼
Gradualism	漸近論；漸近主義
Grammar	語法
Grammatical	語法的
～analysis	語法分析
～construction	語法構造
～rule	語法規則
～theory	語法理論
～structure	語法結構

Grammaticality 合語法性
Grice, H. P. 格賴斯

H

Hahn, H 哈恩
Hailperin, T. 海爾帕倫
Hampshire, S. 漢普謝爾
Hapits 習慣
Hao Wang 王浩
Hedge 邊緣
Hempel, C. 亨佩爾
Herbrand, J. 赫布蘭德
Higher order logic 高階邏輯
Hilbert, D. 希爾伯特
Hintikka, J. 欣迪卡
History 歷史
Holism 整體論
Holophrastic sentence 獨詞句
Homomorphism 同態
Hume, David 休謨
Hyper-pythagorism 泛畢達哥拉斯主義
Hypothetico-deductive method 假說演繹方法
Hypothesis 假說

I

Identification 識別

Identity 同一; 等詞
Ideology 觀念體系
Implication 蘊涵
Illusions 幻覺
Immediate experience 直接經驗
Indeterminacy of translation 翻譯的不確定性; 譯不準
Indexical 索引詞; 索引句
Indicator word 指示詞
Indirect reference 間接指稱
Individuation 個體化
Induction 歸納
 ~generalization 歸納概括
Innateness hypothesis 先天假設
Inference 推理
Infinite regress 無窮倒退
Infinite set 無窮集
Information 信息
 empirical~ 經驗信息
Inscrutability of reference 指稱的不可測知性
Instrumentalism 工具主義
Intellectual intuition 理智直覺
Intentionalist 內涵論者
Intentionality 內涵性
Intentional predicate 內涵謂詞
Interchangeable salva veritate 保全眞值可替換的
Introspection 內省
Intuitionism 直覺主義

Intuitionistic logic 直覺主義邏輯
Involvement, modal 模態包含
Isomorphism 同構

J

James, William 詹姆斯
Jaskowski, S. 雅斯柯夫斯基
Jenson, R. B. 詹森
Judgement 判斷

K

Kant, I. 康德
Kinds 種類
Knowledge 知識
Kotabinski, T. 科塔賓斯基
Kraft, V. 克拉夫特
Kripke, S. 克里普克
Kuhn, T. S. 庫恩
Kuratowski, K. 庫拉杜斯基

L

Language 語言
extentional～ 外延語言
intentional～ 內涵語言
nominalistic～ 唯名論語言

realistic~	實在論語言
thing-~	事物語言
sense-datum~	感覺材料語言
~learning	語言學習
Law	規律
logical~	邏輯規律
mathematical~	數學規律
physical~	物理規律
Learning	學習
Leibniz, G. W.	萊布尼茨
Lesniewski, S.	萊斯涅夫斯基
Lewis, C. I.	劉易斯
Linguist	語言學家
Linguistic turn	語言轉向
Lowenheim-Skolem theorem	洛文海姆—司寇倫定理
Logic	邏輯
first order~	一階邏輯
many valued~	多值邏輯
predicate~	謂詞邏輯
propositional~	命題邏輯
quantum~	量子邏輯
tense~	時態邏輯
two valued~	二值邏輯
Logical	邏輯的
~form	邏輯形式
~particle	邏輯小品詞
~positivism	邏輯實證主義

~truth 邏輯眞理
Logicism 邏輯主義
Locke, John 洛克

M

Magee, Bryan 麥基
Manual of translation 翻譯手册
Mapping 映射
Mass-term 物質名詞；整體詞
Mathematical logic 數理邏輯
Mathematical object 數學對象
Mathematics 數學
Max, Otto 麥克斯
Maxim 準則；原則
~of minimal mutilation 最小代價最大收益準則
~of simplicity 簡單性原則
McCluskey, E. J. 麥克魯斯基
McKnight, G. H. 麥克賴特
Meaning 意義
Meaningfulness 有意義性
Meaninglessness 無意義性
Mechanics 力學
quantum~ 量子力學
Newton~ 牛頓力學
Memory 記憶
Menger, K. 門格爾

Mentalism	心智主義；心理主義
Mentalistic semantics	心智論語義學 精神論語義學
Mentality	心智；心理
Metalanguage	元語言
Metaphysics	形而上學
Method	方法
Mill, J. S.	穆勒
Mind	心智；精神
Modality	模態詞
Model	模型
Modesty	溫和性
Monism	一元論
Monolingual	單語的
Museum myth	博物館神話

N

Name	名稱
Natural	自然的
~kind	自然種類
~language	自然語言
~selection	自然選擇
Naturalism	自然主義
Neighborhood	鄰域
Neurath, Otto	紐拉特
Nicod, J. D. D.	尼柯德

Noami, Clayton	諾密
Norm	規範
Normative epistemology	規範認識論
Notation	記法
Null set	空集
Number	數
Nominalism	唯名論

O

Object	對象；客體
Observation	觀察
~conditional	觀察條件句
~predicate	觀察謂詞
~statement	觀察陳述
possible~	可能的觀察
Ockham-razer	奥卡姆剃刀
Ontological	本體論的
~debacle	本體論坍塌
~reduction	本體論還原
~relativity	本體論的相對性
Ontology	本體論
Opacity	晦暗性
Order	序；階
Ordered pair	有序偶
Ordinary language	日常語言
Ostention	直指；實指

~learning	實指學習
Otto, Max	奧托

P

Paraphrase	釋義；意譯
Particular	殊相；特殊
Paul Carus	保爾・卡洛斯
Peano, G.	皮亞諾
Peirce, C. S.	皮爾士
Peirce, Edgar	埃德加・皮爾士
Perceiving	感知
Perception	知覺
Philogy	語文學
Philosophy	哲學
~of language	語言哲學
~of logic	邏輯哲學
~of science	科學哲學
Physical science	物理科學
Physicalism	物理主義
Physics	物理學
Physical-state predicate	物理狀態謂詞
Physiology	生理學
Picture theory	圖像論
Platonism	柏拉圖主義
Pleasure	愉快
Position	位置

Postulate 公設；假定
Pragmatism 實用主義
Precision 精確
Predicament 困境
Predicate 謂詞
quantification of～ 謂詞的量化
reconstrual of～ 謂詞的重新解釋
Predication 謂述
Presupposition 預設
existential～ 存在預設
Principle 原則
Pleasure～ 愉快原則
～of bivalence 二值原則
～of charity 寬容原則
～of compositionality 構成性原則
～of contradiction 矛盾原則
～of extentionality 外延性原則
～of identification 識別原則；同一化原則
～of maximizing agreement 極大一致原則
～of truth-functionality 眞值函項性原則
～of verification 證實原則
Prior, A. N 普賴爾
Probability 概率
Proper name 專名
Property 特性；屬性
accidental～ 偶然特性
essential～ 本質特性

Proposal	計畫；建議
Proposition	命題
Propositional	命題的
～attitude	命題態度
～connective	命題聯結詞
Psychology	心理學
Pythagorism	畢達哥拉斯主義

Q

Quality space	性質空間
Quantification	量化
referential～	指稱量化
substitutional～	替換量化
Quantifier	量詞
Question	問題
epistemological～	認識論問題
external～	外部問題
internal～	內部問題
ontological～	本體論問題
semantic～	語義問題
Quotation	引文；引用語
Quote	引號；引語
Querry	詢問

R

Radical empiricism	激進經驗論

Radical translation 原始翻譯
Rational reconstruction 理性重構；合理重建
Real class 實類
Realism 實在論
  physical~ 物理實在論
Reality 實在；現實性
Reconstruction 重構；重建
Reduction 還原；歸約
Reductionism 還原論
Reference 指稱
  divided~ 分離的指稱
  undivided~ 未分離的指稱
  indirect~ 間接指稱
Referential apparatus 指稱裝置
Referential opacity 指稱的晦暗性
Referential transparency 指稱的透明性
Referring, mode of 指謂的方式
Refutability 可拒斥性
Regimentation 整編
Regimented 經整編的
  ~language 經整編的語言
  ~theory 經整編的理論
Reichenbach, H. 賴欣巴赫
Relation 關係
Relative clause 關係從句
Relativism 相對主義；相對論
Relativity 相對性

Response	反應
Revisability of logic	邏輯的可修正性
Roots of reference	指稱之根
Rosser, J. B.	羅塞爾
Rule	規則
~of correspondance	對應規則
~of inference	推理規則
grammatical~	語法規則
semantical~	語義規則
structural~	結構規則
~of translation	翻譯規則
~of existential generalization	存在概括規則
Russell, B.	羅素

S

Satisfaction	滿足
Scepticism	懷疑論
Scheffer, H. M.	謝弗
Scheffer-stroke	謝弗豎
Schema	圖式；模式
Scheme, conceptual	概念圖式；概念結構
Schlick, M.	石里克
Science	科學
Scientific theory	科學理論
Semantic	語義的
~ascent	語義上溯；語義躍遷

~regimentation	語義整編
~structure	語義結構
~term	語義詞項
Semantics	語義學
behavioural~	行為語義學
empirical~	經驗語義學
formal~	形式語義學
mentalistic~	心智主義語義學
platonistic~	柏拉圖主義語義學
Sensation	感覺；感受
Sense	涵義；感覺
Sense-data	感覺材料
Sensoryinput	感覺輸入
Sensory stimulation	感覺刺激
Sentence	語句
eternal~	恒久句
observation~	觀察句
occasion~	場合句
standing~	固定句
~token	語句標記
~type	語句類型
Set	集合
Set theory	集合論
Similarity	相似性
perceptional~	知覺相似性
receptual~	感覺相似性
behavioural~	行為相似性

Simple paraphrase	簡單釋義
Simplicity	簡單性
Singular term	單稱詞項
Skinner, B. F.	斯金納
Sobocinski, B.	索博辛斯基
Solipsism	唯我論；自我中心主義
Space	空間
Space-time region	時空區域
Speculation	思辨
Specker, E. P.	斯佩克
Speech	言語
Spelling	拼法
Stegmüller, W.	施太格繆勒
Stimulation	刺激
Stimulus-meaning	刺激意義
Strawson, P. F.	斯特勞森
Structure	結構
Structural rule	結構規則
Structured whole	有結構的整體
Structureless whole	無結構的整體
Subject-position	主詞位置
Substance	實體
Substituent	替換值；替代成分
Substitution	替換；代入
Surface syntax	表層句法；表層語形
Syncategorematic	助範疇詞；非自足詞
Synonym	同義；同義詞

Synonymity	同義性
interlinguistic～	語際同義性
intralinguistic～	語內同義性
stimulus～	刺激同義性
Synthetic a priori truth	先天綜合眞理
Synthetical statement	綜合陳述
Synthesis	綜合
System	體系；系統
System efficiency	系統的效用

T

Tarski, A.	塔斯基
Tautology	重言式
Tense	時態
Term	詞項；術語；名詞
mathematical～	數學詞項
observational～	觀察詞項
theoretical～	理論詞項
Theorem	定理
completeness～	完全性定理
incompleteness～	不完全性定理
Theory	理論
incompatibility of ～	理論的不相容性
～formulation	理論形式
～of reference	指稱理論
～of meaning	意義理論

Thing	事物
Time	時間
Tooke, J. H.	圖克
Topic neutrality	題材中立性
Trait	特性；品質
Transcendent	超驗的；先驗的
Translation	翻譯；譯文
Transformation rule	變形規則；轉換規則
Transparency	透明性
Truth	眞理
Turing, A. M.	圖靈

U

Ullian, J. S.	烏利安
Underdetermination	不充分決定
~of theory	理論的不充分決定性
Unified science	統一科學
Uniformity	齊一性；等質性
Universal	共相
Universal instantiation	全稱例示
Univocality	單義性；一義性
Unstructured whole	無結構整體
Use versus mention	使用和提及

V

Validity	有效性

logical~　邏輯有效性

semantical~　語義有效性

Variable　變項；變元

Venn, J.　文恩

Verdict function　表決函項

Verification　證實

principle of~　證實原則

~-theory of meaning　意義的證實說

Vicious circle　惡性循環

W

Waisman, C. F.　魏斯曼

Watson, J. B.　華生

Whitehead, A. N　懷特海

Whole　整體

Wittgenstein, L.　維特根斯坦

Word　詞；語詞

World　世界

external~　外部世界

possible~　可能世界

索　　引

一　　劃

二　　劃

三　　劃

四　　劃

五　　劃

六　　劃

七 劃

八 劃

九　　劃

十 劃

十　一　劃

十　二　劃

十　三　劃

十　四　劃

十　五　劃

十　六　劃

十　七　劃

十八劃

十九劃

二十劃以上

字　母

世界哲學家叢書(九)

書名	作者	出版狀況
庫恩	吳以義	撰稿中
費耶若本	苑舉正	撰稿中
拉卡托斯	胡新和	撰稿中
洛爾斯	石元康	已出版
諾錫克	石元康	撰稿中
海耶克	陳奎德	撰稿中
羅蒂	范進	撰稿中
喬姆斯基	韓林合	撰稿中
馬克弗森	許國賢	已出版
希克	劉若韶	撰稿中
尼布爾	卓新平	已出版
墨燈	李紹崑	撰稿中
馬丁・布伯	張賢勇	撰稿中
蒂里希	何光滬	撰稿中
德日進	陳澤民	撰稿中
朋諤斐爾	卓新平	撰稿中

世界哲學家叢書(八)

書名	作者	出版狀況
布拉德雷	張家龍	撰稿中
懷特海	陳奎德	排印中
愛因斯坦	李醒民	撰稿中
玻爾	戈革	已出版
卡納普	林正弘	撰稿中
卡爾巴柏	莊文瑞	撰稿中
坎培爾	冀建中	撰稿中
羅素	陳奇偉	撰稿中
穆爾	楊樹同	撰稿中
弗雷格	趙汀陽	撰稿中
石里克	韓林合	排印中
維根斯坦	范光棣	排印中
愛耶爾	張家龍	撰稿中
賴爾	劉建榮	撰稿中
奥斯丁	劉福增	已出版
史陶生	謝仲明	撰稿中
赫爾	馮耀明	撰稿中
帕爾費特	戴華	撰稿中
梭羅	張祥龍	撰稿中
魯一士	黃秀璣	已出版
珀爾斯	朱建民	撰稿中
詹姆斯	朱建民	撰稿中
杜威	葉新雲	撰稿中
蒯因	陳波	已出版
帕特南	張尚水	撰稿中

世界哲學家叢書(七)

書名	作者	出版狀況
沙特	杜小真	撰稿中
雅斯培	黃藿	已出版
胡塞爾	蔡美麗	已出版
馬克斯・謝勒	江日新	已出版
海德格	項退結	已出版
漢娜鄂蘭	蔡英文	撰稿中
盧卡契	謝勝義	撰稿中
阿多爾諾	章國鋒	撰稿中
馬爾庫斯	鄭湧	撰稿中
弗洛姆	姚介厚	撰稿中
哈伯馬斯	李英明	已出版
榮格	劉耀中	撰稿中
柏格森	尚建新	撰稿中
皮亞杰	杜麗燕	撰稿中
別爾嘉耶夫	雷永生	撰稿中
索洛維約夫	徐鳳林	排印中
馬賽爾	陸達誠	已出版
梅露・彭迪	岑溢成	撰稿中
阿爾都塞	徐崇溫	撰稿中
葛蘭西	李超杰	撰稿中
列維納	葉秀山	撰稿中
德希達	張正平	撰稿中
呂格爾	沈清松	撰稿中
富科	于奇智	撰稿中
克羅齊	劉綱紀	撰稿中

世界哲學家叢書㈥

書名	作者	出版狀況
伏爾泰	李鳳鳴	排印中
孟德斯鳩	侯鴻勳	已出版
盧梭	江金太	撰稿中
帕斯卡	吳國盛	撰稿中
達爾文	王道遠	撰稿中
康德	關子尹	撰稿中
費希特	洪漢鼎	撰稿中
謝林	鄧安慶	排印中
黑格爾	徐文瑞	撰稿中
祁克果	陳俊輝	已出版
彭加勒	李醒民	已出版
馬赫	李醒民	排印中
迪昂	李醒民	撰稿中
費爾巴哈	周文彬	撰稿中
恩格斯	金隆德	撰稿中
馬克斯	洪鎌德	撰稿中
普列哈諾夫	武雅琴	撰稿中
約翰彌爾	張明貴	已出版
狄爾泰	張旺山	已出版
弗洛伊德	陳小文	排印中
阿德勒	韓水法	撰稿中
史賓格勒	商戈令	已出版
布倫坦諾	李河	撰稿中
韋伯	陳忠信	撰稿中
卡西勒	江日新	撰稿中

世界哲學家叢書(五)

書名	作者	出版狀況
中江兆民	畢小輝	撰稿中
西田幾多郎	廖仁義	撰稿中
和辻哲郎	王中田	撰稿中
三木清	卞崇道	撰稿中
柳田謙十郎	趙乃章	撰稿中
柏拉圖	傅佩榮	撰稿中
亞里斯多德	曾仰如	已出版
伊壁鳩魯	楊適	撰稿中
愛比克泰德	楊適	撰稿中
柏羅丁	趙敦華	撰稿中
聖奧古斯丁	黃維潤	撰稿中
安瑟倫	趙敦華	撰稿中
安薩里	華濤	撰稿中
伊本・赫勒敦	馬小鶴	已出版
聖多瑪斯	黃美貞	撰稿中
笛卡兒	孫振青	已出版
蒙田	郭宏安	撰稿中
斯賓諾莎	洪漢鼎	已出版
萊布尼茨	陳修齋	排印中
培根	余麗嫦	撰稿中
霍布斯	余麗嫦	撰稿中
洛克	謝啓武	撰稿中
巴克萊	蔡信安	已出版
休謨	李瑞全	已出版
托馬斯・銳德	倪培林	撰稿中

世界哲學家叢書㈣

書名	作者	出版狀況
奥羅賓多・高士	朱明忠	排印中
甘地	馬小鶴	已出版
尼赫魯	朱明忠	撰稿中
拉達克里希南	宮静	撰稿中
元曉	李箕永	撰稿中
休靜	金煐泰	撰稿中
知訥	韓基斗	撰稿中
李栗谷	宋錫球	已出版
李退溪	尹絲淳	撰稿中
空海	魏常海	撰稿中
道元	傅偉勳	撰稿中
伊藤仁齋	田原剛	撰稿中
山鹿素行	劉梅琴	已出版
山崎闇齋	岡田武彦	已出版
三宅尚齋	海老田輝巳	已出版
中江藤樹	木村光德	撰稿中
貝原益軒	岡田武彦	已出版
荻生徂徠	劉梅琴	撰稿中
安藤昌益	王守華	撰稿中
富永仲基	陶德民	撰稿中
石田梅岩	李甦平	撰稿中
楠本端山	岡田武彦	已出版
吉田松陰	山口宗之	已出版
福澤諭吉	卞崇道	撰稿中
岡倉天心	魏常海	撰稿中

世界哲學家叢書㈢

書名	作者	出版狀況
永明延壽	冉雲華	撰稿中
湛然	賴永海	已出版
知禮	釋慧嶽	排印中
大慧宗杲	林義正	撰稿中
袾宏	于君方	撰稿中
憨山德清	江燦騰	撰稿中
智旭	熊琬	撰稿中
康有爲	汪榮祖	撰稿中
章太炎	姜義華	已出版
熊十力	景海峰	已出版
梁漱溟	王宗昱	已出版
胡適	耿雲志	撰稿中
金岳霖	胡軍	已出版
張東蓀	胡偉希	撰稿中
馮友蘭	殷鼎	已出版
唐君毅	劉國强	撰稿中
宗白華	葉朗	撰稿中
湯用彤	孫尚揚	撰稿中
賀麟	張學智	已出版
龍樹	萬金川	撰稿中
無著	林鎮國	撰稿中
世親	釋依昱	撰稿中
商羯羅	黃心川	撰稿中
維韋卡南達	馬小鶴	撰稿中
泰戈爾	宮静	已出版

世界哲學家叢書(二)

書名	作者	出版狀況
陸象山	曾春海	已出版
陳白沙	姜允明	撰稿中
王廷相	葛榮晉	已出版
王陽明	秦家懿	已出版
李卓吾	劉季倫	撰稿中
方以智	劉君燦	已出版
朱舜水	李甦平	已出版
王船山	張立文	撰稿中
眞德秀	朱榮貴	撰稿中
劉蕺山	張永儁	撰稿中
黃宗羲	吳光	撰稿中
顧炎武	葛榮晉	撰稿中
顏元	楊慧傑	撰稿中
戴震	張立文	已出版
竺道生	陳沛然	已出版
眞諦	孫富支	撰稿中
慧遠	區結成	已出版
僧肇	李潤生	已出版
智顗	霍韜晦	撰稿中
吉藏	楊惠南	已出版
玄奘	馬少雄	撰稿中
法藏	方立天	已出版
惠能	楊惠南	已出版
澄觀	方立天	撰稿中
宗密	冉雲華	已出版

世界哲學家叢書㈠

書名	作者	出版狀況
孔子	韋政通	撰稿中
孟子	黃俊傑	已出版
荀子	趙士林	撰稿中
老子	劉笑敢	撰稿中
莊子	吳光明	已出版
墨子	王讚源	撰稿中
公孫龍子	馮耀明	撰稿中
韓非子	李甦平	撰稿中
淮南子	李增	已出版
賈誼	沈秋雄	撰稿中
董仲舒	韋政通	已出版
揚雄	陳福濱	已出版
王充	林麗雪	已出版
王弼	林麗真	已出版
阮籍	辛旗	撰稿中
嵇康	莊萬壽	撰稿中
劉勰	劉綱紀	已出版
周敦頤	陳郁夫	已出版
邵雍	趙玲玲	撰稿中
張載	黃秀璣	已出版
李覯	謝善元	已出版
楊簡	鄭曉江	撰稿中
王安石	王明蓀	排印中
程顥、程頤	李日章	已出版
朱熹	陳榮捷	已出版